"十二五"职业教育国家规划教材
经全国职业教育教材审定委员会审定

高职高专旅游类专业系列教材

U0668624

QIANTING KEFANG
FUWU YU GUANLI

前厅、客房
服务与管理

（第三版）

林璧属 ◎ 主编

清华大学出版社
北京

内 容 简 介

　　本书分为三篇。上篇是饭店前厅、客房的服务流程设计,将前厅、客房服务流程化,根据业务需要设计总服务台的预订、接待、问讯流程,大堂、总机和商务服务则作为前厅服务的有机组成部分,客房服务流程以清洁保养、物品配备为流程设计依据,账务服务则以收银业务流程为主线,结合宾客信用控制来考虑;中篇则根据前厅、客房涉及的业务,重点探讨如何进行有效的前厅、客房管理,既强调客房服务等日常业务的服务管理,宾客投诉与质量管理,又把前厅、客房设计与环境管理列入其中;下篇在介绍饭店收益管理原理与方法的基础上,结合客房定价与客房销售策略探讨饭店的收益管理实务。

　　本书可作为高职高专酒店管理专业的教材,同时也可作为酒店从业者的参考手册。

图书在版编目(CIP)数据

　　前厅、客房服务与管理/林璧属主编. —3 版. —北京:清华大学出版社,2014(2022.8重印)
　　高职高专旅游类专业系列教材
　　ISBN 978-7-302-34987-7

　　Ⅰ. ①前… Ⅱ. ①林… Ⅲ. ①饭店-商业服务-高等职业教育-教材 ②饭店-商业管理-高等职业教育-教材　Ⅳ. ①F719.2

　　中国版本图书馆 CIP 数据核字(2013)第 319824 号

责任编辑:邓　婷
封面设计:刘　超
版式设计:文森时代
责任校对:马军令
责任印制:曹婉颖

出版发行:清华大学出版社
　　　　网　　　址:http://www.tup.com.cn,http://www.wqbook.com
　　　　地　　　址:北京清华大学学研大厦 A 座　　　邮　　编:100084
　　　　社 总 机:010-83470000　　　　　　　　　邮　　购:010-62786544
　　　　投稿与读者服务:010-62776969,c-service@tup.tsinghua.edu.cn
　　　　质量反馈:010-62772015,zhiliang@tup.tsinghua.edu.cn
　　　　课件下载:http://www.tup.com.cn,010-62788951-223
印 装 者:三河市铭诚印务有限公司
经　　销:全国新华书店
开　　本:185mm×230mm　印　　张:18.75　字　　数:358 千字
版　　次:2006 年 3 月第 1 版　2014 年 8 月第 3 版　印　　次:2022 年 8 月第 9 次印刷
定　　价:48.00 元

产品编号:056757-02

目 录

上篇 饭店前厅、客房服务

中篇　饭店前厅与客房服务管理

下篇　饭店客房房价与收益管理

上 篇

饭店前厅、客房服务

第一章　饭店前厅服务

引言

前厅部是饭店经营管理的"窗口"。前厅部的管理体系、工作程序和员工的素质与表现，无不对饭店的形象和声誉产生重要影响。前厅部通常由客房预订处、礼宾服务处、接待处、问讯处、前厅收银处、电话总机、商务中心和大堂副理等组成，其主要机构均设在宾客来往最频繁的饭店大堂。

学习目标

① 掌握饭店前厅部的概念、特点与功能。

② 掌握饭店客房预订的种类与方式。

③ 掌握饭店总台团体及散客接待的程序。

④ 了解住客信息变化的处理。

⑤ 掌握总台问讯处的业务范围及服务程序。

⑥ 掌握饭店大堂服务的项目及程序。

⑦ 了解前厅服务的主要表格及其使用。

教学建议

① 组织学生到本地饭店实地参观考察前厅部的服务运转。

② 观看饭店前厅服务的录像片。

第一节　前厅部概述

前厅部（Front Office）也称客务部、前台部，负责招徕并接待宾客，销售饭店客房及餐饮、娱乐等产品和服务，协调饭店各部门的对客服务，为饭店高级管理决策层及各相关职能部门提供信息。

一、前厅部的地位

前厅部是现代饭店的重要组成部分，在饭店经营管理中占有举足轻重的地位。前厅部的运转和管理水平，直接影响到饭店的经营效果和对外形象。

1. 前厅部是饭店业务活动的中心

前厅部是一个综合性服务部门，服务项目多，服务时间长，饭店的任何一位客人，从抵达前的预订到入住，直至离店结账，都需要前厅部提供服务，前厅是饭店联系客人的纽带。前厅部通过客房的销售来带动饭店其他各部门的经营活动。同时，前厅部还要及时将客源、客情、客人需求及投诉等各种信息通报有关部门，共同协调整个饭店的对客服务工作，以确保服务工作的效率和质量。因此，前厅部通常被视为饭店的"神经中枢"，是整个饭店承上启下、联系内外、疏通左右的枢纽。无论饭店规模大小、档次如何，前厅部都是为客人提供服务的中心。

2. 前厅是饭店形象的代表

饭店形象是公众对于饭店的总体评价，它对现代饭店的生存和发展有着直接的影响。一个好的形象是饭店的巨大精神财富。饭店前厅部的主要服务机构通常都设在客人来往最为频繁的大堂，任何客人一进店，都会对大堂的环境氛围、装饰布置、设备设施和前厅部员工的仪容仪表、服务质量、工作效率等产生深刻的"第一印象"。客人入住期满离店时，也要经由大堂，前厅服务人员在为客人办理结算手续、送别客人时的工作表现，也会给客人留下"最后印象"，优质的服务将使客人对饭店产生留恋之情。客人在饭店的整个居住期间，前厅为其提供各种相关服务，在客人的心目中，前厅便是饭店。

与此同时，在大堂汇集的大量人流中，除住店客人外，还有许多前来就餐、开会、购物、参观游览、会客等的其他客人，他们往往停留在大堂，对饭店的环境、设施服务进行评论。因此，前厅的管理水平和服务水准，往往直接反映整个饭店的管理水平、服务质量和服务风格。前厅是饭店工作的"窗口"，代表着饭店的对外形象。

3. 前厅部是饭店组织客源、创造经济收入的关键部门

为宾客提供食宿是饭店最基本的功能，客房是饭店出售的款额最大、最主要的商品。通常，在饭店的营业收入中，客房销售额要高于其他产品。据统计，目前国际上客房收入一般占饭店总营业收入的 50%，国内饭店客房收入还要高于这个比例。前厅部的有效运转是提高客房出租率、增加客房销售收入的有效手段之一。

4. 前厅部是饭店管理的参谋和助手

作为饭店业务活动的中心，前厅部直接面对市场、面对客人，是饭店中与外界接触面最广的部门。前厅部能收集到有关市场变化、客人需求和整个饭店对客服务、经营管理的各种信息。在对这些信息进行认真整理和分析后，每日或定期向饭店提供真实反映饭店经营管理情况的数据报表和工作报告，并向饭店管理机构提供咨询意见，作为制订和调整饭店经营计划和经营策略的参考依据。

二、前厅服务的主要特点

1．全面直接对客服务

前厅部是一个提供综合性服务的经营部门，接触面广，24 小时运转，是饭店少数几个 24 小时运转的部门之一。前厅部在为饭店开辟市场、保证客源、推销饭店其他产品的过程中，承担着主要的服务与经营责任，其服务好坏在客人整个住店过程中都将起着至关重要的作用，它的工作质量还关系到其他部门的服务效果。

2．业务技能要求高

前厅部业务一般包括预订、接待、问讯、行李寄存、迎宾、机场接送、电话、票务、传真、复印、打字、旅游服务、收银和建档等。这些业务都有较强的专业性，因此要求服务和管理人员必须要有较全面的业务知识。同时，由于前厅部的服务效果直接关系到饭店的声誉和经营成败，这就要求前厅部在管理上要着重于员工的服务态度、文化素养和业务技能的培训，以求与客人建立起良好的关系，给客人留下美好的印象。

3．运转要求高效

前厅部是饭店信息集散的枢纽、对客服务的协调中心，因此其收集、整理、传递信息的效率决定了对客服务的效果。由于前厅与客人的接触较多，因而其收集的信息量也相对较大，这就要求前厅对信息处理的效率要高。另外，前厅所掌握的一些重要信息，如当日抵、离的 VIP 客人，营业日报，客情预测等都必须及时传递给总经理室及其他有关部门。

4．政策性强

涉外饭店除了本身在经营、管理上需要有相关政策、制度外，还必须执行国家有关法令及涉外条例，而前厅部则是具体执行这些政策的部门，其工作有着很强的政策性，服务要求高。

三、前厅部的功能

前厅部在饭店运行中起着推销、沟通、协调等重要作用，是饭店的"神经中枢"，具体来说前厅部有下列九项功能。

（一）销售客房

前厅部的首要功能是销售客房。客房是饭店最主要的产品，其收入是饭店营业收入的主要来源。我国的许多饭店和世界上相当数量的饭店，客房的盈利占整个饭店利润总和的 50%以上。因此，能否有效地发挥前厅部销售客房的功能，将直接影响饭店的经济效益。前厅客房销售包括以下四个方面。

1. 订房推销

前厅部总台设有专门的客房预订部，其主要工作就是预售客房和做好售前服务工作。预订员必须熟练掌握饭店房况、房价政策，能积极主动地与客人达成订房协议。订房成功与否取决于预订员的工作态度、推销技巧及其受训程度。一个饭店的客房预订量愈大，则客房销售就愈有保证。因此，成功的订房推销是饭店客房销售的重要组成部分。

2. 接待无预订客人

接待无预订客人是指向那些未经预订直接抵店的客人销售客房。总台接待员在接待这类客人时，需要具有良好的推销能力，在向客人提供宾至如归的温馨服务的同时，向客人推销客房及其他饭店产品与服务。对于饭店客房销售来讲，这种接待推销是十分重要的。

3. 办理入住登记

所有客人住店都必须经过总台办理入住登记手续。对于没有预订的客人来说，房价、附加费用、店内服务项目的商定，都会对他是否住店产生影响。接待员在努力留住这类客人的同时，应进一步向客人推销饭店其他产品与服务。

4. 排房、确定房价

客房营业收入的高低取决于销售客房的数量和价格。合理安排客房和正确定价对于饭店营业收入是十分重要的。前厅接待员不仅要注意销售客房的数量和价格，还要注意是否将合适的房间安排给客人，因为饭店销售的并非价格，而是产品和服务。正确地排房有利于提高客房的使用率和客人的满意程度，使客人感到物有所值。

总之，客房销售是前厅部首要的功能。客房营业收入是考核前厅部管理及运转好坏的重要依据之一。同样，衡量一位总台服务人员的工作是否出色，往往也参考其客房推销的能力和业绩。可见，前厅部应全力以赴按确定的价格政策推销尽量多的客房，积极发挥销售客房这一重要功能。

（二）提供信息

除了具备销售客房的功能外，前厅还应成为提供信息的中心。地处饭店显眼位置的前厅部总台是服务人员与客人的主要接触点，前厅服务人员应随时准备向客人提供他们感兴趣的资料，如将餐饮活动信息（举行美食周、厨师长特选等）告知客人。这样做，不仅能方便客人，还能起到促进销售的作用。

前厅部服务人员还应及时更新信息，随时做好准备，以亲切的态度、对答如流的技能向客人提供饭店所在地、所在国的有关信息和指南，如旅游景点特色，购物中心，外贸公司、科研机构等的地址、联系人、电话号码，本地区及其他城市主要饭店的情况，各类交通工具的抵、离时间等。

与此同时，前厅部还要兼顾收集饭店管理所需的各种信息。

（三）协调对客服务

前厅部服务人员应以优质服务来衔接饭店前、后台之间及管理部门与客人之间的沟通联络工作。前厅部的责任是根据客人的需求，发挥其信息集散点和总经理室参谋部的作用。

（四）控制客房状况

控制客房状况是前厅部又一重要功能。这项功能主要由两方面组成：一是协调客房销售与客房管理，二是正确反映客房销售状态。

协调客房销售与客房管理，一方面是指前厅部必须及时地向销售部提供准确的客房信息，避免超额预订而使销售部工作陷入被动；另一方面是前厅部必须向客房部提供准确的销售客情，帮助其调整工作部署。例如，总台排房时应注意将团队、会议用房相对集中，以便对客房进行清洁和管理；在客情紧张的旺季应将客情随时通报客房部，以便其安排抢房和恢复待修房。这里必须强调，协调好客房销售与客房管理之间的合作关系是前厅部的重要职责。前厅部和客房部双方都必须抱着理解与合作的态度，努力为每一位客人提供舒适的房间，最大限度地将客房销售出去。

正确反映饭店的客房状况依赖于前厅部负责管理的两种客房状况显示系统：一种为预订状况显示系统，也可称为客房长期状况显示系统；另一种为客房现状显示系统，也称为客房短期状况显示系统。目前大多数饭店使用计算机管理，其应用软件内含有这两种控制系统的子目录。还未使用计算机的饭店通常要用客房状况显示架（分为预订显示架和总台开房显示架两种）来控制和反映客房状况。客房状况控制系统要随时反映整个饭店每间房——住客房、走客房、可售房、待修房、内部用房等的状况。正确地掌握饭店客房状况，为客房销售提供了可靠的依据，是前厅部的管理目标之一。要做好这一工作，除了实现控制系统计算机化和拥有必要的现代化通信联络设备外，还必须建立、健全行之有效的管理制度，切实做好与客房、销售等部门之间的信息沟通工作。

（五）提供各种前厅服务

前厅部是一个直接向住店客人提供各类相关服务的前台服务部门，如电话接转、商务服务、行李安置、接受投诉、邮件收发、票务代办、钥匙收发、迎宾接站、物品转交和留言问讯服务等。高质量的前厅服务能使客人对饭店的总体管理水平留下良好、深刻的印象。目前，世界上一些饭店奉行"大堂区域"管理理论，其核心思想是使客人在饭店客人集中处的一层大厅内形成对饭店气氛、服务与档次的良好感觉，以便使其他各项服务工作的进行有一个良好的基础，从而促使客人对饭店总体留下良好、深刻的印象；而前厅的服务与管理显然是这"大堂区域"管理中最为关键和重要的一环。因此，前厅部的管理人员要在积极推销饭店产品的同时将自身所提供的各种服务的质量抓好，以圆满实现其服务功能。

（六）建立客账

目前大多数饭店为了方便客人、促进消费，向客人提供统一结账服务。客人经过必要的信用证明、查验证件后，可在饭店营业点（商场部除外）签单赊账。前台收款处不断累计客人的赊消额，直至客人离店或其消费额达到饭店政策所规定的最高欠款额时，才要求客人付款。要做好这项工作，必须注意建立客人账户、对客人消费及时认真地登记和监督检查客人信用状况这三个环节。

客人账单可以在客人预订客房时建立（记入订金、预付款和信用卡号码），或在其办理入住登记手续时建立。建立客账的目的是记录和监督客人与饭店之间的财务关系，以免造成饭店经济上的损失。前厅部的职责是根据每位客人的情况，建立正确的客账，提供客人以往的消费记录和信用资料，以保证饭店应有的经营效益。

（七）结账离店

客人离店前，应核查其账单。客人要办理离店手续时，应将账单交给客人，请客人检查。离店手续办理完毕，前台应按程序与有关部门进行及时的沟通。

做好客人离店工作是十分重要的。客人住店期间，全体员工尽心尽力地提供优质服务，如果在最后一刻由于某一环节上的疏忽，而使客人对饭店的美好印象受到损害，那是十分遗憾的。满意而归的客人很可能成为饭店的回头客，饭店的良好声誉很大程度上取决于常客的间接宣传。

（八）建立客史档案

由于前厅部为客人提供入住及离店服务，自然也就成为饭店对客服务的调度中心及资料档案中心。大部分饭店为住店一次以上的零星散客建立客史档案。客史档案记录了饭店所需要的有关客人的主要资料，这些资料是饭店给客人提供周到的、具有针对性服务的依据，同时也是饭店寻找客源、研究市场营销的信息来源，资料必须坚持规范建档和保存制度化两项原则。

（九）辅助决策

前厅部处于饭店业务活动的中心地位，每天都能接触到大量的信息，如有关客源市场、产品销售、营业收入和客人意见等。因此，前厅部应当充分利用这些信息，将统计分析工作制度化和日常化，及时将有关信息整理后向饭店的管理机构汇报，与饭店有关部门沟通，以便采取对策，适应经营管理上的需要。为了起到决策参谋的作用，前厅部还应当将有关市场调研、客情预测、预订接待情况、客史资料等收存建档，以充分发挥这些原始资料的作用，真正使前厅部成为饭店收集、处理、传递和储存信息的中心。前厅部的管理人员要亲自参与客房年度销售预测工作，进行月度、年度销售统计分析，并检查各类报表和数据，通过掌握大量的信息来不断改善本部门和饭店的服务工作，提高前厅部的管理水平。

从上面介绍的九项功能中可以看出，前厅部是饭店的营业中心、协调中心和信息中心，它在饭店经营中起着销售、沟通、控制、协调服务和参与决策的作用。前厅部管理的好坏与上述各项功能是否正常发挥密切相关，特别是与首要功能——销售客房有关，它直接关系着饭店的经营效益。因此，在日常的运转与管理中，前厅部必须重视以上九大功能的正常发挥。

四、前厅部的组织结构

饭店前厅部组织结构的设置要充分考虑饭店的规模和业务量，秉承运转灵活高效、方便客人的原则，科学合理地设置前厅部的组织结构。在大中型饭店中，前厅部多为单独设置，一些小型饭店则可以考虑将前厅部的业务归为客房部或将前厅部与客房部合并为房务部。

（一）前厅部组织结构的设置要求

1. 适合饭店自身的经营管理和发展需要

前厅部的组织结构应该充分考虑饭店自身的规模、业务范围和业务量、经营理念、管理方式和发展规划，不能照搬其他酒店的机构设置。

2. 符合精简高效的要求

在机构设置时，要按照实际的业务需要设定相应的岗位，按照岗位对人员的需求安排具备相应素质的员工，并制定该岗位员工的工作规范与岗位职责。这样可以避免机构的重复与臃肿，使机构设置科学合理化。

3. 充分考虑管理幅度与管理层次

管理幅度是指一个管理者直接、有效地领导和管理下属的人数。管理层次是指管理指挥系统的等级。两者成反比，即管理层次多，则管理幅度小，组织结构呈现"高耸"形式；反之，呈现"扁平"形式。"高耸"结构，分工明确，上下级易于协调，对下级的管理和控制较强；但由于管理层次多，增加了费用开支，并且信息沟通时间长，决策传达的时效性和准确性差，由于管理严密，容易影响下级人员的满意度和创造性。"扁平"结构，由于管理层次少而使管理费用降低，信息交流速度快，较大的管理幅度使成员有较多的自主性和创造性，故满意度高；但不能严密监督下级工作，管理者容易失去对下层的控制，故上下级协调较差。因此，饭店在设置机构时，必须慎重决定管理幅度的大小和管理层次的多少，以保证管理的有效性和运转的高效性。

4. 权责明确、统一指挥的原则

要明确规定每个岗位的员工权利、岗位职责和制度，明确上下级的隶属关系，避免多头指挥和交叉管理的现象，做到既能权责分明、保证统一指挥，又能充分发挥员工的积极性和创造性，提高工作效率。

5. 灵活性强，便于沟通和协作

前厅部的机构设置不仅要充分考虑本部门内部各个岗位之间的配合和协作，还要考虑与其他部门的协作。可以根据实际需要，将部分密切联系的岗位进行合并，使它们能够更好地协调。如现在的很多饭店将收银岗位从财务部分离出来，归到前厅部管理。又如，商务中心的业务与前台的联系较多，又往往设置在大堂，也可以划归前厅部来管理。此外，为了保证前厅部的工作效率，需要制定科学的工作流程，并根据流程的实际效率和环境的变化，不断更新和改造工作流程。

（二）组织结构图例

按照饭店规模的大小，大致有两种前厅部的组织结构，如图 1-1 和 1-2 所示。大型饭店的管理层次和内容较多，而中小型饭店的管理层次和内容较少。

（三）前厅部岗位职责

组织结构确立后，必须明确规定各个岗位的职责和工作内容，以确保前厅部的运行效率。本书谨以前厅部经理为例加以说明。

前厅部经理的职责：

（1）对总经理负责，主持、负责前厅部的全面工作。

（2）对各分部主管下达工作指标和工作任务，并指导、落实、检查和协调各部门的工作。

（3）负责前厅部员工的调度、培训、绩效评估和奖惩工作。

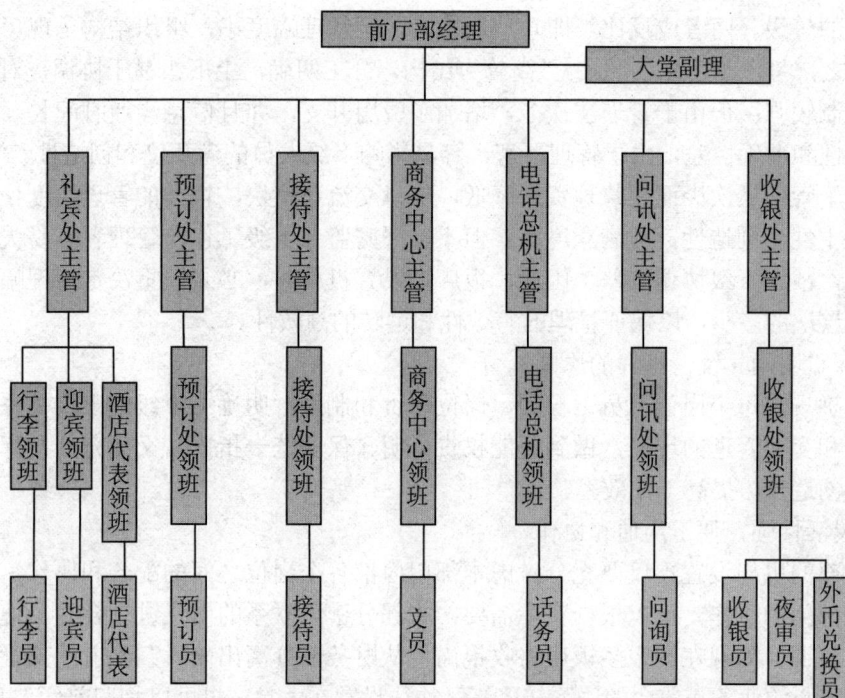

图 1-1　大型饭店前厅部组织结构图

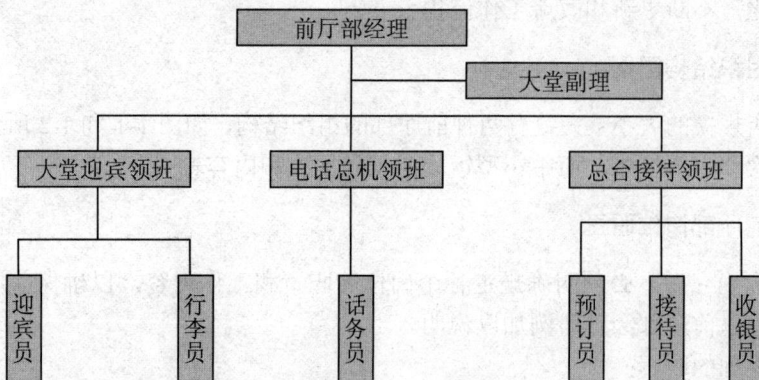

图 1-2　中小型饭店前厅部组织结构图

（4）检查前厅部各岗人员的仪容、仪表、仪态、工作量、工作程序、工作效率和工作态度，保证对客热情有礼、服务周到。

（5）负责做好客房出租率预测，确保房间出租情况、订房情况、到店和离店情况以及房账收入等统计数据的准确性。

（6）控制前厅部劳务费用以保证前厅部人员合理配备及每人合理的劳动强度；控制前厅部营业费用，制定预算，量化消耗，合理使用物料用品。

（7）检查前厅部的设备设施，保证其完好并能正常工作。

（8）负责客人对前厅部和其他服务区域的投诉。同时要跟踪检查落实对客人投诉的补救措施，最终赢得客人的满意和谅解。

（9）负责前厅部的安全管理工作。

（10）负责协调前厅部与饭店各部门的业务联系与沟通，解决工作中出现的问题与矛盾。

（11）主持召开部门会议、业务会议、例会等，提出工作计划、工作建议等。

（12）负责做好本部门的计划工作和财务预算。

（13）对 VIP 接待工作进行督导和指挥。

第二节　前厅部预订服务

宾客提前要求饭店为其提供客房称为客房预订。宾客事先进行客房预订是为了免遭饭店客满的风险，希望在抵店时所需客房已由饭店准备妥当；而饭店之所以用预订系统来受理宾客的客房预订，是想尽力为宾客提供令其满意的客房，争取更高的客房出租率。

一、预订的渠道

（一）客房预订的直接渠道

客房预订的直接渠道是客人或客户不经过任何中间环节直接向饭店订房。客人通过直接渠道订房，饭店所耗成本相对较低，且能对订房过程进行直接有效的控制与管理。

直接渠道订房大致有下列几类：

（1）客人本人或委托他人、接待单位直接向饭店预订客房。

（2）旅游团体或会议的组织者直接向饭店预订所需的客房。

（3）旅游中间商（如旅游批发商），作为饭店的直接客户向饭店批量预订房间。

（二）客房预订的间接渠道

对饭店来说，总是希望将自己的产品和服务直接销售给消费者，但是，由于人力、资金、时间等的限制，往往无法进行规模化的、有效的销售活动。因而，饭店往往利用中间商与客源市场的联系及其影响力，利用其专业特长、经营规模等方面的优势，通过间接销售渠道，将饭店的产品和服务更广泛、更顺畅、更快速地销售给客人。

间接渠道的订房大致有下列几类：（1）通过旅行社订房；（2）通过航空公司及其他交通运输公司订房；（3）通过专门的饭店订房代理商订房；（4）通过会议及展览组织机构订房；（5）通过饭店预订网络订房等。

目前，不论对单体饭店，还是连锁饭店或饭店联号，预订网络、航空运输部门所带来的客房预订数量在饭店客源中都占较大比重。例如，全球分销系统（Global Distribution System）和中心预订系统（Central Reservation System）将全球各主要航空公司、旅行代理商及连锁饭店、饭店联号的资源进行统一整合和调配，网络各成员定期交纳一定数量的年费（Annual Fee）或按预订数量向网络支付佣金（Commission），以获得资源共享。

二、预订的方式

宾客采用何种方式进行预订，受其预订的紧急程度和宾客预订设备条件的制约。因此，客房预订的方式多种多样，各有其不同的特点。

宾客常采用的预订方式主要有下列几种。

（一）电话（Telephone）订房

订房人通过电话向饭店订房。这种方式应用最为广泛，特别是提前预订的时间较短时，这种方式最为有效。这种方式的优点是直接、迅速、清楚地传递双方信息，饭店可当场回复客人的订房要求。

受理电话订房时应注意：

（1）与客人通话时要注意使用礼貌用语，语音、语调运用要适当、婉转，口齿要清晰，语言要简明扼要。每一位订房员必须明确，电话预订服务员虽然不是在与客人面对面地进行交流，却是客人接触饭店的第一个人。要当好这个角色，就必须通过电话给客人送上热情的服务。

（2）准确掌握客房预订状况。预订单、航班表等用品和资料要放置在便于取用或查找的地方，以保证预订服务工作快捷、高效。

（3）立即给订房人以明确的答复，绝不可以让客人久等。若对宾客所提预订要求不能及时进行答复时，则应请对方留下电话号码，并确定再次通话的时间；若因客满需婉拒订房时，应征询客人是否可以列入等候名单。

（4）通话结束前，应重复客人的订房要求，以免出错。

由于电话的清晰度以及受话人的听力水平等因素的影响，电话预订容易出错，故应事先健全受理电话预订的程序及其相关标准（见表1-1），以确保预订的有效性。

表1-1 受理电话预订的程序与标准

程　　序	标　　准
1. 接电话	铃响三声以内
2. 问候客人	● 问候语：早上好，中午好，晚上好 ● 报部门：预订部
3. 聆听客人预订要求	● 确定客人预订日期 ● 查看计算机及客房预订显示架
4. 询问客人姓名	● 询问客人姓名及英文拼写 ● 复述确认
5. 推销客房	● 介绍房间种类和房价，从高价房到低价房 ● 询问客人公司的名称 ● 查询计算机，确认是否属于合同单位，便于确定优惠价
6. 询问付款方式	● 询问客人的付款方式，在预订单上注明 ● 公司或者旅行社承担费用者，要求在客人抵达前传真书面信函做付款担保
7. 询问客人抵达情况	● 询问抵达航班及时间 ● 向客人说明，无明确抵达时间和航班，饭店将保留房间到入住当天的18:00 ● 如果客人预订的抵达时间超过18:00，要求客人告知信用卡号码做担保预订
8. 询问特殊要求	● 询问客人有无特殊要求，如是否需要接机服务等 ● 对有特殊要求者，详细记录并复述
9. 询问预订代理人情况	● 询问预订代理人的姓名、单位、电话号码 ● 对上述情况做好记录
10. 复述预订内容	● 日期、航班 ● 房间种类、房价 ● 客人姓名 ● 特殊要求 ● 付款方式 ● 代理人情况
11. 完成预订	致谢

（二）面谈（Interview）订房

面谈订房是客户亲自到饭店，与订房员面对面地洽谈订房事宜。这种订房方式能使订房员有机会详尽地了解客人的需求，并当面解答客人提出的问题，有利于推销饭店产品。

与客户面谈订房事宜时应注意：

（1）仪表端庄、举止大方，讲究礼节礼貌，态度热情，语音、语调适当、婉转。

（2）把握客户心理，运用销售技巧，灵活地推销客房和饭店其他产品。必要时，还可向客人展示房间及饭店其他设施与服务，以供客人选择。

（3）受理此方式的订房时，应注意避免向宾客做具体房号的承诺，否则，如果因情况变化而失信于宾客，将影响服务信誉。若宾客不能确定逗留的具体天数，也应设法让其说出最多和最少天数，以利于前厅排房；若宾客不能确定具体抵达时间，在用房紧张时期，可明确提醒宾客：预订的客房保留到抵店当天的 18:00。

（三）信函（Letter）订房

信函订房是宾客或其委托人在离预期抵店日期尚有较多时间的情况下采取的一种古老而正式的预订方式。此方式目前较少人使用，但较正规，如同一份合约，对宾客和饭店起到一定的约束作用。在受理此方式预订时，应注意做到以下几点：

（1）及时复信。越早让宾客收到回信，就越能赢得宾客的好感，对宾客的住宿选择影响也最大。多数饭店规定了 24 小时内必须寄出复信，并使用打时机或时间戳来控制回信速度。

（2）避免给宾客留下公函式信件的印象。复信应使收件人感到信件是专门为他所写的，是一封私人信函。例如，预订员不能用"Dear Sir"做信头称谓，而应正确使用宾客的头衔与称呼，并准确拼写其姓名。

（3）复信的格式必须正确，注意中英文书信格式的差异。

（4）复信的内容应明确、简洁且有条理。对宾客来信中所提要求，一定要给予具体的答复，即使是不能应允或不能满足的要求，也须婉转地表示歉意，做到谦恭有礼，避免含糊不清，最好使用书面语。

（5）复信的地址、日期要书写完整、准确。

（6）注意信纸、信封的质量，邮票的选择，以及必须有复信者的亲笔签名。

（四）传真（Fax）订房

传真订房的特点是：操作方便，传递迅速，即发即收，内容详尽，并可传递发送者的真迹，如签名、印鉴等，还可传递图表，因此传真已成为订房联系的最常用手段之一。

（五）互联网（Internet）订房

通过互联网向饭店订房已经成为目前客房预订的主要形式。互联网订房主要有如下几种模式：一是通过饭店连锁集团公司的订房系统（CRS）向其所属的饭店订房；二是通过互联网在线预订；三是通过饭店自设的网址订房。一些大、中型饭店已自设网站，实行全方位的在线订房。

（六）合同（Contract）订房

饭店与旅行社或商务公司之间通过签订订房合同，达到长期出租客房的目的。

三、预订的种类

饭店在接受和处理客人预订时，根据不同情况，一般将预订分为两大类型。

（一）非保证类预订（Non-Guaranteed Reservation）

非保证类预订通常有以下三种具体方式。

1. 临时类预订（Advanced Reservation）

临时类预订指客人的订房日期或时间与抵达的日期或时间很接近，饭店一般没有足够的时间给客人以书面或口头确认。当天的临时类订房通常由总台处理。临时类预订的客人如在当天的"取消预订时限"（通常为 18:00）还未到达饭店，则该预订即被取消。

2. 确认类预订（Confirmed Reservation）

确认类预订指客人的订房要求已被饭店接受，而且饭店以口头或书面形式予以确认。一般不要求客人预付订金，但规定客人必须在预订入住的时限内到达饭店，否则作为自动放弃预订。

确认预订的方式有两种：一种为口头确认，另一种为书面确认。通常使用书面确认，如邮寄、传真回复确认书等。口头确认一般只在客人订房与抵店时间接近时才采用。

书面确认与口头确认相比有如下优点：

（1）能复述客人的订房要求，使客人了解饭店是否已正确理解并接受了他的订房要求，使客人放心。

（2）能申明饭店对客人承担的义务及有关变更预订、取消预订以及其他有关方面的规定，以书面形式确立了饭店和客人的关系。

（3）能验证客人所提供的个人情况，如姓名、地址等。因此，持预订确认书的客人比未经预订、直接抵店的客人在信用上更可靠，大多数饭店允许其在住店期间享受短期或一定数额的赊账服务待遇。

无论是口头确认还是书面确认，都必须向客人明确申明饭店规定的抵店时限。

3．等候类预订（On-Wait Reservation）

饭店在客房订满的情况下，因考虑到预订存在一定的"水分"，如取消、变更等，有时仍按一定数量给客人等候订房。对这类订房的客人，饭店不发给确认书，只是通知客人：在其他客人取消预订或提前离店等情况下，对其可予以优先安排。

（二）保证类预订（Guaranteed Reservation）

宾客通过预付订金来保证自己的订房要求，特别是在旅游旺季，饭店为了避免因预订客人擅自不来或临时取消订房而造成损失，要求宾客预付订金（Deposit）来加以保证，这类预订称为保证类预订（也称担保预订）。保证类预订以宾客预付订金的形式来保护饭店和宾客双方的利益，约束双方的行为，因而对双方都是有利的。

预付订金是指饭店为避免损失而要求宾客预付的房费（一般为一天的房费，特殊情况例外）。对如期到达的客人，在其离店结账时予以扣除；对失约客人则不予退还，饭店为其保留住房到第二天 12:00 时止。保证类预订的客人在规定期限内抵达而饭店无法提供房间时，则由饭店负全部责任。

当保证类预订确定后，客人支付担保费用的方式也已经确立了，信用卡或者事先协商好的直接划账等支付方式都是最常见的支付方法。有的客人会送来银行支票或转入现金来进行担保。受理银行支票要在支票的有效期内使用。如果客人是提前支付现金或使用银行支票，就必须留意客人是否和信用卡公司或饭店建立了信息关系。确定客人最后采取哪种支付方式对于结账是非常重要的。

保证类预订在饭店与未来住客之间建立了更牢靠的关系。客人可能通过下列方法进行订房担保。

（1）信用卡。客人在订房时向饭店声明，将使用信用卡为所预订的房间付款，并把信用卡的种类、号码、有效期及持卡人的姓名告诉饭店。如客人在预订日期未抵达饭店，饭店可以通过信用卡公司获得房费收入的补偿。

（2）预付订金。对于饭店来说，最理想的保证类预订方法是要求客人预付订金，如现金、支票、汇款、转账等饭店认可的形式。预付金可以由预订处收取后交财务部，也可由财务部收取后通知预订处。

（3）订立商业合同。订立商业合同是指饭店与有关客户单位签订的订房合同。合同内容主要包括签约单位的地址、账号以及同意对因失约而未使用的订房承担付款责任的说明，合同还应规定通知取消预订的最后期限，如签约单位未能在规定的期限通知取消预订，饭店可以向对方收取房费等。

由于各地区、各饭店的实际情况不同，担保的方法也不尽相同。有些饭店将其认可的个人名誉担保视为订房担保；有些饭店目前尚无法接受以信用卡作为订房担保，故采取何种有效的订房担保，应视情况而定。

四、客房预订的程序

为了确保客房预订工作的高效运行，前厅部必须建立、健全客房预订程序。通常，客房预订的程序可概括成以下七个阶段。

通信联系→明确客源要求→受理预订或婉拒预订→确认预订→预订资料记录储存→修改预订→抵店准备。

（一）通信联系

宾客常以电话、面谈、传真、互联网和信函等方式向饭店前厅部客房预订处提出订房要求。

（二）明确客源要求

预订员应主动向宾客询问，以获得宾客的住宿要求，并将其预订信息填入客房预订单，包括宾客姓名、人数、国籍，抵离店日期、时间、车次或航班，所需客房种类、数量、房价、付款方式、特殊要求以及预订人姓名（或单位）及地址、电话号码等信息。

（三）受理预订或婉拒预订

预订员通过查看预订总表或计算机终端，以判断宾客的预订要求是否与饭店的实际提供能力相吻合。其因素包括以下四点：（1）抵店日期；（2）客房种类；（3）用房数量；（4）住店天数。

受理预订意味着预订员将要根据预订程序从事下一阶段确认预订的服务。婉拒预订即因客满而婉言拒绝宾客的预订要求，但并非意味着终止对客服务。如征求宾客调换另一类型的客房，可做如下建议："……实在遗憾，××先生，您所需的套房我们已订满了。不过，在您抵店那天，我们可以为您提供一间客房，其面积与套房一样，而且朝向庭院……"另外，也可将宾客的预订要求、电话号码等记录在"等候名单"上，随后每天检查落实，一旦有客房，立即通知宾客。

部分饭店使用规范的婉拒信函寄发给宾客，以达到同样的效果。饭店常使用的婉拒预订的书信句型有：

……我店为没能满足您的要求深表歉意，希望下次能有机会为您提供服务。

顺致崇高敬礼！

英文表述为：

…We regret that we have been unable to be of service to you. However we hope to be in a position to accommodate you at a future date.

Yours Faithfully

（四）确认预订

预订员在接到客人的预订要求后，立即将客人的预订要求与饭店未来时期客房的利用情况进行对照，决定是否能够接受客人的预订，如果可以接受，就要对客人的预订加以确认。

确认预订的方式通常有两种，即口头确认（包括电话确认）和书面确认。如果条件允许，饭店一般应采用书面确认的方式，向客人寄发确认函（见表 1-2），这是因为：

（1）书面确认能使客人了解饭店方面是否已正确理解其订房要求，可以减少差错和失误。

（2）确认函除了复述客人的订房要求外，还写明了房价、为客人保留客房的时间、预付订金的方法、取消预订的规定及付款方式等，实际上在饭店与客人之间达成了某种书面协议。

（3）确认函可以进一步证实客人的个人情况，如姓名、地址等，从而减少各种信用风险。

（4）书面确认比较正式。对于大型团体、重要客人，特别是一些知名人士、政府官员、国际会议等订房的确认函，要由前厅部经理或饭店总经理签发，以示尊重和重视。

表 1-2　预订确认函

＿＿＿＿＿＿＿＿饭店	客房类型、数量：＿＿＿＿＿＿　房价：＿＿＿＿
地址：＿＿＿＿＿＿＿＿＿	预订日期：＿＿＿＿＿＿　抵达日期：＿＿＿＿
电话：＿＿＿＿＿＿＿＿＿	抵达时间：＿＿＿＿＿＿　逗留天数：＿＿＿＿
您对：＿＿＿＿＿＿＿＿＿	离店日期：＿＿＿＿＿＿
	结账方式：＿＿＿＿＿＿　订金：＿＿＿＿
的预订已确认。	客户地址：＿＿＿＿＿＿
	客户姓名：＿＿＿＿＿＿　电话：＿＿＿＿

本饭店愉快地确认了您的订房。由于客人离店后，需要有一定时间整理房间，因此，下午 3 点以前恐不能安排入住，请谅。另外，未付订金或无担保的订房只保留到下午 6 时。

预订员：＿＿＿＿＿＿

（五）预订资料记录储存

当预订确认书发出后，预订资料必须及时、正确地予以记录和储存，以防疏漏。预订资料一般包括客房预订单、确认书、预付订金收据、预订变更单、预订取消单、客史档案卡及宾客原始预订凭证等。同一宾客的相关预订资料装订在一起，将最新的资料存放在最上面，依次顺推，以利于查阅。预订资料的记录储存可采用以下两种方式：

（1）按照宾客所预订的抵店日期的顺序，将预订单归档储存，以便随时掌握未来每天的宾客抵店情况。

（2）按照宾客姓氏第一个字母的顺序，将预订单归档储存，以便随时查找出宾客的预订资料。同时，前厅部问讯处和电话总机也可通过宾客姓氏字母顺序快捷有效地查找相关资料。

（六）修改预订

预订宾客在实际抵店前，因种种原因可能对其原有预订进行更改或取消。在处理时，预订员应注意以下服务要点：

（1）迅速查找出该宾客的预订单，并做出相应标记（更改、取消）。

（2）记录来电者的姓名、电话号码、单位地址等，便于双方进行联系。

（3）修改相应的预订资料，如更改计算机信息预订总表、预订卡条等，确保最新预订信息的准确性。

（4）若预订的变更内容涉及一些特殊安排，如派车接送、放置鲜花水果等，则需尽快给相关部门发出变更或取消的通知。

（5）尽量简化取消预订的手续。

总之，在处理预订更改和取消时，预订员应耐心、高效地对宾客服务。不论是变更、取消还是婉拒预订，都有宾客方面或饭店方面的客观原因，预订员既要灵活地应对客人，又应表现出极大的热情并提供有效的帮助，具体程序及标准如表 1-3 和表 1-4 所示。

表 1-3　变更预订的处理程序与标准

程　　序	标　　准
1. 接到客人更改预订的信息	● 询问要求，更改预订客人的姓名及原始到达日期和离店日期 ● 询问客人需要更改的日期
2. 确认更改预订	● 在确认新的日期之前，先要查询客房出租情况 ● 在有空房的情况下，可以为客人确认更改预订，并填写预订单 ● 需要记录更改预订的代理人姓名及联系电话
3. 存档	● 将原始预订单找出 ● 将更改的预订单放置在原始预订单上面，订在一起 ● 按日期、客人姓名存档

续表

程　　序	标　　准
4．未确认预订的处理	● 如果客人需要更改日期，而饭店客房已订满，应及时向客人解释 ● 告知客人预订暂放在等候名单里 ● 如果饭店有空房时，及时与客人联系
5．更改预订完成	● 感谢客人及时通知 ● 感谢客人的理解与支持（未确认时）

表 1-4　取消预订的处理程序与标准

程　　序	标　　准
1．接到取消预订信息	询问要求取消预订客人的姓名、到达日期和离店日期
2．确认取消预订	● 记录取消预订代理人的姓名及联系电话 ● 提供取消预订号
3．处理取消预订	● 感谢预订人将取消要求及时通知饭店 ● 询问客人是否要做下一个阶段的预订 ● 将取消预订的信息输入计算机
4．存档	● 查询原始预订单 ● 将取消预订单放置在原始预订单之上，订在一起 ● 按日期将取消单放置在档案夹最后一页

（七）抵店准备

宾客抵店前的准备工作大致分为以下三个阶段：

（1）提前一周或数周，将饭店主要客情，如重点宾客（VIP）、大型团队、会议接待、客满等信息通知各部门。其方法可采取分发各类预报表，如"十天客情预测表"（见表 1-5）、"重点宾客（VIP）呈报表"（见表 1-6）、"重点宾客（VIP）接待规格呈报表"（见表 1-7）等，也可召开由运转总经理主持的协调会。

表 1-5　十天客情预测表

日期	星期	预抵散客	团队	离店	团队离店	住宿	团队住宿	故障房	已满房间数	预计出租房数	预计出租单位	预计出租率	预计空房间数	已用房间数	可用房间数

表1-6 重点宾客（VIP）呈报表 _____月___日

房号	姓名	身份	接待单位	抵店日期	离店日期	客房种类		房 租		备注
						T	S	T	S	
小计										

送：总经理室、大堂经理、公关销售部、餐饮部、客房部、保安部、前厅部、大厅、总机、客房用膳部

表1-7 重点宾客（VIP）接待规格呈报表

团队名称	
贵宾情况	
情 况 简 介	
审 批 内 容	1. 房费：A. 全免；B. 赠送会客室一间；C. 房费按_____折收取；D. 按_____元收费 2. 用膳：在_____餐厅用餐，标准_____元/人（含/不含饮料） 3. 房内要求：A. 鲜花；B. 小盆景；C. 水果；D. 果盘；E. 葡萄酒及酒杯；F. 欢迎信； 　G. 名片；H. 礼卡；I. 饭店宣传册 4. 迎送规格：A. 由_____总经理迎送；B. 由_____部总经理迎送；C. 锣鼓迎送； 　D. 欢迎队伍_____ 5. 其他
呈报部门	经办人 　　　　　部门经理
总经理批署	

（2）宾客抵店前夕，将客情及具体的接待安排以书面形式通知相关部门，做好准备工作。饭店在这方面常使用的表格有"次日抵店宾客一览表"（见表1-8）、"鲜花、水果篮通知单"（见表1-9）和"特殊要求通知单"等。

表1-8 次日抵店宾客一览表 _____年____月___日

预订号	序号	客人姓名	房间数	房间类别	抵达时间航班	预期离店日期	备注
	1						
	2						

表1-9　鲜花、水果篮通知单　　　　　　　　　　_____月_____日

姓名_____　房号_____

送达日期_____　时间_____

具体要求_____

付款客人姓名_____　序号_____

备注_____

（3）宾客抵店的当天，前厅接待员应根据宾客预订的具体要求提前排房，并将有关接待细节（变更或补充）通知相关部门，共同完成宾客抵店前的各项准备工作。

综上所述，客房预订过程是极其复杂的，且对准确率要求极高，故采用计算机来进行全过程的操作是十分必要的。

五、超额预订

在客房的预订过程中，经常会出现房间预订而客人未到、临时取消订房等情况，从而造成饭店客房资源的闲置和浪费。特别是在旅游旺季，这些情况造成的损失尤为严重。因此，为了达到客房最佳出租率，最大限度地减少损失，可以采取超额预订的策略。所谓超额预订是指饭店在客房预订已满的情况下，适度增加预订数量，使订房率超过100%，从而补偿因临时取消预订或预订未到而造成的客房闲置和经济损失。

（一）超额预订的控制方法

虽然超额预订可以帮助饭店弥补损失，提高出租率，但也是一种有风险的行为，因为如果预订客人全部到店的话，会造成客人到店无房的情况，这时，饭店需要妥善安排那部分超额预订的客人，如将超额预订的客人送往附近酒店，否则会造成客人的不满和降低饭店的信誉度。超额预订控制的关键在于根据市场需求的预测和历史统计数据，从而确定预订取消率、预订未到率和延期住宿率等数据，经过预测计算，估计超额预订率和超额预订量。

$$超额预订率=超额预订量÷可供预订客房量×100\%$$

超额预订量可用如下公式计算：

$$超额预订量=预订取消量+预订未到量+提前离店量-延期住宿量$$

其中：可供预订量=房间总量-预计续住量

预订取消量=可供预订的客房数量×预订的临时取消率

预订未到量=可供预订的客房数量×预订未到率

提前离店量=续住的客房数量×提前离店量

延期住宿量=预期离店客房数量×延期住宿率

例1：某饭店有客房 800 间，1 月 1 日续住 100 间，预期离店 200 间。根据历史经验，1 月 1 日预计预订的临时取消率为 6%，预订未到率为 4%，延期住宿率为 5%，提前离店率为 3%。请计算：该酒店 1 月 1 日可以超额预订的房间量是多少？超额预订率是多少？

计算过程：可供预订量=800−100=700（间）

预订取消量=700×6%=42（间）

预订未到量=700×4%=28（间）

提前离店量=100×3%=3（间）

延期住宿量=200×5%=10（间）

超额预订量=42+28+3−10=63（间）

超额预订率=63÷700×100%=9%

因此，该饭店的超额预订量为 63 间，超额预订率为 9%。

按一般情况，饭店的超额预订率可以控制在 5%～15%之间。此外，超额预订率还要考虑其他因素。例如，与散客相比，团队预订取消或变更的可能性会较小，所以，如果一个饭店接待团队预订客人的比例较大的话，超额预订率可以控制在较小的范围，反之，如果散客较多的话，应该提高超额预订率。此外，旺季的超额预订率往往大于淡季的超额预订率。

（二）妥善处理超额预订客人

如果全部预订客人都到店，由于房间数量有限，饭店无法为超额预订客人提供客房，势必引起客人的不满，影响饭店的声誉。因此，必须采取有效措施，为超额预订客人妥善安排住宿。具体措施如下：

（1）如果预订客人到店时无法提供客房，前台人员应诚挚地表示歉意，并承诺会妥善解决客人的住宿问题。

（2）与本区域内的同档次饭店建立长期的业务合作关系，在出现超额预订时可免费派车将客人送至有合作关系的饭店，房价超出本饭店的部分由本饭店承担。

（3）如果客人愿意回本酒店住宿，要在本饭店次日排房时优先考虑这些客人，并免费派车将客人接回。

（4）在客人离店时，本饭店可以免费派车将其送达机场或车站；向客人赠送一定面额的礼券或代金券，可以在结账时抵扣房费或在饭店集团内部任何一家饭店使用，也可以赠送客人一些礼品以表达歉意。

六、网络预订与促销

网络技术的飞速发展已使网络订房成为饭店争取客源的必要手段，这种订房形式不受时间和空间的限制，可以在全球范围内实现异地订房。

（一）网络预订系统的分类

网络预订系统大致可分为两类。

一类是网络在线预订系统。这类系统主要是在互联网上建立网站，接受客人的直接预订，可分为专业的网络预订系统和专有的网络预订系统。

1．专业的网络预订系统

通过专门从事网络客房预订的企业或组织完成预订，这类企业拥有较强的市场推广能力、销售网络和专业优势，网络覆盖面广。通过这类预订系统，消费者可以查到与此网络系统有合作协议的所有饭店信息，可直接向酒店预订客房。如国外的 HRS、Priceline，国内的携程网、艺龙网等都属于此类。

2．专有的网络预订系统

专有的网络预订系统，即饭店企业自己在互联网上设置网站，进行网页设计和产品的介绍及推广，以独特的形象和富有特色的产品面向全球推销，并实现在线预订客房。目前，很多饭店都建有自己的网上预订系统。

另一类是 GDS 系统，即全球网络分房系统，饭店集团接入该系统后，宾客可以直接访问该系统的中央预订系统，查找饭店的相关信息，进行客房预订。

（二）网络预订程序

客人完成网上预订后，前厅预订部门必须及时查看相关的预订信息，完成预订的确认工作。具体的程序如下：

（1）有网络订房订单的，查看订单信息，如入住时间、人数、间数、退房时间、房间类型、价格等。

（2）根据酒店预订情况和客人的需求，判断能否接受预订。

（3）如订房已满或无法满足客人需求，需要在订单中注明"此房间不能确认预订！"并标明日期，用邮件或电话通知客人。

（4）如有房可以确认预订的，要在订单中标明"此订单确认预订"并注明日期，并与客人进行在线、邮件或电话确认。

（5）将预订单上的预订信息完整地输入电脑。

（6）客人入住后，网络公司查询入住情况时，要如实将客人入住情况予以回传。如客人没有到酒店入住要注明"客人没有到店入住"并签名；如客人已入住，要将客人入住房号、退房时间或续住情况注明，签名并做回传。

（三）网络营销

网络营销已迅速成为饭店行业经济、高效、便捷的一种营销手段，与传统营销方式相比，网络营销可以用较低的成本对饭店的产品、服务及形象进行展示，与客人进行良好的互动，从而提高饭店的经济效益。但现阶段，我国饭店业的网络营销在不同程度上存在着很多问题，如饭店网络建设不够专业，无法充分利用和挖掘网络资源，网页内容设计缺乏新意，不能吸引客人眼球；网站的访问量低，订单少，总体销售量不理想；销售方式单一，网络销售人员与客户之间缺乏互动，难以抓住潜在客户。针对这些问题，可以采取以下几个方式来解决。

1. 做好网络营销的市场定位，确定目标顾客群

饭店在实施网络营销之前，必须明确目标客户群的类型，是商务客人还是旅游度假客人，是国内游客居多还是国际游客居多，是高收入客户群还是中低收入客户群，是青年客户群还是中老年客户群。只有确定了目标客户群，饭店才能根据目标客户群的需求特点和个性要求来设计网站的内容。

2. 不断进行技术创新，精心设计网站内容

网站内容的设计直接影响网络营销的效果和顾客是否购买本饭店的产品。目前很多酒店的网页上几乎都是客房的图片和文字信息，这些与酒店的宣传单几乎一模一样，缺乏新意，无法引起客户的注意。因此，如何充分利用各种技术，全面展示饭店的产品和服务，向客户传递有价值的信息，吸引客人购买产品，是当前网络营销至关重要的一项工作。

案例 1-1：3D 虚拟酒店

3D 虚拟酒店就是充分利用现代影音技术和网络技术来展示饭店的信息。3D 虚拟酒店包括以下部分：（1）酒店的遥感空间信息。标注酒店所处的空间位置，客户可以直观地看到酒店的地理位置及周边的环境与交通等信息，感受酒店的空间信息。（2）标注热点。标示相关的三维实景拍摄位置与图文信息，从平面空间上介绍酒店的设施信息，当用户移动鼠标时会自动弹出热点内容或者是信息浮窗。（3）酒店三维实景。可以让用户在线体验酒店服务设施与客房设施，充分展示酒店优良的环境与完善的设施。如果以三维实景方式把酒店的环境和设施逼真地呈现在网站上，由于形式新颖，现实感强，可以很容易成为行业内的热点网站，迅速提高网站的人气和访问量，就会取到良好的网络营销效果。

3．搭建便捷的沟通与互动平台

为了更加便捷和经济地实现与客户之间的沟通和互动，饭店可以通过公布自己的电话、邮箱、QQ、微信，便于解答客户的疑难问题，收集各类意见，通过及时回电或回复来解决客户问题，建立与客户之间的良好关系。在线客服是一种较为及时和便捷的沟通方式，客户的各类问题可以得到快速应答或回复，双方的互动性较强。也可以在网站设置宾客讨论区，吸引入住过饭店的宾客发表对饭店的评价、意见或建议，饭店可以根据这些信息对产品或服务加以改进，并在讨论区做出解释或提出改善措施。但在这里要注意，为了防止恶意攻击和虚假信息，需要通过技术限制保证只有真实入住的客人才有资格评价，且评价是客观公正的。

七、长包房预订

长包房是指为长期住宿的客人提供的房间。这些客人可能正从另一个城市搬迁过来，或者是进行职业培训和长期出差的商务人员，需要在酒店住上半个月或者一个月，有的时间甚至更长。长包房的客户主要以商务客人居多，也包括自助旅行者、政府和军队工作人员、培训师和受训人员、咨询师、保险调解人、搬迁的职员、临时医疗工作人员以及公司客户等。

长包房的预订程序包括签约前、签约和签约后三部分。

（一）签约前

（1）接到客人长包房的预订要求时，要详细了解客人的客房需求。

（2）邀请客人到饭店参观，并预约好参观时间。

（3）带领客人参观饭店的客房及设施，介绍饭店长包房的详细情况及优惠政策，与客人洽谈长包房价格。

（二）签约

（1）准备好各项条款，准备好长包房租用合约，合约中要注明抵离店的日期、房间类型、房号、房价、预付款及付款方式，一式两份，请客户签字确认。

（2）记录客人的姓名、电话、地址等信息，以便后续联系、调查和跟踪。

（三）签约后

（1）填好长包房预订单，送至预订处。

（2）填写好长包房通知单，通知各部门做好入住接待工作。

（3）如客人有任何更改或取消，应立即通知相关部门，特别是预订处。

（4）建立长包房信息卡，将相关信息输入饭店的管理信息系统。

第三节 前厅部接待服务

饭店总服务台不可少的三大功能是接待、问讯和收银，这也是饭店实现客房销售的必要环节。

客房销售是接待处的主要任务，该任务完成质量的高低决定着客人对饭店"第一印象"的好坏以及饭店客房营业收入的高低。

客人在办理入住登记的过程中对饭店服务和设施的第一印象，对于营造热情友好的氛围和建立持续良好的商务关系非常重要。如果得到了热情的招待，客人将会积极地配合饭店的工作，并希望从饭店其他部门也得到同样热情的服务。否则，客人不仅不会对饭店的服务及设施产生兴趣，而且还将会在住宿期间挑剔饭店提供的服务和设施。

接待处的客房销售、宾客的接待一般是面对面进行的，形成了一套相对稳定的接待程序。但是，对于一些采用智能化操作系统的饭店而言，则接待程序有所不同。[①]

一、接待准备

在帮助客人办理入住登记手续或分配客房之前，接待员必须掌握接待工作所需的信息。这些信息主要包括房态和可供出租客房情况（Room Status and Availability）、预抵

[①] 在智能化的饭店前厅，特别是国外的一些饭店前厅，客人自行办理入住/离店手续的终端或操作亭（Express Check-in）的使用能让客人自助完成越来越多的前厅功能。自行办理入住/离店手续的终端与饭店的管理系统连接后，它为客人提供的选择类似于前厅服务员为客人提供的选择，主菜单基本上分为入住、退房离店、其他饭店服务和社区信息等。它既有固定的，也有移动的，有些饭店甚至将其放置在饭店与机场/码头间的穿梭巴士上供客人办理登记手续。绝大多数终端要求住店的客人持有事先的预订单及有效的信用卡，客人触摸一下计算机屏幕，系统就会提示客人的预订，查证客人的信用，认可饭店内的记账，将客人情况记入饭店管理系统，安排客房，制作钥匙，打印出一份预先账页（账页中重申了住客的姓名、房价、抵达和离店的日期、房号），激活房间电话，触摸"结束"键，系统会祝客人在饭店期间过得愉快。对于没有预订的散客（Walk-in Guests），在办理入住手续时，要先将预订程序中要求的基本信息输入终端。在智能化的饭店前厅，入住登记手续/离店手续和有关问讯服务依靠计算机网络完成，客人基本不与服务员直接接触。

店（Expected Arrivals List，EA）和预离店（Expected Departures，ED）客人名单、有特殊要求的预抵店客人名单、预抵店重要客人和常客名单、黑名单（Black List）。

以上信息资料在客人抵店的前一天晚上就应该准备好。在计算机联网的饭店里，这些信息资料不断地更新，接待员可通过计算机网络轻易获取。

接待处和客房部之间保持紧密的联系是十分重要的。在旅游旺季，为了保证较高的出租率，客房部必须尽可能快地将清扫好的空房房号告知接待处，以便接待处尽快售房，但绝不能降低客房的服务标准。

1．房态报告（Room Status Report）

在客人到店前，接待员必须获得较为具体的房态报告，并根据此报告排房，以避免给客人造成不便。

2．预抵店客人名单（Expected Arrivals List）

预抵店客人名单是为接待员提供即将到店客人的一些基本信息，如客人姓名、客房需求、房租、离店日期和特殊要求等。

在核对房态报告和预抵店客人名单时，作为接待处的管理人员，应该清楚以下两件事情，并采取相应的措施：一是饭店是否有足够的房间去接待预抵店客人，二是饭店还剩余多少可出租的房间去接待无订房而直接抵店的散客（Walk-in Guests）。

3．宾客历史档案（Guest History Record）

宾客历史档案简称"客史档案"。高星级饭店均有宾客历史档案，在计算机的帮助下，接待员很容易查到客人在饭店的消费记录，只要客人曾经在该饭店住宿过，根据宾客的历史档案情况，即可采取适当措施，确保客人住得开心。

4．有特殊要求的预抵店客人名单

有些客人在订房时，可能会额外地提出服务要求，接待员必须事先通知有关部门做好准备，恭候客人的到来。例如，预抵店客人要求为婴儿配备婴儿床，接待员（主管）则应为客人预先安排房间，然后让客房部准备婴儿床并将其放到指定的房间；客房部还应适当为客人准备一些婴儿用品，如爽身粉等。这一切工作都必须在客人抵店前做好。

5．预抵店重要客人名单

饭店必须对重要客人给予足够的重视。重要客人可分为：

● 贵宾（Very Important Person，VIP），主要包括政府、文化界、饭店方面的知名人士等。

● 公司客户（Commercially Important Person，CIP），主要指大公司、大企业的高级行政人员、旅行社和旅游公司职员、新闻媒体工作者等。

● 需特别关照的客人（Special Attention Guests，SPATT），主要指长住客（Long Stay Guest）以及需要特别照顾的老、弱、病、残客人等。

饭店常为重要客人提供特别的服务和礼节，如事先预留客房、免费享受接机/接车服务、在客房办理登记手续及安排专人迎接等。由于以上客人较为重要，饭店常把预抵店重要客人名单印发至前厅各部门及饭店相关对客服务部门，让他们在接待服务过程中多加留意。

6．黑名单

黑名单，即不受饭店欢迎的人员名单，主要来自以下几个方面：公安部门的通缉犯，已被当地饭店协会会员、大堂副理记录上黑名单的人员，财务部门通报的走单（逃账）客人，信用卡黑名单。

7．其他准备工作

在客人到店前，接待员除应获得以上信息资料外，还应做好以下工作：准备好入住登记所需的表格、用具，准备好钥匙，查看客人是否有提前到达的邮件等。

二、办理入住登记手续的目的与要求

入住登记是前厅部对客服务全过程中的一个关键阶段，其工作效果将直接影响到前厅功能的发挥，同时，办理入住登记手续也是宾客与饭店建立正式的、合法关系的最根本的一个环节。

（一）办理入住登记手续的目的

（1）遵守国家法律中有关入住管理的规定。

（2）获得宾客的个人资料。

（3）满足宾客对客房和房价的要求。

（4）推销饭店服务设施，方便宾客选择。

（5）为宾客入住后的各种表格及文件的形成提供可靠的依据。

（二）办理入住登记需要的表格

1．住宿登记表（Registration Form）

在我国，住宿登记表大体分三种，即"国内旅客住宿登记表"、"境外旅客临时住宿登记表"和"团体人员住宿登记表"（见表 1-10、表 1-11 和表 1-12）。

表 1-10　国内旅客住宿登记表

编号：　　　　　　　　房号：　　　　　　　　　　房租：

姓　名	性别	年龄	籍　贯	工作单位	职　　业
			省 市 县		

户口地址				从何处来	

身份证或其他有效证件			证件号码		

抵店日期			离店日期		

同宿人	姓名	性别	年龄	关系	备注

请注意：

1. 退房时间是中午 12:00
2. 贵重物品请存放在前台保管箱内，阁下一切物品之遗失饭店概不负责
3. 来访客人请在 23:00 前离开房间
4. 退房请交回钥匙
5. 房租不包括房间里的付费物品

结账方式：
- □ 现金
- □ 信用卡
- □ 支票

客人签名：

接待员：

填表人＿＿＿＿＿＿

表 1-11　境外旅客临时住宿登记表

Registration form of temporary residence for visitors

IN BLOCK LETTERS：　　　　　DAILY RATE：　　　　　ROOM NO.：

SURNAME：	DATE OF BIRTH：		SEX：	NATIONALITY OR AREA：
OBJECT OF STAY：	DATE OF ARRIVAL：		DATE OF DEPARTURE：	COMPANY OR OCCUPATION：

HOME ADDRESS：

PLEASE NOTE：

1. Chect out time is 12:00 noon
2. Safe deposit boxes are available at cashier counter at no charge, Hotel will not be responsible for any loss of your property
3. Visitors are requested to leave guest rooms by 11:00PM
4. Room rate not including beverage in your room
5. Please return your room key to cashier counter after check-out

On checking out my account will be settled by：
- □ CASH
- □ T/A VOUCHER
- □ CREDIT CARD

GUEST SIGNATURE：

For clerk use				
护照或证件名称：	号码：	签证种类：	签证号码：	签证有效期：
签证签发机关：	入境日期：	口岸：	接待单位：	
REMARKS：		CLERK SIGNATURE：		

表 1-12　团体人员住宿登记表

Registration form of temporary residence for group

团队名称：　　　　日期：　　年　　　月　　　日　　至　　　月　　　日
Name of group　　　Date　　Year　　Mon　　Day　　Till　　Mon　　Day

房　号（ROOM NO.　）	姓　名（NAME IN FULL）	性　别（SEX）	出生年月（DATE OF BIRTH）	职　业（PROFESSION OR OCCUPATION）	国　籍（NATIONALITY）	护照号码（PASSPORT NO.　）

签证号码：　　　　　　　　　　机关：　　　　　　　　种类：

有效日期：　　　　　　　　　入境日期：　　　　　　　口岸：

留宿单位：_____　　　　　　接待单位：_____

　　住宿登记表的内容主要包括公安部门所规定的登记项目和饭店运行与管理所需要的登记项目两个方面。

　　公安部门所规定的登记项目的内容主要包括客人的完整姓名（Full Name）、国籍（Nationality）、出生年月（Date of Birth）、家庭地址（Home Address）、职业（Occupation）、有效证件及相关内容等。

　　饭店运行与管理所需的登记项目包括：

　　（1）宾客姓名及性别。姓名与性别是识别客人的首要标志，服务人员要记住客人的姓名，并要以姓氏去称呼客人以示尊重。

　　（2）房号（Room NO.）。房号是确定房间类型和房价的主要依据。同时，注明房号有利于查找、识别住店客人及建立客账。

　　（3）房租（Room Rate）。房租是客人与接待员在饭店门市价的基础上协商而定的，它是建立客账、预测客房收入的重要依据。例如，标准价（Rack Rate）为 US$100，给客人 8 折优惠，在登记表上最好以 US$100-20%的方式标记。这种方式虽不符合逻辑，但易于操作，既反映了标准价，又表明了优惠率。

　　（4）付款方式。确定付款方式有利于保障客房销售收入及决定客人住宿期间的信用标准，并有助于提高退房结账的速度，最主要的还是方便住客，由饭店为其提供一次性结账服务。

　　（5）抵离店日期。掌握客人准确的抵店日期、时间，有助于房租查询、邮寄等系列服务的顺利进行；而了解客人的预计离店日期，则有助于订房部的客房预测及接待处的排房（Room Assignment），并有助于客房部清扫工作的安排。

（6）住址。正确、完整的客人固定住址，有助于饭店与客人日后联系，如遗留物品的处理、邮件转寄服务等。

（7）饭店管理声明。登记表上的管理声明，即住客须知，它告诉客人住宿消费的注意事项，如退房时间（Check out Time）为中午 12:00 前，建议客人使用前厅收款处的免费保管箱，否则如有贵重物品遗失，饭店恕不负责，还有会客时间的规定等内容。

（8）接待员签名。接待员签名有助于加强员工的责任心，有利于控制和保证服务质量。

有些饭店为进行市场分析，还在登记表中设计了调研项目，如停留事由、交通工具、订房渠道、下个目的地等内容。

2．房卡（Room Card）

房卡又称欢迎卡（Welcome Card），接待员在给客人办理入住登记手续时，会请客人填写封面印有"欢迎光临"字样的房卡。房卡的内容主要包括饭店运行与管理所需登记的项目、住客须知及饭店服务项目、设施的介绍。

房卡的主要作用是证明住店客人的身份，方便客人出入饭店，因此，房卡又被称为"饭店护照"（Hotel Passport）。在一些饭店，房卡还被赋予其他一些功能，如为区分客人类别，饭店常使用贵宾房卡以示区别；根据客人的信用标准，饭店还特别印制一种房卡——钥匙卡，这种卡只证明其持有者的住店客人身份，但不能作为饭店消费场所的签单证明，主要发给没交押金的散客和团体客人，其他费用由客人自理。持 VIP 房卡和其他种类房卡的客人则可凭房卡去饭店经营场所签单消费，其账单送至前厅收款处入账，退房时一次性结账。但在给客人签单时，各经营场所的收银员一定要核实顾客身份及检查房卡是否有效。

3．客房状况卡条（Room Rack Slip）

在未使用计算机系统的饭店前厅部，必须制作该卡条，并放入显示架相应房号内，用来显示客房的出租状况及住客的主要情况（如宾客姓名、房号、抵离日期等）。有些饭店为了醒目，用不同色彩的卡条代表不同类型的宾客，以示区别。同时，应再制作四份同样的卡条，以便将宾客入住信息尽快传递给与对客服务密切相关的总机、问讯处、大厅服务处和客房中心。

三、入住登记程序

入住登记可以分为以下六个步骤：

（1）客人到店前的准备工作（Preparation for guest arrival）

（2）填写入住登记表（Registration）

（3）排房、定房价（Room assignment and determination of room rate）

（4）付款方式的确认（Checking the method of payment）

（5）发放钥匙及带客上房（Issuing the room key and escorting the guest）

（6）制作有关表格（Folio）

需要注意的是，饭店不同、客人类别不同，以上入住登记步骤的次序亦可能有所不同。例如，有订房的贵宾（VIP）就必须事先排房，而且还常常请贵宾先进客房，然后在客房内办理入住登记手续。

总的来说，入住的客人可分为两大类，即有订房的与没有订房的客人、团体客人或散客。有订房的客人又有保证订房者和非保证订房者之分。保证订房者一定是确认订房，非保证订房者不一定是确认订房。根据客人订房的不同类型，饭店入住的登记步骤亦应区别对待。团体客人大多属于有订房的，且是确认订房的客人。散客情况则多种多样，既有事先订房的，也有事先没有订房的；既有保证订房的，也有非保证订房的。

（一）散客（VIP 除外）的入住登记程序

1．识别客人有无预订

客人来到接待处时，接待员应面带微笑，主动迎上前去，询问客人有无订房。若有订房，应问清客人是用谁的名字订的房，然后根据姓名找出客人的订房资料，确认订房内容，特别是房间类型与住宿天数。如客人没有订房，则应先查看房态表，看是否有可供出租的客房。若能提供客房，则向客人介绍房间情况，为客人选房。如没有空房，则应婉言谢绝客人，并耐心为客人介绍邻近的饭店。

2．客人填写入住登记表

鉴于有不同的登记表格，接待员应先问清客人证件的名称，然后协助客人填写登记表。为加快入住登记速度，有的饭店实行预先登记，退房日期先空出，待客人抵店后如果没有异议，让客人签上退房日期和姓名即可。客人入住都必须登记，团体客人可一团一表，散客则一人一表。

3．验证身份证件

（1）国内旅客持有证件。中华人民共和国居民身份证、临时身份证、中国护照、军官证、警官证、士兵证、军警老干部离休荣誉证、军警老干部退休证和一次性住宿有效凭证等。

（2）境外旅客持有证件。

● 港澳同胞回乡证。它是港澳居民来往内地时使用的一种旅行证件，由公安部授权广东省公安厅签发。

● 中华人民共和国旅行证。它是护照的代用证件，是我国驻外使、领馆颁发给不便于发给护照的境外中国公民回国使用的一种证件。它包括一年一次入出境有效和两年多次入出境有效两种。

- 中国台湾居民来往大陆通行证。它是我国台湾居民来往大陆的旅行证件。由公安部出入境管理局授权的公安机关签发或委托在香港和澳门特别行政区的有关机构代为办理。该证有两种：一种为 5 年有效，另一种为一次入出境有效。它实行逐次签证，签证分一次往返有效和多次往返有效两种。
- 中华人民共和国入出境通行证。它分为两种：一种是为未持有我国有效护照、证件的华侨入出我国国境而颁发；另一种是为回国探亲旅游的华侨因证照过期或遗失而补发，分一次有效和多次有效两种。该证件由我国公安机关出入境管理部门签发。
- 外国人持有的证件，即护照。

护照的识别

国籍的识别。目前世界上大多数国家的护照或其他代用护照上都有发照国本国文字和国际上通用的文字（英文）标明国籍。但也有一些国家只用本国文字标明国籍，遇到这种情况，可以按照护照封皮上的国徽图案或国家标志来识别。

护照有效期的识别。护照有时效限制，并在有效期内发生效力。护照期满前持照人应根据本国有关的法律规定到政府授权机关更换新护照或申办护照延期，否则护照会自然失效，不再具有原效力。护照有效期的表述方法一般有以下几种：在护照有效期一栏写明有效期，这是最常见的；在护照有效期一栏注明自签发之日起若干年有效；在护照的使用说明中规定自签发之日起若干年有效；规定在一些特定的条件下有效；护照内未注明有效期限的，视为永久有效。

护照真伪的识别。注意识别护照样式、图案、颜色。注意护照内各项内容和发照机关签署印章的情况，查看是否有伪造和涂改痕迹。查看护照上的照片及对自然特征的记载是否与持照人相符，照片上加盖的骑缝印章有无可疑之处。

4. 安排房间，确定房价

接待员应根据宾客的住宿要求，着手排房、定价。通常客房分配应讲究一定的顺序以及排房艺术。

（1）排房顺序：① 团体宾客；② 重要宾客和常客；③ 已付订金的预订宾客；④ 要求延期离店的宾客；⑤ 普通预订宾客，并有准确航班号或抵达时间；⑥ 无预订的散客。

（2）排房方法。排房时应以提高宾客满意度和饭店出租率为出发点，注重下列技巧：① 尽量将团队客人安排在同一楼层或相近楼层，采取相对集中的排房原则；② 内外宾有着不同的语言和生活习惯，应将内宾和外宾分别安排在不同的楼层；③ 将残疾人、老年人和带小孩的宾客尽量安排在离电梯较近的房间；④ 对于常客和有特殊要求的宾客应予以照顾，尽量满足其要求；⑤ 尽量不要将敌对国家的宾客安排在同一楼层或相近的房间；⑥ 应注意不同国家客人对房号的忌讳。

为客人分配好房间后，接待员在饭店的价格范围内为客人确定房价。如客人事先有订房，接待员则必须遵守订房单上已确认的房价，不能随意改动。

5. 确定付款方式

确定付款方式的目的，从饭店角度来看，可避免利益损害，防止住客逃账（走单）；从客人角度来看，可享受住宿期消费一次性结账服务和退房结账的高效率服务。

接待员可从登记表的"付款方式"栏中得知客人选择的付款方式。客人常采用的付款方式有现金、信用卡、支票及旅行传单（Travel Voucher）等。

（1）现金结账。如果客人用现金结账，客人入住时则要交纳一定数额的预付金。预付金额度应超过住宿期间的总房租数，具体超过多少，由饭店自定，一般为一天的房租，结账时多退少补。大型饭店，预付金由前厅收银员收取，中小型饭店由接待员收取。

（2）信用卡结账。如果客人用信用卡结账，接待员应首先辨明客人所持的信用卡是否属中国人民银行规定的可在我国使用且本饭店接受的信用卡；其次核实住客是否为持卡人；然后检查信用卡的有效期及信用卡的完好程度；接着使用信用卡压印机，将客人的信用卡资料影印到适当的签购单上；最后将信用卡交还客人，将已印制好的信用卡签购单与制作的账单一起交至前厅收款处。

（3）旅行传单结账。客人向与饭店有订房合同的旅行社购买饭店的客房，房租交付给旅行社，旅行社给客人签发传单，客人凭此传单入住指定的饭店，无须再向饭店支付房租，房租由旅行社与饭店按订房合同解决。如果客人持旅行社传单结账，接待员则应告诉客人，房租之外的费用必须由客人自行支付，如洗衣费、长途电话费等，因此客人仍然要交纳一定的押金。

（4）以转账方式结账。客人若要以转账方式结账，这一要求一般在他订房时就会向饭店提出，并经饭店有关负责人批准后方可。如果客人在办理入住登记手续时才提出以转账方式结账，饭店通常不予受理。

对于一些熟客、常客、公司客户等，饭店为了表示友好和信任，通常会给予他们免交押金（Waive Deposit）的方便。免交押金的名单一般由饭店的营业部或财务部门印发，订房部员工在订房单的备注内容中注明，接待处则灵活处理。

6. 完成入住登记手续

排房、定价、确定付款方式后，接待员应请宾客在准备好的房卡上签名，即可将客房钥匙交给宾客。有些饭店还会向宾客提供用餐券、免费饮料券、各种促销宣传品等，并询问宾客喜欢阅读的报纸，以便准备提供。同时，饭店为宾客事先保存的邮件、留言单等也应在此时交给宾客，并提醒宾客将贵重物品寄存在饭店免费提供的保管箱内。在宾客离开前厅时，接待员应安排行李员引领宾客进房并主动与宾客道别，然后将宾客入住信息输入计算机并通知客房中心。也有些饭店在宾客进房 7~10 分钟后，再通过电话与宾客联系，询问其对客房是否满意，并对其光临再次表示感谢。

7．制作相关表格资料

入住登记程序最后阶段的工作是建立相关表格资料，其做法如下：

（1）使用打时机，在入住登记表的一端打上客人入住的具体时间（年、月、日、时、分）。

（2）将客人入住信息输入计算机内，并将与结账相关事项的详细内容输入计算机客账单内。

（3）标注"预期到店一览表"中的相关信息，以示宾客已经入住。

（4）若以手工操作为主的饭店，则应立即填写五联客房状况卡条，将宾客入住信息传递给相关部门。

散客入住登记程序如图 1-3 所示。

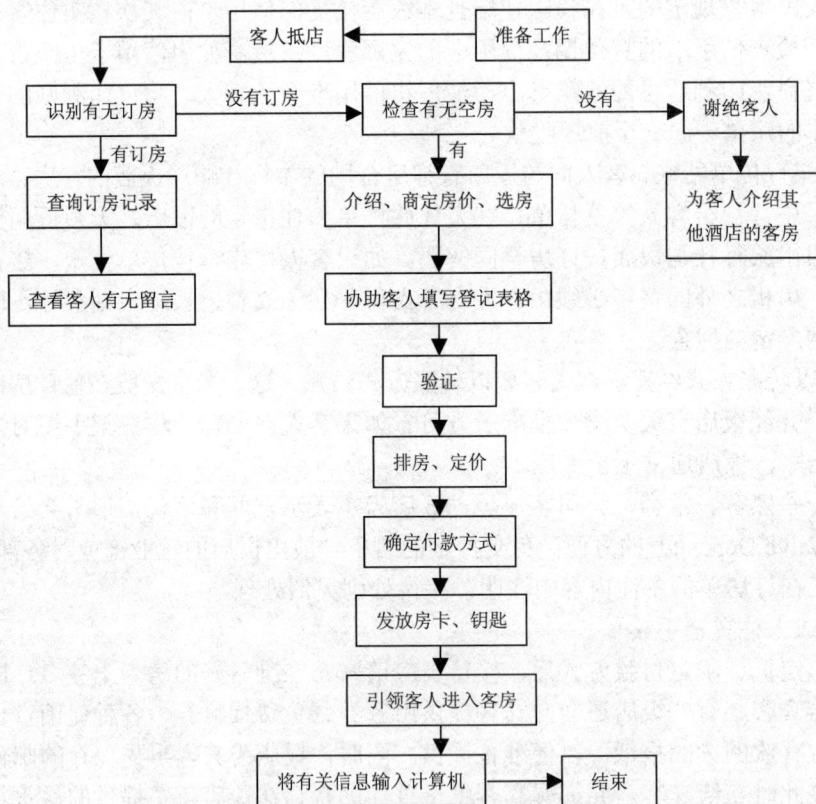

图 1-3　散客入住登记程序

（二）贵宾（VIP）、团队（Group）等宾客的入住登记程序与标准

1. 贵宾（VIP）客人的入住登记程序与标准（见表1-13）

表1-13　VIP客人的入住登记手续办理程序与标准表

程　　序	标　　准
1. 接待VIP客人的准备工作	● 填写VIP申请单，上报总经理审批签字认可 ● VIP房的分配力求选择同类客房中方位、视野、景致、环境、房间保养等方面处于最佳状态的客房 ● VIP客人到达饭店前，要将钥匙卡、钥匙、班车时刻表、欢迎信封及登记卡等放至客务经理处 ● 客务经理在客人到达前检查房间，确保房间状态正常，礼品发送准确无误
2. 办理入店手续	● 准确掌握当天预抵VIP客人的姓名 ● 以客人姓氏称呼客人，及时通知客务经理，由客务经理亲自迎接 ● 客务经理向客人介绍饭店设施，并亲自将客人送至房间
3. 信息储存	● 复核有关VIP客人资料的正确性，并准确输入计算机 ● 在计算机中注明哪些客人是VIP客人，以提示其他部门或人员注意 ● 为VIP客人建立档案，并注明身份，以便作为预订和日后查询的参考资料

2. 未预订宾客入住登记程序与标准（见表1-14）

表1-14　未预订宾客入住登记手续办理程序与标准表

程　　序	标　　准
1. 接受无预订客人入住要求	● 当客人办理入住手续时，首先要查清客人是否有预订；若饭店出租率高，需根据当时情况决定饭店是否可接纳无预订客人入住 ● 确认客人未曾预订，饭店仍可接纳时，表示欢迎客人的到来，并检查客人在饭店是否享有特殊价或公司价 ● 在最短时间内为客人办理完入住手续
2. 确认房费和付款方式	● 办理入住手续时要和客人确认房费 ● 确认客人的付款方式，按规定收取预付款
3. 收取预付款	● 若客人以现金结账，应预先收取客人的订金 ● 若客人以信用卡结账，应影印客人信用卡，把卡号输入计算机，与登记卡一起放入档案中
4. 信息储存	● 客人接待完毕后，立即将所有相关信息输入计算机系统，包括客人姓名的正确书写、地址、付款方式、国籍、护照号码、离店日期等 ● 将正确信息输入客人的档案 ● 登记卡要存放至客人入住档案，以便查询

3. 团队（Group）宾客的入住登记程序与标准（见表 1-15）

表 1-15　团队宾客入住登记手续办理程序与标准表

程　序	标　准
1. 准备工作	● 在团队到达前，预先备好团队的钥匙，并与有关部门确认房间为可售房 ● 按照团队要求提前分配好房间
2. 接待团队入店	● 总台接待员与销售部团队联络员一起礼貌地把团队客人引领至团队入店登记处 ● 团队联络员告知领队、团队客人有关事宜，其中包括早、中、晚餐地点，饭店其他设施等 ● 接待员与领队确认房间数、人数及早晨唤醒时间、团队行李离店时间 ● 经确认后，请团队联络员在团队明细单上签字，总台接待员亦需在上面签字认可 ● 团队联络员和领队接洽完毕后，总台接待员需协助领队发放钥匙，并告知客人电梯的位置
3. 信息储存	● 入住手续办理完毕后，总台接待员将准确的房间号名单转交行李部，以便行李的发送 ● 修正完所有更改事项后，及时将所有相关信息输入计算机

4. 长住客人的入住登记程序与标准（见表 1-16）

表 1-16　长住客人入住登记手续办理程序与标准表

程　序	标　准
1. 长住客人的定义	● 长住客人均要与饭店签订合同，并且至少留住一个月
2. 长住客人抵店时的接待	● 当长住客人抵达饭店时，按照 VIP 客人接待程序的标准进行 ● 总台接待员立刻将所有信息输入计算机，并在计算机中注明该客人为长住户——LS 或小包价长住户——LP（房费包括早餐） ● 为客人建立两份账单，一份为房费单，另外一份为杂项账目单 ● 客人信息确认无误后，为客人建立档案
3. 付款程序	● 长住客与饭店签有合同，且留住饭店时间至少为一个月，总台负责长住客的工作人员每月结算一次长住客的账目，汇总所有餐厅及其他消费的账单同房费账单一起转交财务部 ● 财务部检查无误后，发送给客人一张总账单，请其付清本月账目 ● 客人检查账目无误后，携带所有账单到总台付账 ● 总台将客人已付清的账单转交回财务部存档

注：LS，表示一般长住客；LP，表示小包价长住客。

四、入住登记中的注意事项

（一）换房

调换房间往往有两种可能：一种是住客主动提出，另一种是饭店的要求。住客可能因客房所处位置、价格、大小、类型、噪音、舒适程度以及所处楼层、朝向、人数变化、客房设施设备出现故障等原因而要求换房；饭店可能因客房的维修保养，住客离店日期延后，为团队会议宾客集中排房等原因，而向宾客提出换房的要求。换房往往会给宾客或饭店带来麻烦，故必须慎重处理。需要注意的是，在搬运宾客私人物品时，除非经宾客授权，应坚持两人以上（最好有大堂经理等）在场。

换房的服务程序如下：（1）了解换房原因；（2）查看客房状态资料，为客人排房；（3）填写房间/房租变更单（见表 1-17）；（4）为客人提供换房时行李服务；（5）发放新的房卡与钥匙，由行李员收回原房卡与钥匙；（6）接待员更改计算机资料，更改房态。

表 1-17　房间/房租变更单

房间/房租变更单
ROOM/RATE CHANGE LIST

日期（DATE）_____　　　　　　　　时间（TIME）_____

宾客姓名（NAME）_____　　　　　　离开日期（DEPT DATE）_____

房号（ROOM）　　　　　由（FROM）_____　　转到（TO）_____

房租（RATE）　　　　　由（FROM）_____　　转到（TO）_____

理由（REASON）_____

当班接待员（CLERK）_____　　　　　行李员（BELLBOY）_____

客房部（HOUSEKEEPING）_____　　　电话总机（OPERATOR）_____

前台收银处（F/O CASHIER）_____　　问讯处（MAIL AND INFORMATION）_____

（二）离店日期变更

宾客在住店过程中，因情况变化，可能会要求提前离店或推迟离店。

宾客提前离店，则应通知客房预订处修改预订记录，前台应将此信息通知客房部尽快清扫整理客房。宾客推迟离店，也要与客房预订处联系，检查能否满足其要求。若可以，接待员应开出"推迟离店通知单"（见表 1-18），通知结账处、客房部等；若用房紧张，无法满足宾客逾期离店要求，则应主动耐心地向宾客解释并设法为其联系其他住处，并取得宾客的谅解。如果客人不肯离开，前厅人员应立即通知预订部，为即将到店的客人另寻房间。如实在无房，只能为即将来店的临时预订客人联系其他饭店。处理这类问题的原则是：宁可让即将到店的客人住到其他饭店，也不能赶走已住店客人。同时，从管理的角度来看，旺季时，前厅部应采取相应的有效措施，尽早发现宾客推迟离店信息，以争取主动，如在开房高峰时期，提前一天让接待员用电话与计划离店的住客联系，确认其具体的离店日期和时间，以获得所需信息，尽早采取措施。

表 1-18　推迟离店通知单

姓名（NAME）_____

房间（ROOM）_____

可停留至（IT ALLOWED TO STAY UNTIL）_____AM_____PM

日期（DATE）_____

前厅部经理签字（FRONT OFFICE MANAGER SIGNED）_____

（三）宾客不愿详实登记

有部分宾客为减少麻烦，出于保密或为了显示自己特殊身份和地位等目的，住店时不愿登记或登记时有些栏目不愿填写。此时，接待员应妥善处理：

（1）耐心向宾客解释填写住宿登记表的必要性。

（2）若宾客出于怕麻烦或填写有困难，则可代其填写，只要求宾客签名确认即可。

（3）若宾客出于某种顾虑，担心住店期间被打扰，则可以告诉宾客，饭店的计算机电话系统有"DND"（请勿打扰）功能，并通知有关接待人员，保证宾客不被打扰。

（4）若宾客为了显示其身份地位，饭店也应努力改进服务，满足宾客需求。例如，充分利用已建立起的客史档案系统，提前为宾客填妥登记表中有关内容，进行预先登记，在宾客抵店时，只需签名即可入住。对于常客、商务宾客及 VIP 宾客，可先请宾客在大堂里休息，为其送上一杯茶（或咖啡），然后前去为宾客办理登记手续，甚至可让其在客房内办理手续，以显示对宾客的重视和体贴。

（四）重房

宾客抵店入住时，发现房间已被占用，这一现象被称为"重房"，这是前厅部工作的重大失误。此时，应立即向宾客道歉，承认属于自己工作的疏忽，同时安置宾客到大堂、咖啡厅，并为宾客送上一杯茶，以消除其烦躁的情绪，并尽快重新安排客房。等房间安排好后，应由接待员或行李员亲自带宾客进房，并采取相应的补救措施。事后，应寻找发生问题的根源，如房间状态显示系统出错，则应与客房部联系，共同采取措施加以纠正。

（五）押金数额不足

由于饭店客源的复杂性、客人付款方式的多样性，饭店坏账、漏账、逃账的可能性始终存在。客人在办理入住登记手续时，如果表示用现金支付费用时，饭店为了维护自身的利益，常要求客人预付一定数量的押金，结账时多退少补。被要求支付押金的客人通常包括首次住店的客人、无行李的客人、无客史档案的客人及以往信用不良的客人。押金的数额依据客人的住宿天数而定，主要是预收住宿期间的房租。一些饭店为方便客人使用房间内长途电话（IDD、DDD）、饮用房内小酒吧（Mini-bar）的酒水、为洗衣费签单等，常会要求客人多预交一天的房租作为押金，当然也是作为客人免费使用房间设备、设施的押金，如果客人拿走或损坏客房的正常补给品则须照价赔偿。有时，客人的钱只够支付房租，而不够支付额外的押金。遇到这种情况，接待员要请示上级作出处理。如让客人入住，签发的房卡应为钥匙卡（不能签单消费），应通知总机关闭该房间的长途线路，通知客房楼层收走或锁上小酒吧。后两项工作一定要在客人进房前做好，不要让住客撞见，以免客人尴尬和反感。客人入住后，客房楼层服务员对该房间要多加留意。

（六）加床（Extra Bed）

客人加床大致分两种情况，一是客人在办理登记手续时要求加床，二是客人在住宿期间要求加床。

饭店要按规定为加床客人办理入住登记手续，并为其签发房卡，房卡中的房租为加床费，加床费转至住客付款账单上。如客人在住宿期间要求加床，第三个客人在办理入住登记手续时，入住登记表需支付房费的住客签名确认。接待处将加床信息以"加床通知单"（Extra Bed Information）的形式通知相关部门。

（七）宾客离店时，带走客房内物品

有些宾客或是为了留做纪念，或是贪小便宜，常会随身带走浴巾、茶杯、电视机遥控器、书籍等客房用品。此时，接待员应巧妙地请宾客提供线索帮助查找："房间里的××东西不见了，麻烦您在房间找一找，是否忘记放在什么地方了，或是收拾行李太匆忙不小心夹在里面了。"为宾客解决问题留出余地，给宾客"面子"。若宾客仍不承认，则应耐心解释："这些物品是非纪念品，如果您实在喜欢，可帮您在客房部联系购买。"切忌草率要求宾客打开箱子检查，以免使宾客感到尴尬，或伤了宾客的自尊心。千万不可与宾客斗"气"争"理"，只有保全宾客的"面子"，问题才容易解决。

（八）客人的特殊要求

有的客人在登记入住的时候会提出一些特殊的要求，如"对入住信息保密"、"不

接听外来电话"、"规定时间拒绝清洁人员打扰"等要求，接待人员应对这些要求高度重视，并做好备注，提醒相关部门注意这些事项。

（九）客人等待时间过长

在客人到店时，很有可能遇到接待的高峰期而使客人等待登记入住的时间过长，引起客人的不满。为避免客人等待时间过久，可采取以下措施：

（1）在客人到店之前，接待部门要事先与预订部门做好沟通，了解当日和近期的预订情况，合理安排接待人员，做好准备工作。特别是对于 VIP 客人和团队客人，可以预先做好入住登记单和房卡，等待客人签字确认。

（2）坚持先到先登记的原则，尽量平等对待每一位客人。

（3）引导后面排队的客人先到休息区等待，并提供茶水或点心，以消除其焦急烦躁的情绪。

五、问讯服务

问讯服务是客房产品销售的配套服务，是免费的服务。大型饭店一般在总服务台设立专门问讯处（Mail & Information），中小型饭店为了节省人力，则由接待员负责解答问讯。问讯员在掌握大量信息的基础上，应尽量满足客人的各种需求。

（一）问讯处的业务范围

（1）回答客人的咨询，提供准确的信息。

（2）做好留言服务。

（3）处理客人的邮件。

（4）完成客人委托代办的事情。

客房门锁使用传统机械钥匙的饭店，问讯处还要负责管理客用钥匙。

（二）问讯处信息资料准备

问讯员要熟悉和掌握的信息有：

（1）本饭店的组织结构、各部门的职责范围和有关负责人的姓名及电话。

（2）本饭店服务设施及饭店特色。

（3）本饭店的服务项目、营业时间及收费标准。

（4）饭店所在地大型医院的地址及急诊电话号码。

（5）本地各主要旅游观光景点、商场、购物中心的名称、特色及其与饭店的距离。

（6）饭店与周边地区主要机构设施的距离及交通状况。

（7）饭店各部门的电话号码。

（8）客源地的风土人情、生活习惯及爱好、忌讳等。

（9）本地主要活动场所，如商业步行街、文体活动场所、交易会展馆等的地址及抵达方法。

（10）本地著名饭店、餐厅的经营特色、地址及电话。

（11）世界各主要城市的时差计算方法。

（12）当地使、领馆的地址及电话号码。

（13）当天的天气预报。

（14）当地航班、火车车次的咨询电话等。

（三）问讯处要备齐的信息资料

（1）飞机、火车、轮船、汽车等交通工具的时刻表、价目表及里程表。

（2）地图的准备：本地的政区图、交通图、旅游图及全省、全国乃至世界地图。

（3）电话号码簿：本市、全省乃至全国的电话号码簿及世界各主要城市的电话区号。

（4）各主要媒体、企业的网址。

（5）交通部门对购票、退票、行李重量及尺寸规格的规定。

（6）本饭店及其所属集团的宣传册。

（7）邮资价目表。

（8）饭店当日活动安排，如宴会等。

（9）当地著名大专院校、学术研究机构的名称、地址及电话。

（10）本地主要娱乐场所的特色、地址及其电话号码等。

六、查询服务

（一）查询服务要求

（1）资料准备要齐全。

（2）回答查询要迅速。

（3）答复要耐心、准确。

（4）为住客和饭店的商业机密保密。

（二）住客查询

　　住客经常会向前厅问讯处、总机或楼层服务员询问有关饭店的情况。饭店员工应将客人的每次询问都看作是一次产品推销的契机，是增加饭店收入的机会，每位员工均应详细介绍饭店的情况，而不能将其视为一种麻烦。有时客人也会问及饭店当地的一些情况，饭店员工也应详细解答。

（三）查询住客情况

问讯处经常会收到打听住客情况的问讯，如客人是否在饭店入住、入住的房号、客人是否在房间、是否有合住及合住客人的姓名、住客外出前是否给访客留言等。问讯员应根据具体情况区别对待。

1. 客人是否入住本店

客人是否入住本店，问讯员应如实回答（住客要求保密的除外）。可通过查阅计算机或入住资料显示架名单及接待处转来的入住单，确定客人是否已入住；查阅预抵店客人名单，核实该客人是否即将到店；查阅当天已结账的客人名单，核实该客人是否已退房离店；查阅今后的客房订单，了解该客人今后是否会入住。如客人尚未抵店，则以"该客人暂未入住本店"答复访客；如查明客人已退房，则向对方说明情况。已退房的客人，除有特殊交代者外，一般不应将其去向及地址告诉第三者。

2. 客人入住的房号

为住客的人身财产及安全着想，问讯员不可随便将住客的房号告诉第三者，如要告诉，则应取得住客的许可或让住客通过电话与访客预约。

3. 客人是否在房间

问讯员先确认被查询的客人是否为住客，如系住客则应核对房号，然后打电话给住客，如住客在房内，则应问清访客的姓名，征求住客意见，将电话转进客房；如客人已外出，则要征询访客意见，是否需要留言。如住客不在房内，问讯员可通过电话或广播代为寻找，并请客人在大堂等候，亦可请行李员在大堂内举牌摇铃代为寻找。

4. 住客是否有留言给访客

有些住客在外出时，可能会给访客留言或授权。授权单是住客外出时允许特定访客进入其房间的证明书。问讯员应先核查证件，待确认访客身份后，再按规定程序办理。

5. 打听房间的住客情况

问讯员应为住客保密，不可将住客姓名及其单位名称告诉对方，除非是饭店内部员工由于工作需要的咨询。

6. 电话查询住客情况，应注意以下问题

（1）问清客人的姓名，如果是中文姓名查询，应对容易混淆的字，用组词来分辨确认；如果是英文姓名查询，则应确认客人姓（Surname）与名（First name）的区分，以及易读错的字母，并特别留意港澳地区客人及华侨、外籍华人中既有英文名又有汉语拼音和中文姓氏的情况。

（2）如查到了客人的房号，并且客人在房内，应先了解访客的姓名，然后征求住客意见，看其是否愿意接电话，如同意，则将电话转接到其房间；如住客不同意接电话，则告诉对方住客暂不在房间。

（3）如查到了客人的房号，但房间无人接听电话，可建议对方稍后再打电话来，或建议其电话留言，切忌将住客房号告诉对方。

（4）如查询团体客人情况，要问清团号、国籍、入住日期、从何处来、到何处去，其他做法与散客一致。

（四）查询饭店及其他情况

问讯员应主动介绍饭店的设备及服务项目情况，树立全员营销观念，积极、热情地为客人解答问题、提供帮助。

（五）住客要求保密的处理

有些客人在住店时，由于某种原因，会提出对其房号进行保密的要求。无论接待员还是问讯员接受此要求都应按以下要求去做：

（1）此项目要求由问讯处归口处理。如果是接待员接到客人的保密要求，也应交问讯处处理。

（2）问清客人要求保密的程度。

（3）在值班本上做好记录，记下客人姓名、房号及保密程度和时限。

（4）通知总机室做好该客人的保密工作。

（5）如有人来访要见要求保密的客人，或来电查询该客人时，问讯员及总机均应以该客人没有入住或暂时没有入住为由予以拒绝。

（6）如客人要求更改保密程度或取消保密时，应即刻通知总机室，并做好记录。

七、留言服务

前厅问讯处受理的留言有两类，即访客留言和住客留言。

1. 访客留言

访客留言是指来访宾客对住店宾客的留言。问讯员在接受该留言时，应请访客填写一份"访客留言单"（见表 1-19），将填写好的访客留言单送电话总机组，或交行李员送至客房。需要注意的是，留言具有一定的时效性，为确保留言单传递速度，有些饭店规定问讯员要每隔一小时就通过电话通知宾客，这样做的目的是让宾客最迟也可在回饭店一小时之内得知留言内容，以确保万无一失。另外，为了对宾客负责，若不能确认宾客是否住在本饭店或虽然住在本饭店，但已经结账离店，则问讯员不能接受对该宾客的留言（除非宾客事先有委托）。

表1-19 访客留言单（VISITORS MESSAGE）

女士或先生（MS OR MR）＿＿＿＿＿＿	房号（ROOM NO.）＿＿＿＿＿＿
当您外出时（WHEN YOU WERE OUT）	
来访客人姓名（VISITOR'S NAME）＿＿＿	来访客人电话（VISITOR'S TEL.）＿＿＿
□有电话找您（TEL EPHONED）	□将再来电话（WILL CALL AGAIN）
□请回电话（PLEASE CALL BACK）	
□来访时您不在（COME TO SEE YOU）	□将再来看您（WILL COME AGAIN）
留言（MESSAGE）＿＿＿＿＿＿＿＿＿＿＿＿＿＿＿＿＿＿＿＿＿＿＿＿＿＿＿＿＿	
经手人（CLERK）＿＿＿＿ 日期（DATE）＿＿＿＿＿ 时间（TIME）＿＿＿＿＿	

2. 住客留言

住客留言是住店宾客给来访宾客的留言。宾客离开客房或饭店时，希望给来访者留言，问讯员应请宾客填写"住客留言单"（见表 1-20），一式两联，问讯处与电话总机各保存一联。若宾客来访，问讯员或话务员可将留言内容转告来访者。由于住客留言单已注明了留言内容的有效时间，若错过了有效时间，仍未接到留言者新的通知，可将留言单作废。此外，为了确保留言内容的准确性，尤其在受理电话留言时，应注意掌握留言要点，做好记录，并向对方复述一遍，以得到对方确认。

表1-20 住客留言单（MESSAGE）

日期（DATE）＿＿＿＿＿＿＿＿	
至（TO）＿＿＿＿＿＿＿＿	房号（ROOM NO.）＿＿＿＿＿＿
由（FROM OF）＿＿＿＿＿＿＿＿＿＿＿＿＿＿＿＿＿＿＿＿＿＿＿＿	
我将在（I WILL BE）	□INSIDE THE HOTEL（饭店内）
	在（AT）＿＿＿＿＿＿＿＿＿＿
	□OUTSIDE THE HOTEL（饭店外）
	在（AT）＿＿＿＿＿＿＿＿＿＿
	电话（TEL. NO.）＿＿＿＿＿＿＿
我将于＿＿＿＿回店（I WILL BE BACK AT）＿＿＿＿＿＿＿＿＿＿＿＿＿	
留言（MESSAGE）＿＿＿＿＿＿＿＿＿＿＿＿＿＿＿＿＿＿＿＿＿＿＿＿＿	
经手人（CLERK）＿＿＿＿＿＿	客人签字（GUEST SIGNATURE）＿＿＿＿

八、邮件的处理

前厅问讯处所提供的邮件服务包括两类：一类是分检和派送收进的邮包，另一类是代售邮票及为住客寄发邮件。在收进的邮件中，由于收件人不同，问讯员应首先对其进行分类，将宾客的邮件、信函留下，其余均派行李员发送给收件人或另做处理。在处理宾客邮件、信函时，问讯员必须耐心、认真，其服务程序如下：

（1）在收进的宾客邮件、信函上打上时间，并按其性质分成普通类、挂号类和手送类。挂号类必须在专用的登记表上登记，如使用"住客邮件电报传真递送登记表"，内容包括日期、时间、房号、姓名、邮件种类、号码、收件人签名、收件时间、经办人等。

（2）按邮件、信函上收件人姓名在问讯架或计算机中查找其房号，然后将核实的房号注明在邮件或信函正面，并在前厅钥匙格内留下"留言单"（见表 1-21），与处理上述留言一样，根据客房钥匙有无来决定是否需打开客房留言信号灯。

表 1-21　留言单（总台）（MESSAGE FOR）

先生 MR＿＿＿＿＿＿＿＿＿＿＿＿＿

女士 MS＿＿＿＿＿＿＿＿＿＿＿　　　房号（ROOM NO.）＿＿＿＿＿

您的（电传、电报、邮件）在问询处，请您在方便的时候与我们联系

THERE IS AN INCOMING（TELEX，CABLE，MAIL）FOR YOU AT THE INFORMATION DESK，

PLEASE CONTACT US AT YOUR CONVENIENCE

经手人（CLERK）＿＿＿＿＿　　日期（DATE）＿＿＿＿＿　　时间（TIME）＿＿＿＿＿

（3）宾客得到信息后前来取件，问讯员应请其在相应的登记表中签字，同时，问讯员也应在表上签名。

（4）待宾客取走邮件或信函后，问讯员应立即撤掉原先放入钥匙格内的"留言单"，以免混淆，影响对客服务质量。

（5）若在住客中找不到收件人，问讯员须查阅当日抵店宾客名单和未来几天的预订单或预订记录簿，查看宾客是否即将抵店。如果是，则在该邮件、信函正面注明宾客抵店日期，然后妥善存放在专用的信箱内，待宾客入住时转交宾客。

（6）若仍查找不到收件人，问讯员应核对"离店宾客名单"和"邮件转寄单"，如果确认宾客已离店，则应按照客史档案卡上的资料信息或转寄要求将邮件、信函转发给宾客。

（7）若仍查找不到收件人，问讯员应将邮件按收件人姓名字母顺序排列存放在信箱内。此后两星期内，每天每班指定一名问讯员在当日住客名单及预订抵店宾客名单中继续查找，直至找到为止。若两周内仍查找不到，则将该邮件、信函退回邮局处理。

（8）对于挂号类、快递、电报类的邮件，问讯员应尽快转交宾客。按上面程序仔细查找收件人，若找不到收件人，不宜将邮件在饭店保存过久，可考虑在五天后退回原发出单位。

（9）对于错投类邮件、信函，问讯员应在邮件上贴好退批条，说明原因，集中由邮递员取走。若属挂号或快递类错投，应尽量在接收时确认该邮件收件人不是本店住客而拒收。若当时不能作出决定，则应向邮递员声明，暂时代收，并请其在投递记录栏内注明，然后按上述规定程序处理。

（10）对于"死信"的处理，问讯员应退回邮局处理或按规定由相关人员用碎纸机销毁，任何人不得私拆"死信"。

（11）对于手送类邮件的处理，问讯员应首先在专门的登记本上做记录，内容包括递信人姓名、递信人地址、送来何物及收件人房号、姓名等，并在宾客来取时请其签字。问讯员原则上不应转交极其贵重的物品或现金，此类物品最好由送物者本人亲自转交当事人。

前厅一般不接受挂号信和包裹的寄发，问讯员在接收到宾客送来准备发出的信函时，应按有关规定办理。

第四节　前厅部大堂服务

前厅部大堂服务一般由前厅部的大堂服务处或礼宾服务处完成，前厅部为宾客所提供的服务项目和管辖范围因其所属饭店的规模、种类不同而存在差异。但在宾客心目中，前厅大堂服务是能提供全方位"一条龙服务"的岗位，其英文名称为"Bell Service"（大厅服务）和"Concierge"（礼宾服务）。为了能统一指挥、协调前厅礼宾员工的对客服务，饭店常在大堂某一区域设置礼宾值班台，由礼宾司或具有较丰富经验的礼宾员工担任值班工作。前厅礼宾服务提供迎宾、行李安置等各项服务。

一、宾客迎送服务

宾客迎送服务，主要由饭店代表（Hotel Representative）、门卫（迎宾员）、门童及行李员提供。饭店宾客迎送服务分为店外和店内两种。

（一）饭店代表服务

店外迎送服务主要由饭店代表提供。饭店在其所在城市的机场、车站、码头设点，派出代表，接送抵离店的客人，争取未预订客人入住本饭店。这是饭店设立的一种服务规范，既是配套服务，也是饭店根据自己的市场定位所做的一项促销工作。为了做好服务工作，饭店为客人提供接车服务（Picking up Service），一方面于旺季在饭店与机场（车站）之间开设穿梭巴士（Shuttle Bus），另一方面根据客人的要求指定专门的车辆为其服务。

饭店代表每天应掌握预抵店客人名单（Expected Arrivals List）；应向订房部索取"宾客接车通知单"，了解客人的姓名、航班（车次）、到达时间、车辆要求及接待规格等情况；然后安排车辆、准备饭店标志牌，做好各项准备工作；及时了解航班变更、取消或延迟的最新消息，并通知饭店前厅接待处。

在飞机、火车抵达时，要准备标明宾客姓名的饭店提示牌，以引起客人注意。接到客人后，应代表饭店向客人表示欢迎，同时提供行李服务，安排客人上车。客人上车离开机场（车站）后，马上电话通知饭店接待处，以便做好准备工作，如果客人属贵宾，则应通知饭店大堂副理，并告知其客人离开机场（车站）的时间，请他安排有关部门做好迎接工作。

如果漏接客人，则应及时与饭店接待处联系，查核客人是否已经到达饭店，并向有关部门反映情况，以便采取弥补措施。

在机场（车站）设点的饭店，一般都有固定的办公地点，并有饭店的明显标志，如店名、店徽及星级等。饭店代表除迎接有预订的客人外，还应积极向未预订客人推销本饭店，主动介绍本饭店的设备设施情况，争取客人入住。有些饭店还利用穿梭巴士免费送客人到饭店。

饭店代表除迎接客人和推销饭店产品外还向本饭店已离店客人提供送行服务，为客人办理登机手续，提供行李服务等。

（二）门厅迎送宾客服务

门厅迎送服务，是对宾客进入饭店正门时所进行的一项面对面的服务。门厅迎接员（Doorman），亦称迎宾员或门童，是代表饭店在大门口迎送宾客的专门人员，是饭店形象的具体表现。门厅迎接员要承担迎送客人，调车，协助保安员、行李员等人员工作的任务，通常应站在大门的两侧或台阶下、车道边，站立时应挺胸，手自然下垂或下握，两脚与肩同宽。其迎送宾客服务程序如下所示。

1．迎客服务

（1）将宾客所乘车辆引领到适当的地方停放，以免饭店门前交通阻塞。

（2）趋前开启车门，用左手拉开车门成70°角左右，右手挡在车门上沿，为宾客护顶，防止宾客碰伤头部，并协助宾客下车。原则上应优先为女宾、老年人、外宾开车门。若遇有行动不便的宾客，则应扶助他们下车，并提醒其注意台阶；若遇有信仰佛教或信仰伊斯兰教的宾客，则无须为其护顶；若遇有雨天，应为宾客提供撑雨伞服务，礼貌地暗示宾客擦净鞋底后进入大堂，并将宾客随手携带的湿雨伞锁在伞架上，以方便宾客。

（3）面带微笑，使用恰当的敬语欢迎前来的每一位宾客。

（4）协助行李员卸行李，注意检查有无遗漏物品。

（5）招呼行李员引领宾客进入饭店大堂。

2．送行服务

（1）召唤宾客的用车至便于宾客上车而又不妨碍装行李的位置。

（2）协助行李员将行李装上汽车后舱，请宾客确认无误后关上后舱盖。

（3）请宾客上车，为宾客护顶，等客坐稳后再关车门，切忌夹住宾客的衣、裙等。

（4）站在汽车斜前方0.8～1m的位置，亲切地说"再见，一路顺风"等礼貌用语，挥手向宾客告别，目送宾客。

3．门厅贵宾（VIP）迎送服务

门厅贵宾迎送是饭店给下榻的重要宾客的一种礼遇，门厅迎接员应根据客房预订处发出的接待通知，做好充分准备：

（1）根据需要，负责升降某国国旗、中国国旗、店旗或彩旗等。

（2）负责维持大门口秩序，协助做好安全保卫工作。

（3）正确引导、疏通车辆，确保大门前交通畅通。

（4）讲究服务规格，并准确使用贵宾姓名或头衔向其问候致意。

二、行李服务

行李服务是前厅服务的一项重要内容，由行李员负责提供，内容主要包括宾客行李搬运和行李寄存保管服务。

（一）行李服务要求

为了能做好行李服务工作，要求行李组领班及行李员必须具备下列条件：

（1）掌握饭店服务与管理的基础知识。

（2）了解店内、店外诸多服务信息。

（3）具备良好的职业道德，诚实，责任心极强。

（4）性格活泼开朗，思维敏捷。

（5）熟知礼宾部、行李员的工作程序及操作规则、标准。

（6）熟悉饭店内各条路径及有关部门的位置。

（7）能吃苦耐劳，做到眼勤、嘴勤、手勤、腿勤。

（8）善于与人交往，和蔼可亲。

（9）掌握饭店内餐饮、客房、娱乐等服务内容、服务时间、服务场所及其他相关信息。

（10）掌握饭店所在地名胜古迹、旅游景点及购物场所的信息。

（二）散客的行李服务程序与标准

1．散客入住行李服务

（1）散客抵店时，行李员帮助客人卸行李，并请客人清点过目，准确无误后，帮助客人提拿，但对于易碎物品、贵重物品，可不必主动提拿，如客人要求帮助，行李员则应特别小心，轻拿、轻放，防止丢失或破损。

（2）行李员手提行李走在客人的左前方，引领客人到接待处办理入住登记手续，如为大宗行李，则需用行李车。

（3）客人到达接待处后，行李员站在客人身后，距客人2～3步远，行李放于面前，随时听候接待员及客人的召唤。

（4）从接待员手中接过客人的房卡和钥匙卡，引领客人进入客房。

（5）主动为客人叫电梯，并注意相关礼节：让客人先进电梯，行李员进电梯后，按好电梯楼层，站在电梯控制牌处，面朝客人，并主动与客人沟通；电梯到达后，让客人先出电梯，行李员随后提行李跟出。

（6）到达客房门口，行李员放下行李，按饭店既定程序敲门、开门，以免因重房给客人造成不便。

（7）打开房门后，开灯，退出客房，用手势示意请客人先进。

（8）将行李放在客房行李架上，然后介绍房间设备、设施，介绍时手势不能过多，时间不能太长，以免给客人造成索要小费的误解。

（9）行李员离开客房前，应礼貌地向客人道别，并祝客人住店愉快。

（10）返回礼宾部填写"散客行李（入店/出店）登记表"（见表1-22）。

表 1-22　散客行李（入店/出店）登记表

日期（Date）：

房号 （ROOM NO.）	上楼时间 （UP TIME）	件数 （PIECES）	迎接行李员 （PORTER）	出行李时间 （DEPARTURE TIME）	离店行李员 （PORTER）	车牌号码 （TAXI NO.）	备注 （REMARKS）

2．散客离店行李服务

（1）当礼宾部接到客人离店需搬运行李的通知时，要问清客人房号、姓名、行李件数及搬运行李的时间，并决定是否要带上行李车，然后指派行李员按房号收取行李。

（2）与住客核对行李件数，检查行李是否有破损情况，如有易碎物品，则贴上易碎物品标志。

（3）弄清客人是否直接离店，如客人需要行李寄存，则填写行李寄存单，并将其中一联交给客人作为取物凭证，然后向客人道别，将行李送回行李房寄存保管。待客人来取行李时，核对并收回行李寄存单（有关行李寄存服务的内容后面将有详细介绍）。

（4）如客人直接离店，装上行李后，应礼貌地请客人离开客房，主动为客人叫电梯，提供电梯服务，带客人到前厅收款处办理退房结账手续。

（5）客人离店时协助其将行李装车，向客人道别。

（6）填写"散客行李（入店/出店）登记表"。

（三）团队的行李服务程序与标准

1．团体入住行李服务

旅行社一般备有行李车，由专职的行李押送员运送团队行李。饭店行李员只负责店内行李的运送与收取。

（1）团体行李到达时，行李员推出行李车，与行李押运员交接行李，清点行李件数，检查行李有无破损，然后双方按各项规定程序履行签收手续。此时如发现行李有破损或短缺，应由行李押运单位负责，请行李押运人员签字证明，并通知陪同及领队。如行李随团到达，则还应请领队确认签字。

（2）填写"团体行李登记表"（见表 1-23）。

表 1-23　团体行李登记表

团体名称		人数		入店日期		离店日期	
	时间	总件数	饭店行李员	领队	行李押运员	车号	
入店							
离店							
房号	入店件数			离店件数			备注
	行李箱	行李包	其他	行李箱	行李包	其他	
合计							

（3）如行李员与客人抵店，则将行李放到指定的地点，标上团号，然后将行李罩上行李罩存放。注意不同团体的行李之间应留有空隙。

（4）在每件行李上挂上饭店的行李标签，待客人办理入住登记后根据接待处提供的团体分房表，认真核对客人姓名，并在每张行李标签上写上客人房号。填写房号要准确、迅速，然后在团体行李登记表的每一房号后面标明入店的行李件数，以方便客人离店时核对。如某件行李上没有客人姓名，则应把行李放在一边，并在行李标签上注明团号及入店时间，然后将其放到行李房储存备查，并尽快与陪同或导游联系确定物主的姓名、房号，尽快送给客人。

（5）将写上房号的团体行李装上行李车。装车时应注意：

● 硬件在下、软件在上，大件在下、小件在上，并特别注意有"请勿倒置"字样的行李。

● 同一团体的行李应放于同一趟车上，放不下时分装两车；同一团体的行李分车摆放时，应按楼层分车，应尽量将同一楼层或相近楼层的行李放在同一趟车上。如果同一层楼有两车行李，应根据房号装车；同一位客人有两件以上的行李，则应把这些行李放在同一车上，避免分开装车，以免客人误认而丢失行李。

● 遵循"同团同车、同层同车、同侧同车"的原则。

（6）行李送到楼层后，按房号分送。

（7）送完行李后，将每间客房的行李件数准确登记在团队入店行李登记表上，并按团体入住单上的时间存档。

2．团体离店行李服务

（1）根据团体客人入住登记表上的运出行李时间做好收行李的工作安排，并于客人离店前一天与领队、导游或团体接待处联系，确认团体离店时间及收行李时间。

（2）在规定的时间内依照团号、团名及房间号码到楼层收取客人放在门口的行李。行李员收行李时，从走廊的尽头开始，可避免漏收和走回头路。

（3）收行李时应核对每间房的入店行李件数和离店行李件数，如不符，则应详细核对，并追查原因，如客人在房间，则应与客人核对行李件数；如客人不在房间，又未将行李放在房间门口则要及时报告领班，请领班出面解决。

（4）将团体行李汇总到前厅大堂，再次核对并严加看管，以防丢失。

（5）核对实数与记录相符，请领队或陪同一起过目，并签字确认。

（6）与旅行社的行李押运员一同检查、清点行李，做好行李移交手续。

（7）行李搬运上车。

（8）填写"团体行李登记表"并存档。

（四）换房行李服务

换房行李服务的流程如下：

（1）接到接待处的换房通知后，到接待处领取"换房通知单"，弄清客人的姓名、房号及换房后的房号。

（2）到客人原房间楼层，将"换房通知单"中的一联交给服务员，通知其查房。

（3）按进房程序经住客允许后再进入客房，请客人清点要搬的行李及其他物品，将行李装车。

（4）引领客人到新的房间，为其开门，将行李放好，必要时向客人介绍房内设备设施。

（5）收回客人原来的房卡及钥匙，交给客人新的房卡及钥匙。

（6）向客人道别，退出客房。

（7）将原房卡及钥匙交回接待处。

（8）做好换房工作记录，并填写"换房行李登记表"（见表1-24）。

表1-24　换房行李登记表

日期	时间	由（房号）	到（房号）	行李件数	行李员签名	楼层服务员签名	备注

（五）行李寄存服务

由于各种原因，客人希望将一些行李暂时存放在礼宾部。礼宾部为方便住客存取行李，保证行李安全，应有专门的行李房并建立相应的制度，同时规定必要的手续。

1．对寄存行李的要求

（1）行李房不寄存现金、金银首饰、珠宝、玉器，以及护照等身份证件。上述物品应礼貌地请客人自行保管，或放到前厅收款处的保管箱内免费保管。已办理退房手续的客人如想使用保管箱，须经大堂副理批准。

（2）饭店及行李房不得寄存易燃、易爆、易腐烂或有腐蚀性的物品。

（3）不得存放易变质食品、易蛀物品及易碎物品。如客人坚持要寄存，则应向客人说明饭店不承担赔偿责任，并做好记录，同时在易碎物品上挂上"小心轻放"的标牌。

（4）如发现枪支、弹药、毒品等危险物品，要及时报告保安部和大堂副理，并保护现场，防止发生意外。

（5）不接受宠物寄存。一般饭店不接受带宠物的客人入住。

（6）提示客人行李上锁。对未上锁的小件行李须在客人面前用封条将行李封好。

2．行李寄存及领取的类别

（1）住客自己寄存，自己领取。

（2）住客自己寄存，让他人领取。

（3）非住客寄存，但让住客领取。

3．建立行李房管理制度

（1）行李房是为客人寄存行李的重地，严禁非行李房人员进入。

（2）行李房钥匙由专人看管。

（3）做好"人在门开，人离门锁"。

（4）行李房内严禁吸烟、睡觉、堆放杂物。

（5）行李房要保持清洁。

（6）寄存行李要摆放整齐。

（7）寄存行李上必须系有"行李寄存单"（见表1-25）。

4．行李寄存程序

（1）宾客前来寄存行李时，行李员应热情接待、礼貌服务。

（2）弄清客人行李是否属于饭店不予寄存的范围。

（3）问清行李件数、寄存时间、宾客姓名及房号。

（4）填写"行李寄存单"，并请客人签名，上联附挂在行李上，下联交给客人留存，告知客人下联是领取行李的凭证。

（5）将半天、一天、短期存放的行李放置于方便搬运的地方；如一位客人有多种行李，要用绳系在一起，以免错拿。

表1-25　行李寄存单

行李寄存单（饭店联）

姓名（NAME）

房号（ROOM NO.）

行李件数（LUGGAGE）

日期（DATE）　　　　　　　　　　　　时间（TIME）

客人签名（GUEST'S SIGNATURE）

行李员签名（BELLBOY'S SIGNATURE）

··

行李寄存单（顾客联）

姓名（NAME）

房号（ROOM NO.）

行李件数（LUGGAGE）

日期（DATE）　　　　　　　　　　　　时间（TIME）

客人签名（GUEST'S SIGNATURE）

行李员签名（BELLBOY'S SIGNATURE）

　　（6）经办人须及时在"行李寄存记录本"上进行登记，并注明行李存放的件数、位置及存取日期等情况。如属非住客寄存、住客领取的寄存行李，应通知住客前来领取。行李寄存记录本项目设置如表1-26所示。

表1-26　行李寄存记录本项目设置

日期	时间	房号	件数	存单号码	行李员	领回日期	时间	行李员	备注

　　5．行李领取服务

　　（1）当客人来领取行李时，须收回"行李寄存单"的下联，请客人当场在寄存单的下联上签名，并询问行李的颜色、大小、形状、件数、存放的时间等，以便查找。

　　（2）将"行李寄存单"的上下联进行核对，看上下联的签名是否相符，如相符则将行李交给客人，然后在"行李寄存记录本"上做好记录。

　　（3）如住客寄存、他人领取，须请住客把代领人的姓名、单位或住址写清楚，并请住客通知代领人带"行李寄存单"的下联及证件来提取行李。行李员须在"行李寄存记录本"的备注栏内做好记录。

当代领人来领取行李时，请其出示存放凭据，报出原寄存人的姓名、行李件数。行李员收下"行李寄存单"的下联并与上联核对编号，然后再查看"行李寄存记录本"上的记录，核对无误后，将行李交给代领人。请代领人写收条并签名（或复印其证件）。将收条和"行李寄存单"的上下联订在一起存档，最后在记录本上做好记录。

（4）如果客人遗失了"行李寄存单"，须请客人出示有效身份证件，核查签名，请客人报出寄存行李的件数、形状特征、原房号等。确定是该客人的行李后，须请客人写一张领取寄存行李的说明并签名（或复印其证件）。将客人所填写的证明、证件复印件、"行李寄存单"上联订在一起存档。

（5）来访客人留存物品，让住店客人提取的寄存服务，可采取留言的方式通知住客，并参照寄存、领取服务的有关条款进行。

（六）函件、表单的递送

进入饭店的函件以及饭店各部门的表单，通常由行李员分送到相应的部门、个人或住客手中。

进入饭店的函件，经问讯处核查、登记后，由行李员进行分送。常见的函件有传真、电报及报纸、杂志和信件等。对于平信、报纸等可由行李员或楼层服务员送入客房。对于包裹、邮件通知单、挂号信、汇款单、特快专递等，则须由客人直接签收。

饭店各部门的表单，亦由行李员进行传递，由有关部门、班组人员签收并注明签收时间。常见的表单有留言、各种报表、前厅的各种单据等。

行李员在传递函件、表单时，要注意以下事项：

（1）注意服务规范，尽量走员工通道，乘坐员工电梯，按饭店规定的程序敲门进房。

（2）填写"行李员函件转送表"（见表1-27），递送物品一般要让对方签收。

表1-27　行李员函件转送表

日期	时间	房号/部门	姓名	内容	号码	经办人	收件人签名	收件时间	备注

三、委托代办服务

饭店礼宾部在做好日常服务工作的同时，在力所能及的前提下，应尽量完成客人提交的各项委托代办业务。

饭店为客人提供委托代办服务，一方面要设置专门的表单，如"委托代办登记单"（见表 1-28）、"订票委托单"等；另一方面要制定委托代办收费制度，一般饭店内的正常服务项目和在饭店内能代办的项目不收取服务费。

表 1-28　委托代办登记单

姓名		房号		日期	
委托事宜					
备注					
委托人联系电话			经手人签名		

（一）接车（机）服务

有些客人在订房时，会声明需要接车（机）服务，并事先告知车次（航班）、到达时间，选定接车车辆的类型。饭店在车站、码头、机场设点，并派出代表接送抵离店的客人时，应遵循既定的程序去迎接客人。

（二）转交物品

转交物品，分住客转交物品给来访者和来访者转交物品给住客两种。如果是住客转交物品给来访者，住客要提供来访者的姓名，待来访者认领时，要请其出示有效证件并签名。如果是来访者转交物品给住客，首先要确认本店有无此住客；若有此住客，应为客人安全着想，一定要认真检查物品；最后填写留言单通知住客前来领取。

（三）预订出租车服务

出租车可以是饭店自有的，也可以是出租汽车公司在饭店设点服务的，还可以是由行李员及前厅部其他员工用电话从店外预约的。当客人要求订车时，应告知客人有关手续和收费情况。出租车到达大门口时，行李员要向司机讲清客人的姓名、目的地等，必要时充当客人的翻译向司机解释客人的要求。为避免客人迷失方向，可填写一张"向导卡"（Please drive me to）给客人，在卡上注明客人要去的目的地，卡上还应印有本饭店的名称、标识及地址。如果客人赶飞机或火车，行李员还应提醒客人（特别是外宾）留出足够的时间提前出发，以免因交通阻塞而耽误了行程。

（四）订票服务

订票服务，是为住客代购飞机票、船票、车票、戏票等的服务。礼宾部要熟悉本地机票代理点、火车站、码头、戏院、音乐厅等的地址、电话及联系人。在接到订票电话时，要问清客人要求并明确如该要求无法满足时，可有何种程度的变通系数或取消条件。

（1）了解客人的订票要求，让客人填写订票委托单，内容包括日期、出发地、目的地、班次、服务等级及客人姓名、房号、证件号码等。

（2）确定付款方式，如预收了客人的订票款，应在订票委托单上注明；如须饭店垫付，则要将收据交前厅收款处，记入客账，待客人退房时，一并结算；关于是否收取订票手续费及收费标准等，应向客人当面说明。

（3）确定购票渠道。购票渠道大致有三种：直接向航空公司售票厅购买、请旅行社代办或从饭店票务中心计算机票务预订系统上购买。

（4）如饭店已尽全力而不能保证有票，则须向客人说明情况，并问清能否改买其他日期车次或班次的票。

（5）取到票后，应将票装在饭店专用的信封内，并在信封上写明日期、车次（班次）、票价、客人姓名、房号、预收款数及应找零款数。

（6）通知客人取票。客人凭委托单顾客联取票；把上述信封交给客人，请客人当面核对；所付的预付金多退少补，并当面点清。

（7）如饭店未买到票应向客人道歉，并尽量为客人提供其他帮助。

（8）如果客人订了票又要退票，则应按交通部门有关规定办理。

（五）快递服务

（1）了解物品种类、重量及目的地。

（2）向客人说明有关违禁物品邮寄的限制。

（3）如系国际快递，要向客人说明海关限制和空运限制。

（4）提供打包和托运一条龙服务。

（5）联系快递公司上门收货（联邦快递、DHL 和国内的 EMS）。

（6）记录托运单号码。

（7）将托运单交给客人，并收取费用。

（8）贵重或易碎物品交专业运输公司托运。

（六）旅游服务

饭店礼宾部应建立旅游景点和旅行社档案，因地制宜地推荐和组织客人旅游。有些饭店设有专门的旅游部为住客提供旅游服务，礼宾部员工获悉客人旅游要求后，应注意以下几点。

（1）登记客人的姓名、房号、日期及人数，掌握客人的基本情况。

（2）向客人推荐有价值的旅游线路。

（3）向旅游公司或旅行社预订，为客人联系声誉较好的旅游公司或旅行社。

（4）告知客人乘车地点及准确时间。

（5）向客人说明旅途注意事项。

（七）代订客房

住店客人有时会要求饭店代订其他城市的客房，对于这类要求，饭店应尽量满足，一般由订房部或礼宾部去完成。

（1）登记住客姓名、房号、联系电话。

（2）详细了解客人要求，如饭店的名称、位置、客房和床的类型、到达和退房日期及有无特殊需要等。

（3）明确客人预订担保条件，通常要求将客人信用卡的有关信息传递给对方饭店，如信用卡的号码、有效期、持卡人姓名等，以作为客人入住第一晚费用的担保。

（4）向客人指定的饭店订房，须要求对方书面确认。

（5）将书面确认单交给客人。

（八）订餐服务

（1）了解客人的订餐要求，如菜式种类、餐厅要求、用餐人数、用餐时间等。

（2）尽量与客人面谈后再推荐餐厅。

（3）向有关餐厅预订并告知订餐要求。

（4）记录对方餐厅的名称、地址、订餐电话，并转告住客。

（九）外修服务

（1）登记客人的姓名、房号，了解所需修补物品的损坏程度、部位及服务时限和费用限额。

（2）向客人说明一切费用由客人支付，包括维修费、服务费及路费等。

（3）做到准确及时、手续清楚，各项费用单据齐全、符合规定。

（4）将修好的物品及所有单据交给客人，并做好登记工作。

（十）雨具提供及保管服务

（1）一些高星级饭店在客房内备有雨伞，供住客免费使用，但不能带走。

（2）下雨天，客人上下车时，门卫提供撑雨伞服务。

（3）下雨天，来宾的湿雨伞、雨衣若不采取任何措施便带进饭店，很容易将大堂地面及走廊地毯弄湿。为了避免此类事情发生，饭店在大门口设有伞架，并可上锁，供客人存放雨具，或者配置雨伞、雨衣打包机，给雨伞、雨衣裹上塑料装，方便客人携带。

第五节 前厅部总机与商务服务

一、总机服务

饭店电话总机是饭店内外沟通联络的通信枢纽和喉舌，以电话为媒介，直接为宾客提供转接电话、挂拨国际或国内长途、叫醒、查询等项服务，是饭店对外联系的窗口，其工作代表着饭店的形象，体现着饭店服务的水准。

（一）总机房的设备

（1）电话交换机。交换机的种类、型号繁多，目前较为先进的有 PABX 交换机（日本制造）、EBX 交换机（荷兰制造）、PMBX 交换机和 PBX 交换机等。

（2）话务台。

（3）长途电话自动计费机。

（4）自动打印机。

（5）传呼器发射台。

（6）计算机。

（7）定时钟、记事牌（白板）等。

（二）总机服务的基本要求

总机服务在饭店对客服务中扮演着重要角色，每一位话务员的声音都代表着饭店的形象，是饭店的幕后服务大使。话务员必须以热情的态度、礼貌的语言、甜美的嗓音、娴熟的技能优质、高效地开展对客服务，让宾客能够通过电话感觉到来自饭店的微笑、热情、礼貌和修养，甚至感受到饭店的档次和管理水平。

1. 话务员应具备的素质

（1）修养良好，责任感强。

（2）口齿清楚，语速适中，音质甜美。

（3）听写迅速，反应敏捷。

（4）专注认真，记忆力强。

（5）有较强的外语听说能力。

（6）有饭店话务工作经历，熟悉电话业务。

（7）有熟练的计算机操作和打字技术。

（8）有较强的沟通能力。

（9）掌握饭店服务、旅游景点及娱乐等知识与信息。

（10）严守话务机密。

2．总机服务基本要求

（1）礼貌规范用语不离口，坐姿端正，不得与宾客过于随便。

（2）铃声振响后，立即应答，高效率地转接电话。

（3）对于宾客的留言内容，应做好记录，不可单凭大脑记忆，复述时，应注意核对数字。

（4）应使用婉转的话语建议宾客，不可使用命令式的语句。

（5）若对方讲话不清，应保持耐心，要用提示法来弄清问题，切不可急躁地追问、嘲笑或模仿等。

（6）若接到拨错号或故意烦扰的电话，也应以礼相待。

（7）应能够辨别饭店主要管理人员的声音。

（8）结束通话时，应主动向对方致谢，待对方挂断电话后，再切断线路，切忌因自己情绪不佳而影响服务的态度与质量。

（三）总机服务项目与工作程序标准

1．转接电话及留言服务

（1）首先认真聆听完宾客讲话再转接，并说"请稍等"，若宾客需要其他咨询、留言等服务，应对宾客说："请稍等，我帮您接通××部门。"

（2）在等候转接时，按音乐键，播放悦耳的音乐。

（3）转接之后，如对方无人听电话，铃响30秒后，应向宾客说明："对不起，电话没有人接，您是否需要留言或过会儿再打来？"需给住客留言的电话一律转到前厅问讯处；给饭店管理人员的留言，一律记录下来，并重复确认，并通过寻呼方式或其他有效方式尽快将留言转达给相关的管理者。

（4）为了能够高效地转接电话，话务员必须熟悉本饭店的组织机构，各部门职责范围及其服务项目，并掌握最新的、正确的住客资料。

2．查询服务

（1）对常用电话号码，应对答如流，准确快速。

（2）如遇查询非常用电话号码，话务员应请宾客保留线路稍等，以最有效的方式为宾客查询号码，确认后及时通知宾客；如需较长时间，则请宾客留下电话号码，待查清后，再主动与宾客电话联系。

（3）如遇查询住客房间的电话，在前厅电话均占线的情况下，话务员应通过计算机为宾客查询，此时应注意为住客保密，不能泄露其房号，接通后让宾客直接与其通话。

3. 免电话打扰（DND）服务

（1）将所有要求 DND 服务的宾客姓名、房号、时间记录在交接班本上或注明在记事牌上，并写明接到宾客通知的时间。

（2）将电话号码通过话务台锁上，并将此信息准确通知所有其他当班人员。

（3）在免打扰期间，如发话人要求与住客讲话，话务员应将有关信息礼貌、准确地通知发话人，并建议其留言或待取消 DND 之后再来电话。

（4）宾客要求取消 DND 后，话务员应立即通过话务台释放被锁的电话号码，同时在交接班本上或记事牌上标明取消记号及时间。

4. 挂拨长途电话服务

为了方便住客，饭店设计了电话服务指南及常用电话号码立卡（置于房间床头柜上），供住客查阅使用，住客在客房内直拨长话，计算机自动计时计费，大大减轻了话务员的工作量。另外，话务员应注意及时为抵店入住宾客开通电话以及为退房结账的客房关闭电话，若团队、会议宾客需自理电话费用，则应将其打入相应的账单。

5. 提供叫醒服务

总机所提供的叫醒服务是全天 24 小时服务，可细分为人工叫醒和自动叫醒两类。其服务程序如下所示。

（1）人工叫醒

① 受理宾客要求叫醒的预订。

② 问清要求叫醒的具体时间和房号。

③ 填写叫醒记录单，内容包括房号、时间、（话务员）签名。

④ 在定时钟上准确定时。

⑤ 定时钟鸣响，话务员接通客房分机，叫醒宾客。

⑥ 核对叫醒记录，以免出现差错。

⑦ 若客房内无人应答，5 分钟后再叫一次，若仍无人回话，则应立即通知大堂经理或楼层服务员前往客房实地察看，查明原因。

（2）自动叫醒

① 受理宾客要求叫醒的预订（有的饭店宾客可根据服务指南直接在客房内的电话机上自己确定叫醒时间）。

② 问清叫醒的具体时间和房号。

③ 填写叫醒记录单，记录叫醒日期、房号、时间，记录时间，话务员签名。

④ 及时将叫醒要求输入计算机，并检查屏幕及打印记录是否准确。

⑤ 夜班话务员应将叫醒记录按时间顺序整理记录在交接班本上，整理、输入、核对并签字。

⑥ 话务员应在当日最早叫醒时间之前，检查叫醒机是否正常工作、打印机是否正常打印；若发现问题，应及时通知工程部。

⑦ 检查核对打印报告。

⑧ 注意查看叫醒无人应答的房间号码，及时通知客房中心或大堂副理，进行敲门叫醒，并在交接班本上做记录。

6. 充当饭店临时指挥中心

当饭店出现紧急情况时，总机房便成为饭店管理人员迅速控制局势、采取有效措施的临时指挥协调中心。话务员应按指令执行任务，注意做到以下几点：

（1）保持冷静，不惊慌。

（2）立即向报告者问清事情发生地点、时间，报告者身份、姓名，并迅速做好记录。

（3）即刻使用电话通报饭店有关领导（总经理、驻店经理等）和部门，并根据指令，迅速与市内相关部门（如消防、安全、公安等）紧急联系，随后，话务员应相互通报、传递所发生情况。

（4）坚守岗位，继续接听电话，并安抚宾客，稳定他们的情绪。

（5）详细记录紧急情况发生时的电话处理细节，以备事后检查，并加以归类存档。

总之，总机房所提供的服务项目视饭店而异，有些饭店的总机房还负责背景音乐、闭路电视、收费电影的播放，监视火警报警装置和电梯运行等工作。

二、商务中心服务

（一）商务中心的服务项目

商务中心（Business Center）是饭店为客人进行商务活动提供相关服务的部门。许多商务客人在住店期间要安排许多商务活动，需要饭店提供相应的信息传递和秘书等服务。为方便客人，饭店一般在大堂附近设置商务中心，专门为客人提供商务服务。

商务服务内容包括打字、复印、传真、会议服务（包括会议室出租、会议记录等）、翻译、票务、Internet 服务、委托代办、办公设备出租等业务。

（二）商务中心的服务程序

商务中心的服务项目很多，各项业务相差很大，但其服务程序却有许多共同点，概括起来其服务程序可分为迎客、了解客人需求、介绍收费标准、业务受理、结账和送客六个方面。

1．打印服务程序

打印，是商务中心常见的服务项目，客人往往要求将写好的文稿用计算机打印成字迹清楚的印刷体文件。其服务程序是：

（1）主动迎接客人。

（2）了解客人的要求。

（3）接收文稿打印。

（4）校稿。

（5）交件收费。

（6）送客。

2．复印

复印，是将客人交给的文稿按其要求用复印机进行复制，其服务程序是：

（1）主动迎接客人。

（2）了解客人的要求。向客人问清复印的数量和规格，并介绍复印收费标准。

（3）复印。调试好机器，首先复印一份，得到客人认可后，再按要求数量进行复印。

（4）交件收费。将复印文件装订好后，连同原稿一起双手送给客人，然后按规定价格计算费用，办理结账手续。

（5）送客。

3．传真服务

传真服务可分为发送传真和接收传真两种服务。

（1）发送传真服务程序

① 主动迎接客人。

② 了解其发送传真的有关信息。

③ 主动向客人问清传真要发往的国家和地区，并认真核对发往国家和地区的电话号码。

④ 主动向客人介绍传真收费标准。

⑤ 发送传真。

⑥ 认真核对客人交给的稿件，将传真稿件装入发送架内，用电话机拨通对方号码，听到可以传送的信号后，按发送键将稿件发出。

⑦ 将原稿送还客人，按规定办理结账手续。

⑧ 向客人致谢道别。

（2）接收传真服务程序

接收传真分为两种情况，一是客人直接到商务中心要求接收传真；二是接收到传真，要将传真送交客人。对于第一种情况，接待员应主动热情地帮助客人，并按规定收取费用。对于第二种情况，其服务程序是：

① 接收传真。接到对方传真要求，给出可以发送的信号，接收对方传真。

② 核对传真。认真检查传真的字迹是否清楚，页面是否齐全，然后核对传真上客人的姓名、房号，填写传真接收记录，将传真装入传真袋。

③ 派送传真。通知客人取件，或派行李员送交传真。行李员送交传真的程序是：将传真及传真收费通知单交给行李员（有时交给楼层服务员），请行李员在传真取件单上签名，由行李员将传真交给客人，并请客人付款或在收费通知单上签名。

④ 账务处理。按规定办理结账手续。

4．票务服务程序

票务服务，是指饭店为客人提供订购飞机票、火车票等服务，其服务程序是：

（1）主动迎接客人。

（2）了解订票信息。向客人了解并记录订购飞机票（或火车票）的日期、班次、张数、目的地及坐席要求。

（3）了解航班情况。向相关票务中心了解是否有客人需要的航班票。如没有，则须问清能订购的最近航班，并向客人推荐。

（4）订票。向客人介绍服务费收费标准、票价订金收取办法。当客人确定航班后，查阅客人证件的有效签证和期限，请客人在订票单上签字并收取订金，向客人说明最早的拿票时间。送走客人后，向相应票务中心订票。

（5）送票。拿到票务中心送来的飞机票（火车票）后，根据订票单上的房号或客人的通信地址通知客人取票，并提醒客人飞机起飞（火车开车）时间。对重要客人，由行李员将票直接送交客人。

（6）按规定办理结账手续。

（7）向客人致谢道别。

5．翻译服务程序

翻译，一般分为笔译和口译两种，两种服务除服务内容和收费计算方式有所区别外，其服务受理程序基本相同。笔译服务的程序如下：

（1）主动迎接客人。

（2）向客人了解翻译的相关信息。向客人核实要翻译的稿件，问明客人的翻译要求和交稿时间；迅速浏览稿件，对不明或不清楚的地方应礼貌地向客人问清。

（3）翻译受理。向客人介绍翻译的收费标准。当客人确定受理时，记清客人的姓名、房号和联系方式，礼貌地请客人在订单上签字并支付翻译预付款。送走客人后，联系翻译人员翻译文稿。

（4）交稿。接到翻译好的文稿后通知客人取稿。如客人对稿件不满意，可请译者修改或与客人协商解决。

（5）办理结账手续。

（6）向客人致谢并道别。

6. 洽谈会议室出租服务程序

中华人民共和国《旅游涉外饭店星级的划分及评定》规定，四、五星级饭店商务设施应有可以容纳不少于10人的洽谈室。洽谈室服务包括洽谈室出租及客人会议洽谈期间的服务两部分。其服务程序是：

（1）主动迎接客人。

（2）了解洽谈需要的相关服务。向客人详细了解洽谈室使用的时间、参加的人数、服务要求（如坐席卡、热毛巾、鲜花、水果、点心、茶水、文具等）、设备要求（如投影仪、白板等）等信息。

（3）出租受理。主动向客人介绍洽谈室的出租收费标准。当客人确定租用后，按规定办理洽谈室预订手续。

（4）洽谈室准备。提前半小时按客人要求准备好洽谈室，包括安排好坐席、文具用品、茶具用品、茶水及点心，检查会议设施、设备是否正常。

（5）会议服务。当客人来到时，主动引领客人进入洽谈室，请客人入座；按上茶服务程序为客人上茶；会议中每隔半小时为客人续一次茶。如客人在会议中提出其他商务服务要求，应尽量满足。

（6）结账。会议结束，礼貌地送走与会客人，然后按规定请会议负责人办理结账手续。

（7）向客人致谢并道别。

（8）打扫洽谈室。

7. **电脑出租服务程序**

（1）迎接客人，了解客人的需求，介绍可用的电脑型号和软件，说明收费的标准，一般按小时收费。

（2）询问客人是否需要上网和打印机，如需要，向客人说明上网的步骤和收费标准，连接好打印机。

（3）帮助客人开机并开始计时。

（4）客人停止使用时需要记录停止时间，并计算使用的时间和费用。

（5）打印账单，请客人结账或交由前台，待客人离店时与房费一起结账。

（6）在《电脑租用记录表》中详细记录租用情况。

8. 商品导购服务程序

（1）热情接待客人，并向客人主动问好。

（2）引导客人浏览商品，并在适当的时候向客人介绍商品。

（3）如果客人购买商品，需要为客人开单，引导客人去收银台付款。不得强迫客人购买商品，即使客人不买商品仍要感谢客人的光临。

（4）购买后，按照客人的要求为其包装并详细说明商品的使用方法和注意事项，如果是大件商品，可按照客人的意愿为其送至客房或是出租车上。将商品交予客人后，要表示感谢。

（5）与客人告别并欢迎下次再来。

本章小结

前厅接待服务，包括了入住登记、问讯、收银、总机等前厅相关服务，其服务整合是目前多数饭店前厅部的首选做法，该做法不仅能提高服务效率，节省运作成本，更能方便客人，满足其需求。

关键概念

入住登记　问讯服务　礼宾服务　总机与商务中心服务

课堂讨论题

假如您是一位隶属于饭店餐厅的实习生，当您送餐返回餐厅路过大堂时，发现垃圾桶倒了，而此时贵宾已来到大门外，您是赶紧叫清洁员来打扫，还是自己动手清理？

案例分析题

（一）案例

案例 1-1：
哈尔滨冰雪节前夕，哈尔滨某四星级饭店预订处的小张接到一位韩国客人李先生打来的电话，要求预订一间标准间，房价为 138 美元，时间为四天后抵店。四天后饭店因要接待与饭店有长期合作关系的旅行团的 60 人团队，标准客房已全部订满了，但饭店还有商务套房，房价为 268 美元。

请问：小张该怎么办？

案例 1-2：

上午 10 点左右，住店客人赵先生到前台，提出他的客房在 8 层，明天他的客户将在下午 1 点左右到店，为了方便洽谈业务，为客户订的商务套房能否也安排在同层。前台员工小李经查询电脑后，发现 8010 客房可以提供给赵先生的客户。当天下午 1 点左右，一位有预订的客人到前台办理入住，订的是套房。另一位前台员工小王发现目前套房只有 8010 一间空房，查询电脑后发现有第二天预抵客人预订了此房。于是就把此房号从该预订上解锁下来，先出租给当天到店的客人。待第二天赵先生带着公司客户到前台办入住手续时，前台给客人分了 1112 客房，赵先生当时很生气，说昨天已订好住 8010 房，前台一查电脑 8010 房已经出租给别的客人。赵先生由于无法向自己的客户交代，马上要求找饭店负责人投诉。

试分析：如果你是前厅经理，应该如何妥善解决投诉，今后又该如何避免此类事情的发生？

案例 1-3：

凌晨一点，总机话务员接到一位张女士的来电，要求转接 1216 号客房，话务员立即转接。但在第二天上午 8 点，大堂副理却接到 1216 房汪小姐的投诉电话，说昨晚的来电并不是找她的，她的正常休息被打扰，希望饭店对此做出解释。经过调查，电话是找这间客房的前一位住客李先生的，他在昨晚 20 点已经退房，而汪小姐是在 22 点入住的。谁知 9 点左右，原住 1216 房的李先生也打来投诉电话，说他的重要客户昨晚打电话找他，服务员不分青红皂白就把电话转进 1216 房，接电话的小姐直接说这里没有李先生，引起了客户的误会，使他损失了一笔生意。李先生说此事对他的公司造成了经济损失，如果饭店不给出令他满意的答复，他会没完。

请问：如果你是大堂副理，如何圆满解决汪小姐和李先生的投诉？

案例 1-4：

中午 12 点半左右，有两位客人林先生和王先生在退房后同时到柜台办理行李寄存。两件行李外观很相似，行李员小孙拿出两张行李寄存卡分别交给客人填写，客人填写后，小孙没有检查就直接将行李牌拴在两位客人的行李上，粗心地将两位客人的行李牌互相拴错。小孙下班后，小姜接班，一会儿一位客人来提取行李，小姜根据客人交给的寄存卡上的号码，找到行李交给了客人。客人拿到行李后直接去了火车站，在火车站休息的时候突然发现手里的行李不是自己的，于是急忙打电话到饭店行李部查找行李。行李员根据客人提供的姓名、行李特征和房间等信息，找到了客人的行李，行李员立即赶往机场换回错拿的行李再送往火车站。

请问：如果你是礼宾部的主管，应该如何避免此类事故的发生？

（二）案例分析提示

案例 1-1 分析提示：首先应向客人道歉，解释在那段时间的标准间预订已满。与此同时，小张应该向李先生提出一些可供选择的建议，比如可否更改房间类型等。由于饭店还有更高标准的商务套房，小张可以向客人说明商务套房与标间的一些重大差别及优势，在征求上级同意后可以向其提供免费接送机服务，并可给予适当的折扣或优惠。如果李先生坚持需要同等级客房，可以为他提供周边其他同等级饭店的联系方式。

案例 1-2 分析提示：在饭店服务中，一旦答应客人的事情，就应当尽全力去办，这可以体现饭店信誉的高低。由于员工的失误，将已答应给客人的房间又出租给其他客人，这将使饭店失信于客人。首先，前厅经理和两名工作人员要代表饭店前厅部向客人道歉，以同等的房价为客人升级换高级套间或提供房费折扣、赠送礼品。饭店前台在遇到此类事情的时候可以采取以下措施来避免失信于客人：（1）在前台员工接到客人的要求后如能满足，则应在电脑中标记好此房间，并备注："房号勿动！"（2）在交接班本上做详细记录，让接班的同事也知晓此事。每个班次接班前应仔细阅读交接班本。上一班次员工应将本班次或以前未办完需下一班次注意的事情，都要进行详细交代。（3）前台员工在为入住客人挑选房号时，如发现有预订占用房号应查明原因，不可擅自将房号从预订上解锁下来，直接租给客人。（4）当班领班应清楚当班所有情况，随时注意每位员工的操作，发现问题及时调整，随时提醒员工操作的注意事项。此外，平时还要多注意加强对员工的培训，培养和加强员工的责任心。

案例 1-3 分析提示：首先，作为大堂副理，应该认真倾听客人的投诉，不要随意打断客人的讲述，要注意做好记录，包括投诉的内容、客人姓名、联系方式、入住时间、房号等。听完客人的投诉之后，要首先对客人的遭遇表示同情、理解和诚挚的歉意。此案例中，话务员的一个失误，造成了已离店住客和正住店客人的麻烦，并引起投诉。首先，客房部经理、总机主管和话务员应去汪小姐房间表示歉意，向汪小姐说明事情的原委，解释误会，表示会加强饭店员工相关技能的培训，以避免类似事情再次发生，取得汪小姐的谅解。其次，向李先生表示歉意，由于饭店工作的失误造成了他与客户之间的误会，饭店客房经理愿意出面向他的客户道歉并解释误会。

案例 1-4 分析提示：妥善保管好行李，准确无误地将行李交给客人是行李员的基本职责。行李的寄存和提取，需要认真、细致、谨慎的工作态度。因为，行李寄存和提取一旦出现差错，将直接影响客人的切身利益，影响饭店的品牌形象。在客人办理行李寄存时，要提醒客人按要求将行李寄存卡填写清楚，字迹要规范，客人姓名、房间号码、行李件数等要填写得正确无误。行李员填写《行李寄存单》时，一定要注明行李寄存位置、件数、颜色、存放日期、寄存单编号等情况。当客人提取行李时，要与客人认真核对姓名、房号、行李件数，要将客人的行李条与行李上的行李条进行对比，并确认客人签字是否相同。将行李交给客人时应请客人再一次确认行李是否无误。宾部主管、领班应加强对员工的现场检查与督导。这个案例的后果很严重，应对行李员小孙给予严厉批评。

实训项目

实训项目 1：

（1）项目名称：电话预订服务。

（2）实训目标与要求：掌握散客或团队预订的服务程序；学会处理预订业务、填写预订单及预订资料存档；了解相关的语言技巧。

（3）实训内容：

① 每两人分为一组，模拟电话预订的全过程：要求服务人员接听电话，注意控制语速和推销技巧；为客人查找需要的客房类型及房号；礼貌地与客人告别；填写预订单及录入资料。

② 完成后，扮演客人的学生向扮演预订员的学生指出其服务过程中存在的不足和改进的建议。

③ 双方互换角色，熟悉预订的全部程序和技巧。

实训项目 2：

（1）项目名称：入住登记服务。

（2）实训目标与要求：了解接待礼仪及接待的语言技巧；熟悉入住登记业务程序，掌握入住登记业务操作方法。

（3）实训内容：

① 准备好各类登记入住的表格和房卡等工具。按两人一组分别进行模拟入住登记业务的操作。

② 实训流程必须包括：向客人问好；询问并查找宾客有无预订；明确宾客相关要求；向客人介绍饭店的客房情况及相关服务；为宾客办理入住登记手续；确定付款方式、验

证和收取押金；填写好入住登记表，请客人签字确认；制作房卡；向宾客道别并祝福；为客人建立账单，完成其他后续工作。

③ 完成后，由教师和其他同学指出存在的不足，提出改进的建议。

实训项目3：

（1）项目名称：行李服务。

（2）实训目标与要求：了解接待礼仪；掌握行李服务业务程序和行李服务业务操作方法。

（3）实训内容：

① 按两人一组分别进行模拟散客行李服务。

② 实训流程必须包括以下内容：向客人问好并表示欢迎；为宾客开车门和拿行李；引领客人进入前厅至总台；等候客人；客人办好手续后，引客乘电梯；插入房卡，进房后为客人放置好行李，根据客人的要求，介绍房间设施及使用方法；与客人告别，表达祝福后退出房间。

③ 完成实训后，由扮演客人的同学、教师和其他同学提出行李员服务中存在的不足和改进建议。

复习思考题

1. 客房预订的主要渠道有哪些？客房预订的类型有哪几种？各自有什么特点？
2. 什么是保证类预订？其担保形式有哪些？
3. 订房过程中要注意哪些问题？
4. 什么是超额预订？做好超额预订的关键是什么？
5. 散客入住登记与团队入住登记的差异具体表现在哪些方面？
6. 办理入住登记手续时应注意哪些问题？
7. 问讯处的业务范围有哪些？简述问讯服务的程序。
8. 散客及团队行李服务的程序分别有哪些？
9. 行李员在为客人提供行李寄存服务过程中，应注意哪些服务细节？

第二章 饭店客房服务

引言

　　客房是饭店占用面积最大、宾客停留时间最长的场所，客房服务是项目多、内容杂、随机性强的服务工作。客房部服务水平的高低，直接影响到住店宾客对饭店接待水平的评价，从而影响饭店客源的稳定性和持续性，并影响饭店"回头客"的接待量。

学习目标

① 掌握客房部在饭店中的地位、作用与工作任务。

② 了解饭店客房部对客服务的特点与要求。

③ 掌握客房部对客服务的程序与标准。

④ 了解客房部服务的主要表格及使用方法。

⑤ 掌握客房部主要服务项目。

⑥ 掌握客房清洁卫生的原则、程序与检查标准。

⑦ 掌握饭店公共区域的清洁卫生要求。

⑧ 了解客房物品配备的种类及规格。

教学建议

① 组织学生到本地饭店实地参观考察客房部的服务运转。

② 观看饭店客房服务的录像片。

③ 模拟练习：客房清扫程序，西式铺床，卫生间清扫程序。

第一节 客房部的地位、作用与工作任务

　　从饭店财务及饭店记录保存与信息系统方面考虑，饭店各部门可被分为收入中心和辅助服务中心，客房部是饭店中主要的辅助服务中心；从雇员与顾客接触多寡方面考虑，饭店各部门可被分为前台和后台，客房是饭店后台的一个主要部门。客房部由客房、功能区及一些管理部门共同组成，他们在向住店宾客所提供的服务中起着核心作用，同时客房部还承担着为其他部门提供一系列服务的重任。因此，客房部成为饭店的最基本业

务部门，在饭店的业务经营中占据着重要地位，发挥着不可忽视的重要作用。

一、客房部的地位和作用

1. 客房部是饭店收入的主要来源

客房部和餐饮部是饭店业务经营的主要创收部门。国内饭店的客房收入一般要占饭店总收入的 40%～60%，在欧美，该比例还要更高一些。随着我国饭店业产业结构的调整，低星级的经济型饭店数量必将大幅度增长，经济型饭店的经营主要以客房为主。客房收入的高低对饭店的经营将起到至关重要的作用。虽然对客房的一次性投资较大，但在饭店的经营部门中，客房部的创利率高，其经营的费用要远低于其他部门。可以说，客房部是饭店收入的生命线。

2. 节省投资，降低成本

客房工作做得好，可使饭店的设施设备乃至房屋建筑能长期处于完好状态，确保其应有的使用寿命、节省不必要的维修和改造资金的投入，达到节省投资的效果。在降低饭店总成本方面，客房管理上的差别造成了投入与产出分配上的不同。通过加强对人、财、物的管理，可以大幅度地提高效率，降低成本，增收节支。例如，在一家拥有 500 间客房的饭店，仅对做床方式进行改革就可节省 9 人，按每人 1 000 元/月计算，每年就可节省 10 万元左右的费用。

3. 客房工作是体现饭店水准的一个重要窗口

调查表明，旅游者出外旅游住宿中，最为关心的就是饭店设施的清洁状况，尤其是客房的清洁状况。一间清洁大方、优雅舒适的客房代表了整个饭店的档次、格调及其服务水平。若再有合理的价格，客房将成为吸引宾客再次光临饭店的重要因素。

二、客房部的工作任务

1. 清洁保养

清洁保养，即清除各种脏迹，保证环境及物品的清洁卫生，它是客房部的基本职能。客房部不仅要负责客房及楼层公共区域的清洁和保养，还要负责饭店其他公共区域的清洁和保养。饭店清洁工作归口于客房部符合专业化管理的原则，有助于提高工作效率，可以减少清洁设备的投资，并有利于加强对设备的维护和保养。

2. 对客服务

饭店是宾客在外休息、工作、娱乐的场所，客人不仅下榻于此，而且以此为"家"，客房部为客人提供各种服务就是要使客人有一种家的感觉。客房部为客人提供的服务有迎送服务、洗衣服务、房内小酒吧服务、托婴服务、擦鞋服务、夜床服务等。这些服务不仅是客人的需求，也是星级饭店客房服务的要求。客房部管理人员的工作是按国家星级评定标准的要求，根据本饭店目标客源市场的特点，提供相应的服务，并根据客人需求的变化不断改进自己的服务，从而为客人创造一个良好的住宿环境。

3．改善管理，提高效率，增收节支

随着饭店规模的不断扩大和竞争的日益加剧，饭店对客房部人、财、物的管理已成为一项非常重要的工作。由于客房部是饭店中人员最多的部门之一，对其人员费用及物品消耗的控制成功与否，已关系到饭店能否盈利。客房管理者的职责也从单一的清洁质量的管理扩展到定岗定编、参与招聘与培训、制定工作程序、选择设备和用品及对费用进行控制等。

4．为其他部门提供服务

饭店是个整体，需要各部门的通力合作才能运转正常。客房部的运行需要得到其他部门的支持与帮助。同时，在为其他部门提供服务方面，客房部也扮演着重要的角色。例如，为其他部门提供工作场所的清洁与保养，布件的洗涤保管和缝补，制服的制作、洗涤与更新，以及花束、场景的布置等。以上这些服务水准的高低，直接影响饭店的服务质量，反映饭店的管理水平。

第二节　客房清洁服务

一、客房的清洁保养

（一）客房清洁的原则

客房清洁又称做房，包括三个方面的工作内容：清洁、整理客房；更换、补充物品；检查和保养设施、设备。作为一名客房服务员，就是要使饭店客房永远保持整齐、干净和舒适，并富有魅力。因此，客房服务员应根据不同状态的房间，严格按照整理清洁的程序和标准进行清扫，以达到饭店规定的质量标准。

（1）从上到下的原则。抹拭衣柜和擦洗卫生间时，应采取从上到下的方法进行。

（2）由里到外的原则。地毯吸尘和擦拭卫生间地面时，采取由里到外的方法进行。

（3）环形清理的原则。家具物品的摆放是沿房间四壁环形布置的，因此在清扫房间时，亦应按顺时针或逆时针方向进行清扫，以求高效、省力和避免出现遗漏。

（4）干湿分开的原则。在擦拭不同家具设备及物品时，干湿抹布应严格区别使用。

例如，房间的镜子、灯罩、电视机屏幕、床头板等只能用干布擦拭，以避免污染损坏和发生危险。

（5）先卧室后卫生间的原则。整理住客房，应先做卧室然后再做卫生间，以避免客人突然回来或有访客所带来的不便和尴尬。整理走客房可以先做卫生间，这样可以让弹簧床垫和毛毯等充分透气，以达到保养的目的。

（6）注意墙角的原则。墙角是日常清扫工作容易疏忽的地方，也往往是蜘蛛结网和尘土积存的地方，除了定期加强清扫外，平时日常清扫时也需要留意打扫，不要留下死角。

（二）客房清洁的顺序

1．了解并分析房态

服务员开始工作前，须了解房间的状态，以确定清扫的顺序，防止服务人员随便敲门，惊动宾客。在饭店里，需要清洁整理的客房可以分成如下几种状态：

（1）住客房（Occupied，简写为 OCC），即客人正在住用的房间。

（2）走客房（Check Out，简写为 CO），表示客人已结账并已离开客房。

（3）空房（Vacant，简写为 V），昨日暂时无人租用房间。

（4）未清扫房（Vacant Dirty，简写为 VD），表示该客房为没有经过打扫的空房。

（5）外租房（Sleep Out，简写为 SO），表示该客房已被租用，但住客昨夜未归的客房（为了防止发生逃账等意外情况，客房部应将此种客房状况尽早通知总服务台）。

（6）维修房（Out of Order，简写为 OOO），亦称病房，表示该客房因设施设备发生故障，暂不能出租。

（7）已清扫房间（Vacant Clean，简写为 VC），表示该客房已经清扫完毕，可以重新出租，亦称 OK 房。

（8）请勿打扰房（Do not Disturb，简写为 DND），表示该客房的旅客因睡眠或其他原因而不愿服务人员打扰。

（9）贵宾房（Very Important Person，简写为 VIP），表示该客房住的是饭店的重要客人。

（10）长住房（Long Stay Guest，简写为 LSG），即长期由客人包租的房间。

（11）请即打扫房（Make up Room，简写为 MUR），表示该客房住客因会客或其他原因需要服务员立即打扫的房间。

（12）轻便行李房（Light Baggage，简写为 L/B），表示住客行李很少的房间（为了防止逃账，客房部应将此种客房状况及时通知总服务台）。

（13）无行李房（No Baggage，简写为 N/B），表示该房间的住客无行李，这类客房也应及时通知总服务台。

（14）准备退房（Expected Departure，简写为 E/D），表示该客房住客应在当天中午 12:00 以前退房，但现在还未退房的房间。

（15）加床（Extra Bed，简写为 E），表示该客房有加床。

2．确定房间清扫的顺序

服务员在了解了自己所要打扫的房间状态后，应根据开房的急缓先后、客人情况或总服务台及领班的特别交代，决定当天的房间清扫顺序。客房一般的清扫顺序如下：（1）挂有"Make up Room"的房间或客人口头上提出要求打扫的房间；（2）总服务台或领班指示打扫的房间；（3）VIP 房间；（4）走客房；（5）普通住人房；（6）空房。

房间清扫顺序的排列，其用意在于立即满足客人的特殊要求，又以加速客房出租的周转为优先考虑的因素。因此，在旺季，也可以先打扫走客房，使客房能尽快重新出租；长住房则应与客人协调，定时打扫。

（三）客房的清洁保养规范

1．客房清扫"十二字口诀"

敲——敲门（轻敲三下）。

开——开门、开窗帘。

撤——撤出用过的用品、用具，倒去茶水。

扫——扫蜘蛛网、尘污，清除所有垃圾杂物。

铺——铺设床上用品。

抹——抹家具、设备。

摆——按陈设布置的要求补充好摆设的用品、家具。

洗——洗卫生间。

吸——吸尘。

看——看清洁卫生和陈设布置的效果。

关——关窗帘、关灯、关门。

填——填写客房清洁日报表。

2．走客房的清扫

（1）确认客房可以清扫

① 空房可随时清扫。

② 住客房要经台班确认客人不在时方可进行清扫。

（2）进房

① 手持地毯头、清洁篮和清洁牌。

② 按三声门铃，每次间隔一秒钟并讲"House keeping"。

③ 无人应答进房；将清洁牌挂于门把手上，在"客房部清洁日记表"上填写进房时间。

④ 将地毯头放于卫生间门口，清洁篮放于卫生间靠门一侧地面上。

⑤ 拉开窗帘，打开窗户，将空调开至适当温度。

（3）撤布草、垃圾

① 取下卫生间旧垃圾袋，将卫生间垃圾收入垃圾袋内，旧皂和梳子回收到清洁篮内。

② 进入房间，从壁橱门开始按顺时针或逆时针顺序将房间内的垃圾全部收入房间的垃圾袋内，将两个垃圾袋放于电视机柜前方。

③ 将床上的衣物用衣架挂好，放入衣柜内。

④ 撤 B 床布草。将 B 床拉离床头，再撤 B 床上的布草，将毛毯枕芯放于圈椅或沙发上。

⑤ 撤 A 床布草。将 A 床拉离床头，再撤 A 床上的布草，将毛毯枕芯放于 B 床上（注：B 床指房间内靠近窗户的客床，A 床指离窗户较远的客床）。

⑥ 将撤下的脏布草和两袋垃圾撤出房间，放入布草袋和垃圾袋中。

（4）铺床

① 进房。带相应数量的床单、枕套、两个垃圾袋进房，将一个垃圾袋放入卫生间垃圾桶内，另一个放入房间垃圾桶内，再将床单枕套全部放于床头柜上。

② 检查保护垫上有无毛发，床体床垫是否对齐。

③ 西式铺床操作规范如表 2-1 所示。

表 2-1　西式铺床操作表

步　骤	操　作　要　点
1. 将床拉离床头板	● 弯腰下蹲，双手将床架稍微抬高，然后慢慢拉出 ● 将床拉离床头板约 50cm ● 注意将床垫拉正对齐
2. 铺垫单（第一张床单）	● 甩单：用左手抓住床单的一头，右手将床单的另一头抛向床面，并提住床单的边缘顺势向右甩开床单 ● 打单：① 将甩开的床单抛向床尾位置 　　　　② 将床头方向的床单打开，使床单的正面朝上，中线居中 　　　　③ 手心向下，抓住床单的边，两手相距 80～100cm 　　　　④ 将床单提起，使空气进到床尾部位，并将床单鼓起 　　　　⑤ 在离床面约 70cm 高度时，身体稍微向前倾斜，用力打下去 　　　　⑥ 当空气将床单尾部推开时，利用时机顺势调整，将床单向床头方向拉正，使床单准确降落在床垫的正确位置上

步　骤	操 作 要 点
2. 铺垫单（第一张床单）	● 包角：① 包角从床头做起，先将床头下垂部分的床单掖进床垫下面 ② 右包角：左手将右侧下垂的床单拉起折角，右手将右角部分床单掖进床垫下面，然后左手将折角往下垂直拉紧包成直角，同时右手将包角下垂的床单掖入床垫下 ③ 左包角：方法同右包角，但左右手的动作相反 ④ 操作要做到快、巧、准
3. 铺衬单（第二张床单）	● 铺衬单与铺垫单的方法基本相同，不同的地方是铺好的衬单无须包角，但床头部分的衬单要长出床垫 35cm
4. 铺毛毯	● 将毛毯甩开平铺在衬单上 ● 使毛毯上端与床垫保持 25cm 的距离 ● 毛毯商标须朝上，并落在床尾位置
5. 掖边包角	● 将长出床垫部分的衬单翻起盖住毛毯（单折）30cm ● 从床头起，依次将衬单、毛毯一起塞进床垫和床架之间，床尾两角包成直角 ● 掖边包角动作幅度不能太大，勿将床垫移位 ● 边要紧而平，床面整齐、平坦、美观
6. 放床罩	● 在床尾位置将折叠好的床罩放在床上，注意对齐两角 ● 将多余的床罩反折后在床头定位
7. 枕头套	● 将枕芯平放在床上 ● 两手撑开枕袋口，并往枕芯里套 ● 两手抓住袋口，边提边抖动，使枕芯全部进入枕袋里面 ● 将超出枕芯部分的枕袋掖进枕芯里面，把袋口封好 ● 套好的枕头必须四角饱满、平整，且枕芯不外露
8. 放枕头	● 两个枕头放置居中 ● 下面的枕头应压住床罩约 15cm ● 放好枕头后床侧两边均匀
9. 打枕线	● 把反折的床罩盖上枕头，床罩的边缘与枕头齐平 ● 把多余的床罩压在两枕头的中间，并进行加工整理 ● 起枕线
10. 将床复位	● 弯腰将做好的床缓缓推进床头板下，但要注意勿用力过猛 ● 看一遍床铺得是否整齐美观，对做得不够的地方进行最后整理，务必使整张床面挺括、美观

（5）抹尘

① 关闭窗户。

② 进行抹尘。抹尘顺序按照顺时针或逆时针方向，顺序为：门铃→门框→壁橱内外→行李架→电视机柜→写字台→镜框→茶几→窗户→迷你吧→床头→柜壁画→门口。

③ 以壁橱为准，凡举手能触及的物件和部件都要抹干净。

④ 用药棉和酒精进行电话消毒。

⑤ 检查电视各频道及床控板的功能。

⑥ 用干抹布抹拭贴近墙面的床头板、镜子、踢脚板等物件。

⑦ 抹尘过程中默记需补充的物品。

⑧ 抹尘完毕，将客人使用过的茶具、杯具等客用品撤到工作车上，更换新的入房。

⑨ 将房间所缺的物品填写在"客房部清洁日记表"中。

（6）补充房间物品

① 按照"客房部清洁日记表"补齐各种物品。

② 检查酒水情况。

③ 填写酒水单并进行补充。

（7）清扫卫生间

（8）吸尘

① 从里向外、从左到右按照顺时针方向吸尘一遍。

② 用吸尘器吸净地毯上的灰尘及房间内大理石上的灰尘和毛发。

③ 发现地毯上有脏迹，及时用地毯液清洗，若是顽渍无法消除，则通知总务部进行保养。

④ 彻底吸床底和房间四周边角等部位。

⑤ 清洁卫生间大理石，用吸尘器吸边角及浴缸内的杂物和毛发。

（9）检查

① 检查物品配备是否齐全。

② 检查电视是否按规定调好。

③ 检查空调是否调至合适温度（冬天 20℃，夏天 23℃）。

④ 检查其他设施设备是否完好、工作是否正常。

⑤ 检查床柜底是否有杂物。

⑥ 拉上窗帘，检查是否美观整齐。

⑦ 在房间及卫生间内喷洒空气清新剂。

⑧ 关闭卫生间门。

（10）出房

① 取下"正在清洁"牌，放回工作车上。

② 在清洁日记表上填写出房时间、备品数、客房部计划卫生落实表、客房部免费物品撤出及补充检查表。

3. 卫生间的清扫

（1）开亮浴室的灯，打开换气扇。将清洁工具盒放进卫生间（有的饭店还在卫生间入口处放上一块毛毯，以防止将卫生间的水带入卧室）。

（2）放水冲净坐厕，然后在抽水恭桶的清水中倒入饭店规定数量的恭桶清洁剂（注意不要将清洁剂直接倒在釉面上）。倒入清洁剂的目的是为下一步彻底清洁恭桶提供方便，因为恭桶清洁剂需要在恭桶中浸泡数分钟后方能发挥应有的效用。

（3）取走用过的毛巾，放入清洁车的布袋中。

（4）收走卫生间用过的消耗品，清理纸篓垃圾袋，注意收走皂缸内的香皂头。

（5）将烟灰倒入指定的垃圾桶内，烟灰缸上如有污迹，可用海绵块蘸少许清洁剂去除（烟灰缸的清理也可以在清理卧室里的烟灰缸时一并进行）。

（6）清洁浴缸。

① 将浴缸旋塞关闭，放少量热水和清洁剂，用百洁布从墙面到浴缸里外彻底清刷，开启浴缸活塞，放走污水，然后打开水龙头，让温水射向墙壁及浴缸，冲净污水。此时可将浴帘放入浴缸加以清洁。最后用干布将墙面、浴缸、浴帘擦干。

② 浴缸内如放置有橡胶防滑垫，则视其干净程度用相应浓度清洁剂刷洗，然后用清水冲净，最后可用一块大浴巾裹住垫子卷干。

③ 擦洗墙面时，也可采取另外一种方法，即先将用过的脚巾放入浴缸，然后用蘸上中性清洁剂的海绵或抹布清洁浴缸内侧的墙面，随后立即抹干。

④ 用海绵蘸少许中性清洁剂擦除镀铬金属件，包括开关、龙头、浴帘杆、晾衣绳盒等上面的皂垢、水斑，并随即用干抹布擦亮、擦干。

⑤ 注意清洁并擦干墙面与浴缸接缝处，以免发霉。

⑥ 注意清洁浴缸外侧。

⑦ 清洁金属件时，注意不要使用酸性清洁剂，以免腐蚀电镀表层。

⑧ 留意对皂缸缝隙的清洁，必要时可用牙刷刷净。

⑨ 清洁浴缸要由上至下。

（7）清洁脸盆和化妆台（云台）。用百洁布蘸上清洁剂将台面、脸盆清洁，然后用清水刷净，用布擦干。棉块蘸少许中性清洁剂擦除脸盆不锈钢件的皂垢、水斑，然后用干布擦亮、擦干。

（8）注意将毛巾架、浴巾架、卫生间服务用品的托盘、吹风机、电话机、卫生纸架等擦净，并检查是否有故障。

（9）擦干镜面。可在镜面上喷少许玻璃清洁剂，然后用干抹布擦亮。

（10）清洁恭桶。用恭桶刷清洁坐厕内部并用清水冲净，要特别注意对抽水恭桶的出水孔和入水孔的清刷。用中性清洁剂清洁抽水恭桶水箱、座沿盖子的内外及外侧底座等。用专用的干布将抽水恭桶擦干。浴缸、恭桶的干湿抹布应严格区别使用，禁止用五巾（浴巾、地巾、擦背巾、面巾、小方巾）做抹布。

（11）对卫生间各个部位消毒。卫生间的消毒方法很多，无论使用哪种方法，对卫生间都必须进行严格消毒。客人退房后，服务员的第一项工作就是卫生消毒。擦拭完卫生洁具后，将含有溶剂的消毒剂装在高压喷罐中，进行喷洒消毒；也可在清洁剂中加入适量的消毒剂，或者用杀菌去污剂，以达到清洁消毒的双重目的。

（12）补充卫生间用品。按照规定的位置摆放好五巾和浴皂、香皂、牙具、浴帽、浴液、洗发液、梳子、香巾纸、卫生纸及卫生袋等日用品，走客房的客用品必须全部更新，为下一位客人提供全新的住宿环境。

（13）把浴帘拉好，一般拉出1/3即可。

（14）清洁脸盆下的排水管。

（15）从里到外抹净地面。如有必要，可用百洁布和一定比例的清洁剂清刷，用净水冲洗，特别注意对地漏处的清刷。最后擦干地面。

（16）吸尘。为了适应客人日益重视清洁卫生的需求，特别是满足某些挑剔和有洁癖的客人的需要，不少饭店在抹净地面后，还特别用吸尘器对地面进行吸尘，以保证卫生间不留一丝线头、毛发和残渣。

（17）环视卫生间，检查是否有漏项和不符合规范的地方，然后带走所有的清洁工具，将卫生间门半虚掩，关上浴室灯。

4．住客房的清扫

住客房的清扫大致与走客房相同，但需要注意以下几点：

（1）进入客人房间前先按门铃或敲门，房内无人方可直接进入房间，房间如有人应声，应主动征求意见，得到允许后方可进房。

（2）如果客人暂不同意清理客房，将客房号码和客人要求清扫的时间写在工作表上。

（3）清扫时将客人的文件、杂志、书报稍加整理，但不能弄乱位置，更不准翻看。

（4）除放在纸篓里的东西外，即使是放在地上的物品也只能替客人做简单的整理，千万不要自行处理。

（5）客人放在床上或搭在椅子上的衣服，如不整齐，可挂到衣柜里，睡衣、内衣要挂好或叠放在床上。女宾住的房间尤其要小心，不要轻易动其衣物。

（6）擦壁柜时，要注意不要将客人衣物搞乱、搞脏。

（7）擦拭行李架时，一般不挪动客人行李，只擦去浮尘即可。

（8）女性用过的化妆品，可稍加整理，但是不要挪动位置，即使化妆品用完了也不得将空瓶或纸盒扔掉。

（9）要特别留意不要随便触摸客人的照相机、计算机、笔记本电脑和钱包之类的物品。

（10）房间如果需要更换热开水，注意水温不低于 90℃，换进的水瓶应注意擦拭干净；如使用电热瓶，则应更换新水，以免产生水垢。

（11）房间有客人时，可将空调开到中档，或征求客人意见；无人时则可开到低档。

（12）房间整理完毕，客人在房间时，要向客人表示谢意，然后退后一步再转身离开房间，轻轻将房门关上。

5．空房清理

（1）准备

① 得到台班通知清扫客房的信息。

② 准备清扫客房所需的物品。

（2）进房

① 按一声门铃后，开门进房。

② 在"客房部清洁日记表"上填写进房时间。

（3）抹尘

① 拿一干一湿两块抹布抹家具。

② 抹净卫生间的面盆、台面、浴缸、恭桶、壁画、电镀件、镜子、电器开关等。

（4）放水

将卫生间三缸放水并抹干。

（5）吸尘

① 将房间地毯及阳台大理石等处的边、角彻底吸尘，以顺毛、无毛絮杂物为准，地毯上有污点用地毯液彻底清洗。

② 将走廊大理石及卫生间地面吸尘，以无毛发杂物为准。

（6）检查

① 检查房间物品配备是否齐全，所有电器是否能正常工作。

② 检查卫生间布草是否柔软有弹性。

③ 检查天花板上有无灰尘、地面有无虫类，检查房间、卫生间通风情况。

（7）出房

① 关上房门，取下清洁牌。

② 在"客房部清洁日记表"上填写出房时间及"客房部计划卫生落实表"。

6. 客房小整理

（1）确认可以小整的客房

先到台班处查看房态、显示灯，确认客人不在房，则可对房间小整。

（2）进房

① 按三声门铃，每次间隔一秒钟，无人应答后进房。

② 填写"客房部清洁日记表"的进房时间，将清洁牌挂在门把手上。

③ 确认房间被用过。

（3）撤换垃圾袋

（4）整理房间

① 整理床铺，将客人用过的床铺整好。

② 更换用过的杯具，将烟灰缸洗刷干净。

③ 将客人用过的物品归位摆放。

（5）整理卫生间

① 补充更换卫生间物品布草。

② 刷洗客人用过的浴缸并抹干。

③ 清理台面卫生，清捡地面杂物。

（6）补充酒水

① 统计房间用过的酒水种类、数量。

② 填写"酒水单"，签名后交于台班处。

③ 到备品橱内领取相应数量的酒水补充入房。

（7）检查

① 检查有无疏漏之处。

② 检查房间设施设备运作情况，发现异常立即报修。

（8）出房

① 关闭卫生间门、房门，取下"正在清洁"牌。

② 填写"客房部清洁日记表"的出房时间及备用品消耗情况。

7. 开夜床

（1）准备工作

① 检查工作车上的客用易耗品及工具是否齐全。

② 准备好各类表格及 VIP 特殊用品。

（2）进入房间

按照进房程序进房，填写进房时间。

（3）开灯

打开地灯、卫生间灯、壁灯、床头灯。

（4）拉窗帘

将白纱帘、遮光帘拉至窗户居中位置。

（5）清理杂物

① 将散放在床上的客衣挂入衣柜内。

② 检查后倒掉垃圾桶和烟灰缸内的垃圾并清理干净。

③ 将用过的杯具撤换。

④ 撤掉浴室已经用过的各种棉织品。

（6）检查

① 检查、调好电视机频道。

② 检查各种灯具是否完好，有损坏要及时报修。

③ 检查文件夹内物品是否齐备。

（7）开夜床

① 整理床罩。轻轻拉开床罩，露出枕头，将床罩三折，从床头向床尾折 3/4，再从床尾向床头折 3/4。将右边床罩折向中央，再将左边床罩折向中央，床罩重叠折起，然后将折好的床罩放在行李台上。

② 开床。将靠近床头柜一侧的毛毯连同床单向外掀起翻成45°角。若有睡衣，将其放在枕头上。一室两床的房间，如住一位客人，无论是男宾还是女宾都不要同时开两张床，尤其是住一位女宾，以免引起误解，一般开内床（即靠墙壁的一张），如客人有固定睡觉习惯，则按客人习惯开床。一室两床住的是夫妇，则开对角床，即把靠近床头柜的被角（两床内侧）对角折起来。若双人床住的是夫妇，则把床头两侧被角掀起，把拖鞋放置于沙发的一侧或床的一侧。将"祝您晚安"卡放在正面，将送餐（早餐）牌放在床头柜上。

（8）清理浴室

① 清洁客人用过的浴缸、面盆、恭桶、镜面。

② 将浴室浴帘拉至浴缸一半，把脚垫巾铺在靠浴缸的地面上。

③ 更换浴室内客人用过的棉织品。

④ 关上浴室门，将门虚掩。

（9）离开房间

① 保留浴室灯、壁灯、床头灯、地灯。

② 轻轻将门关上。

③ 填写出房时间。

8．客房周期大清洁

（1）换洗布草及装饰品

① 将窗帘、纱帘、浴帘拆下，记清楚房号后送洗。

② 更换干净被套。

③ 将床罩、毛毯、保护垫送洗。

（2）清理电器

① 拔下冰箱、电视等电器插头，除去插座的污垢。

② 抹干净电线、电器插座、电视机。

③ 抹净电话并进行消毒。

（3）清理电镀件、铜件

① 在铜器周围铺上报纸以防铜水溅到地毯上。

② 将铜水涂于房间所有铜器上，用干抹布来回摩擦使其光亮。

（4）刷窗户

① 戴上手套，将纱窗取下拿到卫生间清洗。

② 用湿抹布将窗框积灰浮尘刷洗干净。

③ 用玻璃清洁剂抹窗户玻璃。

④ 关上窗户。

（5）保养房间设施、设备

① 擦空调进出风口。

② 抹干净床腿。

③ 用鸡毛掸扫净天花板及墙角的灰网。

④ 用刷子刷台灯、落地灯、床头灯罩缝内积灰，再用吸尘器轻吸表面浮尘。

⑤ 用壁纸清洁剂洗去墙纸上的污渍，再用干净的抹布抹干墙壁。

⑥ 用地毯液及清水洗去地毯上的污点。

⑦ 冰箱除霜、除污渍。

（6）铺床

（7）家具上蜡

① 先将房间家具抹一遍尘。

② 按抹尘顺序将房间内家具上蜡。

③ 将家具恢复原位。

（8）清洁卫生间

① 关闭卫生间排气扇开关，将排气扇外壳取下，抹去排气扇机身积尘。

② 清洁天花板及棱上。

③ 掸掉墙角灰尘。

④ 用不锈钢油或洁尔亮将卫生间电镀件彻底擦亮。

⑤ 抹壁画，抹净地面、灯架、灯泡。

⑥ 刷洗恭桶水箱。

⑦ 从上到下用铲子将卫生间墙及地板和面盆下四周瓷砖、瓷瓦上的污垢铲去，然后用清洁剂刷洗，用水冲干净。

⑧ 刷洗三缸。用百洁布涂上适量的洁尔亮彻底刷洗浴缸、面盆、恭桶，用清水将三缸冲干净。

⑨ 在卫生间门口云石台侧面喷上清洁剂，用刷子刷掉墙上污迹，用水冲干净。

⑩ 分别用干抹布依次抹干卫生间墙、门板框、浴缸、地面；用干抹布抹干卫生间所有金属制品。

（9）吸尘

① 吸干净房间及卫生间边角、地面，做到无杂物、毛发。

② 物品恢复原位。

附：客房日常检查的内容和标准（见表2-2）

表2-2　客房日常检查的内容和标准

检查的内容	检查的标准	检查的内容	检查的标准
一、卧室部分 1. 房门	● 无灰尘、无污迹、无伤痕 ● 房号牌清洁完好 ● 门锁、安全连锁清洁完好 ● 窥镜清洁完好 ● 安全逃生图、请勿打扰牌、餐牌齐全完好 ● 门靠完好	4. 地毯	● 无灰尘、无污迹、无杂物 ● 无烟痕、压迹和脚印
2. 墙面、天花板	● 无灰尘、无污迹、无蛛网 ● 无油漆脱落和墙纸、墙布起翘现象 ● 无漏水、渗水现象	5. 床	● 床头板清洁完好 ● 床上用品清洁完好 ● 铺法规范正确，美观清洁 ● 床垫按期翻转，符合规定 ● 床底清洁无杂物
3. 护墙板、地脚线	● 无灰尘、无污迹 ● 完好无损	6. 硬面家具	● 光洁明亮 ● 无伤痕、无木刺、无尖钉外露 ● 坚固无松动 ● 摆放得当

检查的内容	检查的标准	检查的内容	检查的标准
7. 软面家具	● 无尘、无迹、无破损 ● 摆放得当	16. 窗户	● 窗玻璃清洁完好 ● 窗台清洁无杂物 ● 关闭门窗
8. 抽屉	● 清洁、无灰尘、无杂物 ● 开关灵便，把手完好 ● 用品齐全	17. 窗帘	● 清洁完好、无污渍、无脱落 ● 开关灵便 ● 悬挂美观、对称，皱折均匀
9. 电话机	● 无尘、无迹、定期消毒 ● 摆放位置正确 ● 电话线整齐有序无缠绕 ● 使用正常	18. 小酒吧	● 吧台、酒架清洁 ● 用品配置符合要求，清洁完好 ● 酒水配置符合规定
10. 灯具	● 清洁完好 ● 位置正确 ● 灯泡功率符合规定 ● 灯罩清洁完好，接缝面向墙	19. 电冰箱	● 清洁卫生，无异味 ● 饮料食品配置符合规定 ● 用品配置符合规定 ● 温度调节符合规定
11. 镜子	● 清洁明亮，无灰尘、无污迹 ● 无破裂 ● 镜框清洁完好	20. 空调	● 滤网及通风口清洁无灰尘 ● 能正常工作 ● 温度调节符合要求
12. 挂画	● 清洁完好 ● 悬挂端正	21. 壁橱	● 内外清洁 ● 门开关灵便 ● 用品配置符合规定
13. 电视机	● 表面清洁 ● 底座（转盘）清洁完好 ● 工作正常 ● 频道设置符合规定 ● 遥控器清洁完好，能正常使用，并摆放在规定的地方 ● 电视机清洁完好,摆放正确	22. 保险箱	● 清洁完好 ● 有使用说明书
14. 收音机、音响	● 能正常使用，频道与音量符合规定	23. 客用物品	● 客用物品的品种数量符合规定 ● 质量符合要求 ● 摆放符合规定
15. 垃圾桶	● 清洁完好 ● 套有干净的垃圾袋 ● 摆放位置正确	24. 植物花草	● 清洁无灰尘 ● 无枯枝败叶 ● 盆套整洁完好 ● 定期浇水、施肥、修剪 ● 摆放符合要求

续表

检查的内容	检查的标准	检查的内容	检查的标准
二、卫生间 1. 门	● 清洁完好 ● 开关灵便，能反锁	9. 灯	● 清洁完好，灯泡功率符合要求
2. 墙	● 墙面清洁 ● 墙砖完好，无脱落、无裂缝	10. 排风扇	● 清洁完好 ● 噪音低
3. 天花板	● 无灰尘、无斑迹、无水痕 ● 完好无损	11. 电吹风	● 清洁 ● 使用正常
4. 地面	● 无尘、无迹、无毛发 ● 地砖完好 ● 下水口清洁无异味	12. 电话机	● 清洁完好
5. 便器	● 内外清洁 ● 使用正常，不漏水	13. 毛巾架	● 清洁完好，无松动
6. 浴缸	● 内外清洁、无污迹、无水迹 ● 金属器件清洁明亮、完好 ● 下水口清洁、无毛发，水塞完好 ● 浴帘清洁完好 ● 晾衣绳能正常使用	14. 客用物品	● 品种、数量符合规定 ● 质量符合要求 ● 摆放符合要求
7. 脸盆及洗脸台	● 清洁完好，无灰尘、无污迹、无水痕 ● 金属器件清洁明亮、完好 ● 下水口清洁并用水塞塞好 ● 台面清洁整齐	三、总体感觉	● 清扫整理后的客房，给人的总体感觉应该是清洁、卫生、整齐、美观、舒适、安全
8. 镜子	● 镜框清洁完好 ● 镜面清洁明亮，无破痕		

二、公共区域主要部位的清洁工作

（一）大堂的清洁

1. 大堂地面的清洁

（1）大堂地面一般为硬质地面，白天应用尘推、拖把或吸尘器清除灰尘、杂物、脚印等；夜间应用打蜡机抛光并定期进行打蜡。大堂地面应保持无灰尘、无污迹、无杂物，清洁明亮。

（2）大堂入口处通常都有车道，车辆和人员往来带来大量的尘土、杂物，应进行不间断清扫。入口处的指示牌要经常擦拭，保持清洁光亮。为防止或减少行人将尘土、砂石带进室内，应在大门入口处设置防尘格、铺设踏脚垫，踏脚垫需及时更换清理。

（3）果皮、纸屑等杂物应推至角落，集中后再妥当处理。若发现有正在燃烧的烟蒂等物品，应确保其熄灭后再行处理。

（4）地毯应每天定时吸尘，保持无污迹。遇雨雪天气时，应在入口处放置雨伞架及雨伞套，安排专人照管，防止客人将雨水带进室内，同时在入口处设置防滑告示牌，以防客人滑倒。

上述清洁工作均须在不妨碍客人的情况下进行，操作时尽量避开客人或客人聚集区。如遇客人，应使用礼貌语言请客人原谅。

2．扶梯、电梯的清洁

（1）对大堂扶梯、电梯的清洁保养主要在夜间进行，白天只对其做清洁维护处理，保持其干净整洁。

（2）电梯四壁要经常擦拭，确保厢壁表面光洁明亮，无污痕、划痕，沟槽处无积尘、沙粒。

（3）确保电梯箱照明、通风良好。

（4）电梯内若铺设星期地毯，应在每日 24:00 准时更换。

（5）楼梯台阶若铺设地毯，应定时吸尘；若为硬质地面，每星期必须打蜡一次。

（6）电梯内壁若有广告、招贴等，要经常检查，确保其悬挂镶嵌、粘贴牢靠，同时确保无刻意刻画、毁损，并注意其时效，及时更换。

3．大堂内其他设施及物品的清洁

（1）门和拉手须经常擦拭，清除表面浮尘、手印、污迹，门顶、门冒、门轴、闭门器干净，无尘土、污物。

（2）扶手要保持光洁明亮，金属扶手应用金属上光剂擦拭，确保无锈蚀。木质扶手应用家具蜡除污上光。

（3）灯饰、烟感器表面无浮尘，灯罩内无杂物，灯罩的接缝应背向客人。墙角无蛛网。

（4）沙发、座椅、茶几、茶台等客人使用频繁的设施，应随时整理复位，保持整洁。纸屑、矿泉水瓶等废弃物应及时清收。

（5）烟灰缸内应放置适量的水或砂子，以免烟灰四处乱飞，同时帮助熄灭烟头。烟蒂积聚到一定程度时（一般为2～4个），应更换烟灰缸，立式烟灰缸内砂子应保持80%。

（6）电话机应经常整理、复位并消毒，及时更换、补充便笺、纸和笔。

（7）大堂内的植物应按规定浇水、施肥、喷药，每天清除枯死的树叶、花朵，确保植物没有黄叶（花）、残叶（花），花缸应铺满石子或统一装饰，花草中的杂物要及时清理。人造植物要定期清洗。

（8）告示牌、指示牌、宣传牌（架）、画牌等要放置在适当的位置，经常擦拭，并检查字迹是否清楚，牌子有无破损。

（9）大堂内的装饰品要放置合理、美观，悬挂品应经常检查固定处是否有钉子松动、粘贴不严等现象，摆放品应放置稳妥，所有装饰品均应保持清洁，无灰尘、无污迹、无破损。

（10）大堂内若放置有钢琴，应按规定小心擦拭、清理。

（11）水池、鱼缸等设施，应及时清理其内的杂物和沉积废物，定期洗刷、换水。

（12）垃圾箱应经常擦拭，保持外观清洁，同时应定期洗刷。平时注意检查是否有易燃易爆物品丢入其中，是否有未熄灭的烟头、火种等，以确保安全。

（二）公共卫生间的清洁

1．日常清洁

（1）洗手液少于1/4时应及时补充，保持皂液器表面清洁。

（2）地面、台面、墙面、镜子、门板应经常擦拭，确保无积水，墙面、门板无污迹，镜面明亮、无水印。

（3）台面若放置有梳子、护手霜等物品，应经常检查是否摆放整齐，是否有残损、污损现象，及时清理、更新。

（4）卫生间内可适当放置绿色植物，以吸纳污气。

（5）卷纸、擦手纸、卫生袋不足量时应及时补充，且折角保持90°。

（6）每个小便池放两个清香球，小于1/4时即需更换以确保卫生间无异味。

（7）开餐时，卫生间门应保持关闭。

2．彻底清洁

在下午或夜间卫生间使用的低峰期进行。

（1）检查皂液器、自动洗手器、手纸架等设施有无损坏，检查各类设施的使用说明及其他标识是否有污毁。

（2）清倒垃圾桶垃圾，更换新的垃圾袋。

（3）放水冲净恭桶、便池并倒入清洁剂，用恭桶刷清洁恭桶，并用经消毒剂浸泡的抹布擦拭恭桶座圈、外壁、水箱，然后洗净、抹干。

（4）用专项清洁剂擦净面盆、水龙头、台面、镜面及所有金属设施和配件。

（5）喷洒适量空气清新剂，保持室内空气清新。

（6）擦洗地面，使地面无水迹污渍，每周进行打蜡抛光。

（7）在卫生间门口放置指示牌，说明卫生间暂停使用的原因及时段，并指示最近距离可使用的卫生间。

（8）洗刷墙面，清除污迹。

（9）对扫帚、拖把、垃圾斗、抹布、清洁球、清洁剂等专用清洁物品进行归整，锁好此类物品储藏室的门。

（三）PA 物品摆放标准

（1）所有清洁工具，只有在使用时才能出现在 PA 区域。

（2）管道井只能摆放清洁用品且摆放整齐。

（3）易燃易爆物品、清洁剂必须标示清楚，安全地放于专门区域。

（4）摆放任何物品不得妨碍消防通道、消防设施。

（5）物品摆放应方便客人，不能妨碍客人，更不得伤害客人。

（6）任何公共区域不得乱贴、乱画、乱划。

（7）任何人未经允许不得擅自改变物品的摆放位置，如需要临时移动任何公区物品，应准确归位。

（四）餐厅、舞厅和多功能厅的清洁

这些地方需要仔细地清扫。客人落座之后，难免会左顾右盼，他们对于座椅和地面的清洁有时候是很挑剔的。因此，在开餐之前要仔细检查。

鉴于餐厅营业时间长短不一，客房部要妥善安排好各餐厅的清扫时间并主动争取餐厅员工的积极配合。在餐厅营业时间内有清理需要时，必须及时给予处理，否则，不仅有碍观瞻，而且可能造成硬地打滑或地毯上的污迹不易清除。不少饭店考虑到工作的迅捷和方便，往往要求在营业时间的清洁卫生由餐厅自行解决。对此，客房部应积极配合，如工作用品的配备和清洁方法的指导等。

餐厅的全面清洁保养通常在夜晚停业之后至次日开餐之前进行。由于餐厅的陈设布置差别很大，因此难以一一评述其清洁项目。不过，通常的工作内容有：

（1）清除餐椅上的食物碎屑及污渍。

（2）清洁餐椅腿、窗沿及通风口。

（3）清洁吧台、账台及电话机等。

（4）擦亮金属器件。

（5）地面吸尘或磨光。

（6）有计划地为家具、灯具等清洁打蜡。

（7）有计划地分批进行座椅和墙面的清洗。

舞厅和多功能厅的清洁任务和要求基本上与餐厅相同，只是舞厅通常安排在上午清扫，而多功能厅的清洁工作往往在活动前后进行。

（五）店外公共区域清洁保养

1. 庭院的清洁

（1）清扫

① 每天清晨（一般为 6:00）开始彻底清扫院内的道路及停车场。

② 将庭院内垃圾桶清理干净，每天至少清理垃圾场两次。

③ 每天冲刷一次院内道路，注意冲刷前在路口放置"小心路滑"的指示牌。

（2）擦尘

① 每天早、中、晚三次擦拭庭院客椅。

② 每天擦拭草坪灯、护栏一次。

（3）保洁

每日 6:00 至 24:00 不间断巡查清扫，保证庭院无纸屑、无烟头等杂物。

（4）花草养护

主要包括对草坪、花木的浇水、施肥、修剪、病虫防治以及自然灾害预防。

2. 地下车库/停车场

（1）及时清除地下车库/停车场的灰尘、纸屑、烟头等垃圾，保证地下车库/停车场道路通畅，尤其是地下车库/停车场进出口处的垃圾，以免堵塞下水道。

（2）经常查看停车场内的卫生情况，不得随意堆放物品。

（3）经常用湿拖布拖去地面灰尘，保持场地清洁，保持停车线清晰。

（4）定时清理车库/停车场内的防滑地毯、标牌等。

（5）地下车库/停车场要定期喷洒药水，保持空气流畅、无异味、无毒味。

3. 室外露天营业场所

有的饭店设有室外露天营业场所，如室外游泳池、网球场，夏季设有露天酒吧、露天烧烤等，由于相关的设施、设备较长时间置于室外，风吹、日晒、雨淋等均加重了其清洁保养的难度。因此，尤其需要注意日常的清理，不留死角，以免日积月累，形成难以处理的污渍、锈斑等。

（六）饭店垃圾的管理

1．垃圾的存放

饭店各个场所应视情况分别设置垃圾桶、垃圾箱、垃圾车、烟灰桶、字纸篓、茶叶筐等临时存放垃圾的容器，但是需要注意：

（1）存放容器要按照垃圾种类和性质配备。

（2）存放容器要按照垃圾的生产量放置在各个场所。

（3）存放容器要易存放、易倾倒、易搬运、易清洗。

（4）有些场所的存放容器应加盖，以防异味散发。

（5）存放容器与存放容器周围（地面、墙壁）要保持清洁。

2．垃圾收集清运的操作程序

（1）及时清除所有垃圾，收集清运时，用垃圾袋装好，并选择合适的通道和时间，不得使用客梯。

（2）清除垃圾时不得将垃圾散落在地面上。

（3）注意安全，不可随意抛掷重物。

（4）经常冲洗垃圾间，保持垃圾间清洁，防止异味及飞虫。

（5）配合做好清运垃圾工作。

3．垃圾房卫生标准

（1）无堆积垃圾。

（2）垃圾做到日产日清。

（3）所有垃圾集中堆放在指定场所，做到合理、卫生，四周无散积垃圾。

（4）可作废品回收的垃圾要另行放置。

（5）垃圾间保持清洁、无异味，经常喷洒药水，防止发生虫害。

（6）按照要求做好垃圾袋装化。

4．注意事项

（1）留意垃圾中有无客人或员工遗落的有用物品。

（2）注意有无易燃易爆品，一经发现，立即处理。

（3）无关人员不得进入垃圾间捡拾物品。

（4）谨防利用清运垃圾偷盗财物。

（七）员工洗澡间、厕所清洁

（1）用清洁剂以合适比例兑水洗擦墙身和地面，瓷片砖缝位置重点清洁。

（2）厕坑、尿槽位置用清洁毛头加清洁剂进行清洁，有水迹地方，加酸性清洁剂进行处理。

（3）用清水将墙身和地面污水冲扫干净，再用干地板拖将地面水迹拖干。

（4）洗手盆及台面用清洁剂、百洁布进行洗刷，用清水冲净污迹，用干布抹干水迹。

（5）镜面、玻璃窗用玻璃毛头、玻璃刮进行清洁。

（八）员工更衣室的清洁

（1）清洁更衣柜顶部杂物，抹净更衣柜。

（2）刮玻璃窗，打扫地面卫生，湿拖地板。

（3）倒垃圾，加洗浴液、卷纸。

第三节　客房物品配备

为了满足住客的实际需要，提高客房的规格标准，增强客房的吸引力，客房内应配备品种齐全、数量充足、美观实用的客用物品，从而保证客房价格与价值的统一。客房内配备的客用物品通常可分为两大类，即客用固定物品和客用消耗物品。对这两大类物品的配备是客房服务的重要内容，它对客房部的高效运转，甚至整个饭店的高效运转都将起到重要作用。

1. 客用固定物品

客用固定物品是指客房内所配备的可再次使用的物资，这类物资包括棉织品、制服、客房租借物品及一些设备和器具。这类物品仅供客人在住店期间使用，不能损坏、消耗或在离店时带走。

2. 客用消耗物品

客用消耗物品是指客房内配备的一次性消耗品，包括清洁剂、客房及卫生间的日常消耗品。这类物品供客人住店期间使用消耗，也可在离店时带走。这类物品价格相对较低、易于消耗，也可称之为客用低值易耗品。饭店一般允许客人带走这类物品，以达到广告宣传的目的。

客房内配备的客用消耗物品在品种、数量、规格、质量方面有严格的要求，必须与饭店、客房的规格档次相一致。客房内配备的固定用品和消耗物品通常要能满足住客的普遍的、共同的一般需要。为了满足某些住客的个别的、特殊的需要，饭店通常备有一些特殊用品，如电动吹风机、接线板、加床等，供住客需要时租借。下面是普通标准客房卧室内配备的客用物品（见表2-3）和卫生间配备的客用物品（见表2-4）。

表 2-3　普通标准客房卧室内应配备的物品

放　置　位　置	物　品　名　称	数　　量
床上（一张床）	床罩	1 条
	毛毯	1 条
	枕芯	2 只（大床 4 只）
	床单（衬，垫）	2 条
	枕套	2 条（大床 4 条）
	衬垫	1 条
	床裙	1 条
床头柜上	电话立卡	1 个
	便笺	5 张
	铅笔	1 支
	"请勿在卧室吸烟"卡	1 个
	控制面板	电视、音响、空调、灯等的开关
	一次性拖鞋	2 双
	擦鞋巾（或亮鞋擦）	2 张（个）
写字台上及写字台抽屉内	服务夹	1 本
	烟灰缸	1 只
	火柴	1 盒
	洗衣袋	2 个
	洗衣单	2 套
	购物袋	2 个
写字台旁	写字台座椅	1 把
服务夹内	饭店介绍	2 份
	服务指南	1 份
	电话指南	1 份
	房内用餐菜单	1 份
	航空信封、普通信封	各 5 份
	大信纸、中信纸	各 5 张
	明信片	2 张（或 4 张）
	传真纸	2 张
	箱贴	2 张
	行李牌	2~4 张
	宾客意见书	2 份
	针线包	2 个
	安全须知	1 本
	圆珠笔	1 支

续表

放置位置	物品名称	数量
电视机上	电视节目单	1份
	遥控器	1个
茶几上（内）	保温瓶（或快速电热水壶）	1个
	茶盘	1只
	茶杯	2个
	茶叶盅	1个
	茶叶	红、绿、花茶
	烟灰缸	1个
	火柴	1盒
茶几旁	扶手椅或沙发	2把
小吧台上（内）	酒杯	若干
	开瓶器	1个
	调酒棒	2根
	酒篮或酒盘	1个
	小酒吧立卡	1张
	酒水	若干种
	杯垫	每杯一张
	餐巾纸	若干
	小酒吧账单	2份
冰箱内	冰水瓶	1个
	水杯	2个
	饮料、食品	若干种
壁橱内	衣架	12个
	鞋篮	1个
	拖鞋	2双
	擦鞋纸	2张
	鞋拔	1个
	衣刷	1把
其余	台灯、落地灯、壁灯、床头灯、夜灯、廊灯等	除床头灯是2个以外，其余各1个
衣物柜旁	垃圾桶	1个

表2-4　普通标准客房卫生间内应配备的物品

放 置 位 置	物 品 名 称	配 备 数 量
洗脸台上	漱口杯	2个
	肥皂碟	1个
	小方巾	2条
	烟灰缸	1个
	牙刷、牙膏	2套
	肥皂	4块（大小各2块）
	浴液	2瓶
	洗发液	2瓶
	浴帽	2个
	梳子	2把
	指甲刀	2把
	化妆棉签	2盒
	面巾纸	1盒
	剃须刀	2把
洗脸台下	体重称	1个
	垃圾桶	1个
墙面	电话副机和风筒	各1个
洗脸台旁墙上的毛巾架上	脸巾	2条
坐便器旁手纸架上	手纸	1卷
	卫生袋	1个
浴缸口沿上	脚巾	1条
毛巾架上	小浴巾	2条
	大浴巾	2条
浴帘杆上	浴帘	1条
	吹风机、电熨斗、熨衣架、打字机等	各1个

本章小结

　　要为宾客提供优质的客房服务，首先须对宾客的类型与特点进行分析，了解客人对客房服务的要求；其次，掌握各项对客服务的规范和要点；再次，还要保证饭店清洁卫生质量的有效性，高质量地完成各项清洁保养工作，建立完善的清洁卫生质量控制体系，最大限度地达到客人满意；最后，加强对服务质量的控制。站在客人角度，了解客人需求，并提供针对性的服务是服务工作的关键。服务人员只有与时俱进，更新观念，改变模式，讲究方法，提高标准，才能把服务工作做到位、做到家。

关键概念

客房部　　对客服务程序与标准　　客房清洁保养　　公共区域　　客房清洁保养质量管理

课堂讨论题

假如您是一位饭店实习生，在做客房时，客房部经理要求您先做走客房，酒店总经理发现后，要求您先做住客房。请结合所学知识，分析在这种情况下您该听谁的。

案例分析题

（一）案例

上海某五星级饭店客房部，服务员小张正在清扫一间客房。小张看到客人的行李已经全部收拾好，整齐地摆放在行李架上，便开始去收垃圾。她看到床头柜上有一张皱巴巴的稿纸，就认为是客人不要的废纸，于是顺手丢进了垃圾袋，并将垃圾袋带出了客房。下午，那个尚未离店的客人急匆匆地找到小张说："小姐，你有没有看到床头柜上的稿纸？那上面有联系电话和地址等内容，是我一位外国客户的联系信息，对我非常重要。"小张一听就傻了眼。"对不起，我马上去找。"小张边说边来到垃圾袋旁，翻了半天，终于找回了客人那张记有重要信息的稿纸。虽然及时找到，没有耽误太多的事，但客人却明显不高兴。

请分析：服务员小张在客房清洁服务中存在什么问题？如何改进？

（二）案例分析提示

在客房清洁的过程中，要特别注意：在客人尚未退房的时候，对于要清理的垃圾，特别是有字的纸张，一定先和客人确认再处理。如果客人不在房间，在没有退房的情况下，各类纸张除非是客人自己撕掉了扔在垃圾桶里，否则不要随便扔掉。如果客人已经退房，见到有字的纸张，也最好不要马上丢弃，可以先存放在客房部办公室，以便客人回来查找。

实训项目

（1）项目名称：西式铺床服务。

（2）实训目标与要求：掌握西式铺床的操作方法。

（3）实训内容：

① 分组进行实训操作，每组三人同时进行三个床位的铺床工作。

② 熟练掌握铺床的操作流程，包括：拉床、铺单、掖角、套枕套、放枕头、打枕线、将床复位等步骤。

③ 由其他同学对每组的铺床质量和操作时间进行评价，指出其不足。

复习思考题

1．客房部在饭店中的地位、作用与工作任务是什么？

2．常见的待清扫客房状态有哪些？客房清扫的顺序是怎样的？

3．住客房的清扫应该注意哪些问题？

4．如何控制客房清洁质量？

5．何为公共区域？其业务范围主要有哪些？

6．客房用品配备的种类有哪些？用品的规格有何要求？

第三章　前厅账务服务

引言

　　收银处是饭店最终实现经济效益的关键部门。与前厅部的其他服务工作相比，收银业务因其性质的不同而具有自身的特点。宾客账户的建立与管理、宾客信用状况的控制、宾客结账服务程序的严密性，这些都是保证前厅部进行高质量账务服务的基础。

学习目标

　　① 掌握总台收银处的业务范围及特点。
　　② 掌握宾客账户管理的程序、方法与注意事项。
　　③ 掌握宾客结账服务的程序。
　　④ 了解宾客信用控制、外币兑换、贵重物品保管的方法。

教学建议

　　① 组织学生到本地饭店实地参观考察总台收银的设备与程序。
　　② 邀请饭店总台收银员介绍收银工作的特点、技巧与注意事项。

第一节　结账服务

　　饭店总台收银处（Front Office Cashier）亦称前台收款处，其隶属关系视饭店而定。通常，其业务方面直接归口于饭店财务部，其他方面则由前厅部管理。前台收银处位于大厅显眼处，且与接待处和问讯处相邻。在饭店经营中，前台收银是确保饭店经济收益的关键部门。

一、前台收银处的业务范围及其特点

　　前台收银处的主要工作任务就是处理住客账务，确保饭店应有经济效益的正确回收，并做好对客服务工作。
　　1. 前台收银业务范围
　　（1）开立住客账户。

（2）负责业务分析并累计客账。

（3）办理客人的离店结账手续。

（4）处理住客信贷和夜间审计。

（5）提供外币兑换服务业务。

（6）管理客用安全保险柜。

2．前台收银特点

前台收银业务是一项十分细致复杂的工作。为了方便客人，现代饭店一般采用一次性结账方式。所谓一次性结账就是宾客在饭店花费的全部费用在离店时一次结清。

这样，饭店每天的赊欠账单很多，这些账单最终从客房、餐厅、洗衣房、电话总机、商务中心等处转到前台收银处。而住客会随时离店结账，为能迅速准确地给离店客人结账，避免跑账、漏账的发生，前厅收银处的账务处理必须有一套完善的制度，并依靠各业务部门的配合和财务部的审核监督。前厅账务处理的方法和要求是：账户清楚，转账迅速，记账准确。

二、客账建立与核收

宾客办理完入住登记手续后，前厅部接待员应迅速根据住宿登记表的有关内容，制作宾客的账单，并连同登记表的一联送交前台结账处。

前台结账处收到接待员开出的宾客分户账单后，应认真检查。

1．零星散客

（1）签收宾客的账单。

（2）检查账单中的宾客姓名、地址、房号、房租、抵离日期、付款方式及收款注意事项（备注）等填写是否清楚、完整。

（3）核实付款方式。若付款方式栏内填写的是信用卡，应检查账单中是否附有压印好的信用卡签购单，然后对照信用卡公司发送的"注销名单"（Black List），审核信用卡签购单是否有效，若发现无效，应立即按信用卡有关规定处理。

（4）检查相关附件是否齐全，如住宿登记表、房租折扣审批表或预付款单据等。

（5）将宾客账单及其有关附件放入相应房号的账单夹内。

2．团队宾客

（1）签收团队总账单。

（2）检查团队总账单中的团队名称、团队编号、抵离日期、总计房租、付款方式等项目，确保其正确、齐全，并核对团队接待通知单相关项目。若有不符，应查看是否附有更改通知单。

（3）建立团队宾客的分账单，应注意避免与总账单重复记账或漏记账目。

（4）将团队账单按团队编号放入相应的团队账夹内。

三、客账累计

宾客住店时间短、来得快、走得快，从开始入住至结账离店，一连串的消费行为在短时间内发生。这就要求饭店各营业部门，须尽快将每天发生的经宾客签字后的账单（凭证）及时传递到前台结账处，以便随时累计客账，确保记账准确、走账迅速、结账清楚。正确累计客账的方法具体如下：

（1）宾客住店期间所发生的费用，应借记该宾客的分户账，如直拨长途费、餐饮费、洗衣费、传真费、健身娱乐费等。

（2）宾客支付的订金、预付款、折扣、转记宾客分户账及应收账款账户的金额，应贷记宾客的分户账。

（3）导致宾客账户余额变动的交易类型有现金交易、应收账交易、应付账交易及现金支出交易四种，如表3-1所示。

表3-1　导致宾馆账户余额变动的交易类型

现 金 交 易	应收账交易	应付账交易	现金支出交易
● 宾客的现金付账将减少客账的借方余额 ● 若是与前台收银无关的消费，则不影响客账余额	● 增加客账的借方余额 ● 饭店保持、累计记录，待宾客将来付款	● 减少客账的借方余额 ● 对于宾客，可能是折扣、转账、饭店对宾客的欠款等	● 饭店代宾客付现金 ● 增加客账的借方余额 ● 饭店等待宾客付款

（4）检查各营业点传递来的账单（凭证）。注意是否有房号、住客姓名（使用正楷）和宾客签字。

（5）将手续完备的账单（凭证）记入分户账内。其中，给住客的一联与分户账夹在一起，待结账时交给宾客，另一联则分部门存放，交稽核组复核、检查。

总之，前台结账处应不断地累计宾客所发生的消费金额，随时准备好准确无误的账单，截至结账时，任何费用均应累计入账，避免出现跑账、漏账，造成经济损失。

四、客账结算

办理退房结账手续是宾客离店前所接受的最后一项服务，服务人员应给宾客留下良好的最后印象。结账一般要求在两三分钟内完成。

1．散客结账服务程序

（1）礼貌地询问宾客房号，查看计算机并打印出账单。

（2）通知楼层服务员宾客结账退房，请其迅速检查并清扫客房。

（3）委婉地问明宾客是否有刚发生的消费费用，以免漏账。

（4）向宾客出示账单，请宾客审核、确认并在账单上签字，按已约定的付款方式向宾客收取费用或转入财务部应收账款。

（5）收回客房钥匙。

（6）在宾客结清账款后，在其账单上打印"已付"的印迹，使账单的挂账数为零，然后将一联交给宾客做收据，另一联转送会计组，将金额填入现金收入日报表。

（7）在入住登记表的背面盖上结账日期，连同客房钥匙移交前厅接待员，接待员在计算机上做相应处理，将该客房转换为走客房。

（8）感谢宾客，并祝其旅途愉快，欢迎再次光临。

2．团体宾客结账程序

（1）将结账退房的团队名称、团号通知客房中心，以便检查客房酒水的使用情况。

（2）查看团队预订单上的付款方式以及有无特殊要求，做到总账户与分账户分开。

（3）打印团队账单，请该团陪同在团队总账单上签字，并注明他所代表的旅行社，以便与旅行社结算。

（4）为有分账户的宾客打印账单、收银。

（5）与宾客道别。

五、外币兑换服务

饭店为方便宾客，受中国银行委托，根据国家外汇管理局公布的外汇牌价，代办外币兑换业务。目前，中国银行除收兑外汇现钞外，还办理旅行支票、信用卡等收兑业务。前厅收银员应掌握外币兑换的业务知识，接受这方面技术技能的培训，以做好外币兑换服务。

1．外币现钞

中国银行根据饭店的业务量大小，相应拨给饭店定额周转金，饭店前厅收银处兑换点则应每天定时收外钞、外国银行支票及相关外币兑换凭证，再递交中国银行并换回等额周转金。外币现钞兑换的服务程序如下：

（1）弄清宾客的兑换要求。

（2）清点、查收宾客需兑换的外币及金额。

（3）使用货币识别机鉴别钞票真伪，并检查其是否属现行可兑换的外币。

（4）填制水单，查核当日现钞牌价，将外币名称、金额、兑换率及应兑金额填写在水单相应栏目内，准确进行换算。

（5）请宾客在水单上签名。

（6）检查复核，确保其正确。

（7）确保无误后，将兑换的款额付给宾客。

2．旅行支票

旅行支票是一种有价证券、定额支票，亦称汇款凭证，通常由银行（或旅行社）为便利国内外旅游者而发行。旅游者在国外可按规定手续，向发行银行（或旅行社）的国内外分支机构、代理行或规定的兑换点，兑取现金或支付费用。收兑旅行支票的服务程序如下：

（1）弄清宾客的兑换要求。

（2）检查、核对其支票是否属可兑换之列，有无限制（如区域、时间等）。

（3）与宾客核对，清点数额。

（4）请宾客出示有效证件，并进行复签（应看着宾客进行），并检查复签是否与初签相符。

（5）查清当日牌价，填制水单并扣除贴息，换算要准确。

（6）请宾客在水单上签名。

（7）检查复核。

（8）核对无误后，将支付款额付给宾客。

3．信用卡

信用卡是由银行或信用卡公司提供的一种供宾客赊欠消费的信贷凭证，上面印有持卡者的姓名、发卡行名称、号码、有效期、签名条等。信用卡的使用按照银行要求办理。

第二节　宾客信用控制

饭店要求宾客在进店时办理入住登记手续的目的之一是要确保饭店的利益不受损害。确立饭店与宾客之间的信用关系是达到这一目的的必要手段，也是总台接待员的职责。确立信用关系就是明确宾客支付其在店发生费用的方式，也就是饭店与宾客以何种方式进行结算。一般来说，饭店可以认可的信用方式主要有现金支付、旅行支票、信用卡、转账、凭有价订房凭证由其他人代付等。由于客源的复杂性和支付方式多样化，因此而产生的逃账、漏账、坏账的可能性始终存在。因此，在宾客消费前确立好信用关系，建立、健全客账，加强总台的信用管理，对饭店来讲都是非常必要的。

一、现金支付方式

现金支付因其风险小、周转快，所以是多数饭店乐意接受的支付方式。它要求宾客对其在店发生的费用以现金结算。在确立宾客用现金支付费用这一信用关系时，必须注意以下几个问题：

（1）绝大多数饭店为了自身利益都对用现金结算的宾客要求预付押金，但这一单方面行为易使宾客感到不受信任而产生不满，所以在收取预付押金时，必须有充分的灵活性，总台接待员的服务水平高低对此有一定的影响。通常大多数饭店对预付押金有明确的规定，要求对那些无客史、首次住店、无行李或以往信用不良的宾客收取足够的预付押金，结账时多退少补，而对于回头客或贵宾则不强求其预付押金。

（2）预付款的数额。一般来讲，饭店要求宾客预付的金额依据宾客住宿时间长短而定，主要是预收住宿的房费（通常为实际住宿费用的 2 倍）。但由于宾客很可能住宿时间较长，在进店时一下收取押金的数额过大，一则会引起宾客不满；二则增加办理入住的时间，使服务效率下降，从而失去宾客。因此，总台接待员在处理这种情况时应特别注意，要依照经验和有关规定灵活处理，同时将信息反馈给饭店财务的信用组，以便在宾客预付金消耗完时及时礼貌地向宾客发出补交预付金的通知。

（3）登记资料及宾客证件要完整、准确。由于现金支付对饭店有利有弊，因而饭店对于宾客的登记资料和证件就不得不十分注重。前台接待员应仔细核查宾客的登记单，核实宾客的证件，记下宾客的地址、工作单位、证件号码，以备在发生逃账现象时有追账的线索。

二、支票支付方式

有相当一部分宾客采用支票方式支付其在饭店的费用，比较典型的有国外宾客用旅行支票支付，国内企业、公司用支票支付等。由于客源复杂，支票支付工作给饭店的信用工作带来很大的困难。一些饭店由于总台服务人员业务不熟、管理不善，如遇一些宾客以假支票蒙混，会给饭店造成巨大经济损失。因此，必须严格对支票支付进行管理，切实加强总台接待员、收款员的业务培训。

在实际工作中应特别注意以下几个方面：

（1）拒绝接受字迹不清、过时失效、打印或书写不规范及第三手支票。

（2）注意核查支票是否是挂失的或失窃的支票。

（3）核对宾客登记单上的签字与旅行支票上的签字是否一致。

（4）仔细核查宾客证件，并登记证件号码。

（5）对于有背书的二手支票，应请宾客再次背书，以供比较。

（6）对于任何不清之处，接待员或收款员应直接询问宾客，并向银行或财务部门查询。

随着银行计算机系统的发达、完善，饭店已普遍使用计算机联网系统来验证支票，这对于提高检验支票的准确性和工作效率是非常有效的。

三、信用卡支付方式

信用卡这种支付方式因其对持有者带来安全性和方便性而在全球飞速发展，饭店面临日益增多的以信用卡结算的宾客。确立信用卡支付关系，虽然对饭店和宾客都比较方便、简单，但信用卡支付也有一些弊端。为了维护饭店的利益，总台接待员在实际工作中必须注意以下几点：

（1）宾客表示用信用卡支付时，必须让宾客出示信用卡，压印与其信用卡相应的签购单，填写宾客证件号码，并让宾客签字。

（2）当发现宾客出示的信用卡失效、过期时，应明确向宾客指出，请其更换另一种信用卡或改为现金支付。

（3）在宾客离开后，应进一步按照银行颁发的"取消信用卡公报"，核对宾客的卡号是否列在"公报"的取消之列。如属实，则应立即让宾客改换为现金支付。

（4）注意信用卡公司所允许的信用卡支付最高限额。一般来讲，超过限额则信用卡公司会拒付。

（5）核对宾客信用卡上的签字与签购单上的签字是否一致。如不一致，应让宾客改为现金支付。

目前，银行及信用卡公司已将取消的信用卡号码输入其计算机系统，并将饭店的终端与之连接，这样不仅大大简化了验卡的程序，而且极大地提高了准确性和饭店的工作效率。

四、转账（挂账）方式

一些饭店出于方便宾客和促销上的需要，允许一些大的客户单位和旅行社为其宾客的消费采用转账支付。转账支付一则可以大大简化宾客抵离时的手续，二则可以促使这些大客户、旅行社不断为饭店带来客源，也方便了这些顾客单位。不过采取这种方式的基础是饭店对这些客户、旅行社的信用、财务状况有清楚的了解和认识，同时他们在饭店信用的记录上一直信誉良好，能够按照双方约定的时间准时付款。饭店的信用组对他们的消费记录也要准确和全面，否则易产生矛盾而失去客户或难以收款。另外，收银员亦应与这些单位的财务人员建立良好关系，经常主动地去联系和收款，以防发生拖欠款和三角债现象。

五、有价订房凭证方式

目前，饭店业的市场竞争越来越激烈，许多饭店为了开辟和扩大客源市场，发展了许多代理商，尤其是一些境外代理商。饭店给这些代理商以优惠的合同价格，促使其为了获取房差而直接向客人销售饭店的客房。这些代理商介绍来的宾客，一般都已在当地向代理商交过费用（特别是房费）并持代理商给其的有价订房凭证到饭店登记入住。饭店总台接待员在与此类宾客确立信用关系时，应仔细核查宾客所持的订房凭证，看清其中的内容，并查阅代理商的预订单和传真，核实订房凭证与代理商预订内容是否一致，同时还应查看凭证是否与有效的样本一致。为了方便总台的工作，饭店应把与之有合作协议的代理商订房凭证制成样本放在总台，供接待员查对时使用。此外，有些订房凭证仅支付了房费，总台接待员应礼貌地让宾客为其在店内的其他消费选择支付方式。订房凭证的结算亦属于转账一类，饭店的信用组必须严格按协议以订房凭证为依据及时地与代理商结算，以防出现拖欠款（特别是境外的拖欠款）。

六、其他人代付方式

有些宾客是由其他宾客代其支付在店费用的。对于这种情况，接待员一定要坚持让承诺代付的宾客亲自填写承诺付款书并签字，同时要仔细核查承诺付款人的信用状况和付款能力。对于用现金支付的承诺付款者，应检查其预付金是否足够，如预付金不足，可以要求其再交纳一部分预付金。对于代付，要特别注意检查核对承诺付款者的信用状况，以防发生逃账。

总之，宾客的支付方式直接关系到饭店的经济效益。在信用形式多样、客源成分复杂的今天，宾客进店时就已确立好的信用关系对饭店是十分重要的。饭店必须对各种支付方式及总台检验工作制定出严格的管理制度和操作程序，并且注重对接待员进行这方面的知识和技能培训，提高员工处理问题的能力，以确保饭店应得利益的实现。

第三节 账务处理与贵重物品保管

一、夜审及营业报表编制

（一）夜间审核

夜审工作就是核查当天所收到的账单，将房租登录在宾客账户上，并做好汇总和核查工作。夜审员（Night Auditor）的具体工作步骤如下：

（1）检查所有营业部门的账单是否都已转来。

（2）检查所有单据是否都已登上账户。

（3）将所有尚未登账的单据登上账户。

（4）按部门将单据分类，计算出各部门的收入总额。

（5）累计现金表，检查收到现金和代付现金的总额。

（6）检查所有现金表上的项目是否都已登录在账户上。

（7）检查所有优惠是否都有签字批准，是否登录在账户上。

（8）将当日房租登记在账卡上。

（9）将每个账卡的借方和贷方金额分别相加，得出当日余额。

（10）将当日余额记入下一日新开账页的"接上页"行内。

此外，夜审员应将账户上的信息按项目登录到有关的账册上并求出总数，然后做好下列核查工作：

（1）核查每个营业部门的借方栏总数是否与相应的销售收入一致。

（2）将现金收入栏和代付栏总数与现金表相比较，以确认两数相符。

（3）核查折让与回扣总数是否与有关单据上的总数相符。

（4）将开账余额栏的总和与上一天结账时的余额总和相比较，核查是否相符。

在此基础上，夜审员还应负责编制报表，进行包括客房、餐饮和综合服务的收入统计以及全店收入审核统计，并上报总经理及转送相关部门，作为掌握和调整经营管理的重要依据。

（二）编制客房营业日报表

"饭店客房营业日报表"是全面反映饭店当日客房营业情况的业务报表，一般由前厅收银处夜审员负责编制。该表主要是从当日所出租的客房数量、所接待的宾客数以及所应获得的客房营业收入三个方面着手，对饭店客房日销售状况进行归类和总结。饭店客房营业日报表的设计格式因饭店而异，如表 3-2 所示为某饭店客房营业日报表，其编制方法和步骤如下：

（1）统计出当日出租的客房数、在店宾客数及客房营业收入。

① 所出租客房数、住店的零星散客数及其用房数、零星散客的用房营业收入。

② 免费房、待修房、空房、内宾用房以及职工用房的数量。

③ 在店团体的用房数、住店团体人数及其用房营业收入。

（2）统计出当日离店宾客数、用房数以及当日抵店宾客数、用房数，汇总出当日出租的客房数和在店宾客数。其计算方法为：

当日出租客房数=昨日出租客房数-当日离店宾客用房数+当日抵店宾客用房数

当日在店宾客数=昨日在店宾客数-当日离店宾客数+当日抵店宾客数

（3）检查核对当天的客房营业收入。主要项目有：

① 核对零星散客的租金收入。

② 核对团队的租金收入。

③ 核对当日房价变更的统计结果。

（4）计算出当日的客房出租率和实际平均房价。

为更详尽地反映出具体的数据，有些饭店还要求分别统计出团队用房率，以及散客的平均房价。其计算公式为：

$$客房出租率 = \frac{已出租客房数}{饭店可供出租的客房总数} \times 100\%$$

$$团队用房率 = \frac{团队用房数}{已出租客房数} \times 100\%$$

$$平均房价 = \frac{客房营业收入}{已出租客房数} \times 100\%$$

$$散客平均房价 = \frac{散客用房租金收入}{散客用房数} \times 100\%$$

此外，根据预订资料和客房状况资料，统计出明日预订抵店宾客用房数和明日离店宾客退房数，可计算出明日预订出租的客房数和明日客房出租率。

表 3-2　客房营业日报表

楼层	固定客房数								客房收入	住店客人数						种类　项目	房间数	人数
	出租客房				空房	待修房	内用房	小计		零星		团队		内宾	小计			
	零星	团队	内宾	免费						外宾	内宾	外宾	内宾					
1																昨日在店		
2																今日离店		
3																今日抵店		
4																今日总数		
5																空房		
6																待修房		
7																内用房		
8																总客房数		
合计																		

出租套房	收入	团队收入		种类	房间数	人数	实际可用客房	
		房租变更		预订客房			出租率	
		客房总收入		明日抵店			团队用房率	
		其中外宾收入		明日离店			平均房价	
				明日出租率				

送：

总经理室_____　　　　　　服务部_____

副总经理室_____　　　　　　值班经理_____

前厅部_____　制表人_____　复核人_____

二、特殊情况处理

（1）逾时离店，即过了结账时间（按惯例，结账时间一般为当日中午 12:00），宾客仍未结账。此时，应婉转地提醒宾客，超时离店，饭店会加收房费，如 15:00 以前结账者，加收一天房费的 1/3；15:00～18:00 结账的，加收 1/2 房费；18:00 以后结账的，则加收全天房费。

（2）宾客在退房结账时才提出要折扣优惠，而且也符合饭店优惠制度，或者结账时收银员才发现该客房的某些费用是因为输入有误而发生多收的情况。此时，前厅收银员应填写一份"退款通知书"（一式两联，一联交财务部，一联留存前厅收银处），由前厅部经理签名认可，并要注明原因，最后在计算机中将差额作退账处理。

（3）住店宾客的欠款不断增加。有些宾客住店期间所交预付款已经用完，还有的宾客入住饭店后长期未决定离店日期，而其所欠饭店账款不断上升。为防止宾客逃账，或引起其他不必要的麻烦，饭店通常催促宾客付款，可用电话通知（注意语言艺术），也可用书面的"催促信"，将宾客房号、姓名、金额、日期填妥后，放入信封，交接待处放入钥匙架内。一般宾客见此通知后会主动前来付款，若遇宾客拒绝付款时，应及时交大堂经理处理。

（4）当住客的账单由其他住客支付时，为防止漏收发生，通常应在交接记录上注明，并在这两位宾客的账单上附上纸条，以免忘记。

（5）迟到款项。迟到款项是指由于收银员和相关服务人员的失误，在客人离店后，账款才由餐厅、酒吧、商务中心和话务中心等营业部门传递到总台的费用项目，这些账款如果不能收回，将使饭店的经济收入受到影响。一般来讲，饭店可以采取如下措施预防和处理迟到款项。

① 建立和完善本饭店的管理信息系统，对相关的服务人员进行培训。客人在各个营业部门消费后，各营业部门要及时输入相关的消费信息，使总台收银处能够在客人离店前查看到账款信息。

② 收银员要特别注意将费用凭证与账单放在一起，并在宾客结账时与各个营业部门联系，查询是否有最新消费。

③ 经验表明，在客人结账时，收银员如果直接礼貌地询问退房前是否有最新消费，可以在很大程度上避免迟到账款的发生。

④ 追回迟到款项。对于现金支付的客人，可以按照登记卡上的信息将账单寄给客人。对于信用卡支付的客人，饭店可以查看是否有"追加账款"一项，如果有，可以补上迟到账款，如果没有，则可将填写追收账款的签购单连同客人签名的原始单据一起送至银行或信用卡公司，追回账款。

三、贵重物品保管服务

饭店不仅应为住客提供舒适的客房、美味的菜肴、热情礼貌的优质服务，而且还应对住客的财产安全负责。为此，饭店应为住客设置寄存保管贵重物品的场所和设施。饭店一般为宾客提供客用安全保管箱（Safe Deposit Box），供宾客免费寄存贵重物品。该设备是由一组小保管箱或保险盒组成，其数量通常按饭店客房数的15%～20%来配备。如饭店的常住客和商务散客较多，则可适当增加保管箱数量。有些饭店则在客房内配有小型自动保险箱，供住客存放贵重物品。

通常，客用安全保管箱放置在前厅收银处后侧或旁边一间僻静的房间，由前厅人员负责保管工作。保管箱的每个箱子都备有两把钥匙，一把为总钥匙，可开启所有保管箱上的一个锁，由收银员负责保管；另一把为分钥匙，由宾客亲自保管，只有用这两把钥匙同时开锁，才能打开和锁上保管箱。

（一）保管箱的启用

住店客人提出饭店代为保管贵重物品的要求时，应启用客用安全保管箱，其工作程序如下：

（1）问候客人，向客人表示欢迎。

（2）查核客人的住房卡或钥匙牌，以确认是否为住店客人。

（3）取出安全保管箱记录卡正卡（见表3-3），将其中内容逐项填写，请客人签字，同时在电脑上查看房号与客人填写的是否一致。

表 3-3　安全保管箱记录卡（正卡）

正面

安全保管箱记录卡
保管箱号码_____　　　　客人姓名_____
房间号码地址_____
存放物品_____
存取规定及注意事项_____ _____
日期_____　　　　客人签名_____ 时间_____　　　　收银员签名_____

反面

保管箱取出退箱
日期_____　　　　客人签名_____ 时间_____　　　　收银员签名_____

（4）向客人介绍使用保管箱的相关规定和注意事项。

（5）取出保管箱，请客人存入贵重物品。

（6）当着客人的面用两把钥匙将该保管箱锁好，一把客用钥匙交给客人保管，总钥匙由收银员自己保管，并礼貌地提醒客人注意其钥匙的保管与安全。

（7）向客人道别。

（8）将填写过的记录卡正卡放入袋里，标上箱号、客人姓名、房号，保存在规定的地方。

（二）中途开箱

客人存入贵重物品后，如要求再次使用保管箱时，工作程序如下：

（1）问候客人，向客人表示欢迎。

（2）请客人出示保管箱钥匙，然后取出安全保管箱记录卡副卡（见表 3-4），请客人逐项填写、签字。

（3）取出其填写过的正卡，巧妙而又仔细地核对客人的签字。

（4）如签字相符，当着客人的面用两把钥匙将保管箱打开，请客人使用。

（5）客人存取完毕，再当着客人的面用两把钥匙将保管箱锁上。

（6）将客用钥匙交还客人保管，并礼貌地提醒客人注意钥匙的保管和安全。

（7）向客人道别。

（8）将填写过的正卡与其副卡一起归存在规定的地方。

如客人再次前来使用保管箱，其接待程序同上。不过，每次填写都要使用一张新的副卡，并一起存放。

表3-4　安全保管箱记录卡（副卡）

当您中途使用保管箱时，请在此卡上签名	
保管箱号码_____	
客人签名_____	房间号码_____
日期_____	收银员签名_____

（三）保管箱的退箱

当客人要求退箱（最后取走贵重物品）时，其工作程序如下：

（1）请客人出示保管箱钥匙。

（2）当着客人的面用两把钥匙将该保管箱打开，请客人取出其贵重物品。

（3）客人取出其贵重物品后，收银员再检查一遍保管箱，以防有遗留物品。

（4）请客人填写记录正卡反面、签字。

（5）检查记录正卡反面的填写内容，核对签字。

（6）收回该保管箱的客用钥匙，锁上该箱。

（7）向客人道别。

（8）将该正卡与其填写过的副卡一起存档，以备查核。

（四）保管箱钥匙遗失的处理

如客人遗失保管箱钥匙，饭店通常都要求客人作出经济赔偿，但必须有明文规定。例如，可在记录卡正卡上标出，或在寄存处的墙上用布告出示有关赔偿规定，让客人知晓，以减少处理工作中可能出现的不必要的麻烦。当客人将保管箱的钥匙遗失，而又要取物时，必须在客人、当班的收银员以及饭店保安人员在场的情况下，由饭店工程部有关人员强行将该保管箱的锁作破坏性开启，并做好记录，以备查核。

（五）客人贵重物品丢失的处理

客人贵重物品的保管是一项非常严肃的工作，要求收银员具有很强的责任心，并注意以下事项：

（1）定期检查各保管箱是否处于良好的工作状态。

（2）必须请客人亲自前来存取，不能委托他人。

（3）必须认真、严格、准确地核对客人的签名。

（4）不得当着客人的面检查或好奇地欣赏客人存入或取出的物品。

（5）当班收银员必须安全地保管好自身的保管箱总钥匙，并做好交接记录。

（6）填写过的记录卡，必须科学地排列，以方便取用。

（7）客人退箱后的记录卡必须按规定安全地存储一定的时间（至少半年），以备查核。

尽管如此，饭店也不能保证客人的贵重物品万无一失。那么，一旦发生客人贵重物品失窃事件，饭店是否应该对此负责呢？

事实上，目前国内大多数饭店对客人的贵重物品都采取本节所述的保管办法，对客人存放的贵重物品采取不闻不问，丢了也不负责的态度。显然，这种做法对客人来讲是不公平的，因为：

第一，按照国际惯例，饭店有义务保护住店客人人身和财产的安全。

第二，饭店一般都在一定的场所和位置（如住宿登记表）向客人声明：请将您的贵重物品存放在饭店贵重物品保管处，否则，出现丢失，饭店概不负责。这就意味着，如果客人按照饭店的要求将贵重物品存入贵重物品保管箱，饭店就应该对其负责。

第三，尽管保管箱有两把钥匙，客人和饭店方面各执一把，只有当这两把钥匙同时使用时，才能打开保管箱，但这并不能保证客人的贵重物品万无一失，因为饭店负责保管客人贵重物品的收银员完全有机会利用工作之便，另配一把"客用钥匙"，打开保管箱。如果真的发生这样的事，客人将成为无辜而又无奈的受害者。

但是，贵重物品毕竟是贵重物品，价值大，而且有时很难说清其真正价值（如钻石），万一丢失，如果按客人所述价值照"价"赔偿，这对饭店也是不公平的。那么，饭店到底应该不应该赔偿？如果应该，要负多大的赔偿责任呢？

按照国际饭店协会于 1981 年 11 月 2 日在尼泊尔的加德满都通过的《国际饭店法》的有关规定："如果客人及时得到报告，饭店对贵重物品的赔偿应有合理的限度。"这就意味着，一方面饭店对客人的贵重物品在一定条件下负有赔偿责任；另一方面，这种赔偿"应有合理的限度"。为此，饭店可规定对客人贵重物品的最高赔偿限额，并将这一限额在某一明显的位置告知客人（如"贵重物品保管记录卡"），这样做双方都可以理解和接受，以避免出现不必要的纠纷。

本章小结

饭店总台收银是保障饭店经济利益最终实现的关键环节，饭店总台收银服务人员必须熟练掌握建立、管理宾客账户技能，为宾客提供热情、及时、周密、准确的前厅账务服务，这样才能起到维护住店宾客和饭店双方经济利益的作用。

关键概念

收银处　宾客账户　结账服务　宾客信用状况　外币兑换

课堂讨论题

请结合当地酒店的实际调研，讨论前厅收银员归财务部管理好还是归前厅部管理好。

案例分析题

（一）案例

案例 3-1：
某饭店客人张先生在前台用银行卡付款结账时，收银员小李接过客人的卡一看，发现卡面编号上的最后一个数字像是被什么东西刮过，已模糊不清。收银员向客人询问是怎么回事，客人解释说是前几天掉在地上，不小心踩了一下，捡起来看时，已经磨损。针对这种情况，小李告诉客人，卡号已看不清，无法使用，请改用现金付款。

请分析：如果你是小李，你应该怎么办？

案例 3-2：

某天下午，某饭店的一位客人匆匆来到前台，将房卡交给收银员小王，并告诉小王他有一项很急的事情需要去办，大约一个小时后回来结账退房。当时，小王正准备交班回家，考虑到客人要一小时后才能回来结账，自己的下班时间已到，就顺手将客人交来的房卡放到了一个抽屉里面，没有告诉接班人员小李就直接回家了。一个小时后，客人回到前台，询问小李是否准备好退房，当值收银员称没有看到客人房卡，客人听后非常生气，于是投诉酒店。

试分析：在此案例中，收银员小王和小李在工作中存在哪些问题？

案例 3-3：

凌晨 1 点左右，两位外国客人在某饭店办理入住手续时，拿出 1000 美元要求兑换人民币。小刘接过这些美元觉得有些异样且数目较大，便退回甲客人说："很抱歉，我们总台没有足够的现金兑换，你还是等明天再来吧。"其中一位客人用英语说："我们现在有点急事需用钱，你能不能帮我们想想办法。"并着重说明这是新版的美元。另外一位客人也用生硬的中国话说，如果你们不兑换的话，那我们就去别的酒店。小王怕失去这两位客人，又觉得两位客人衣着不凡，就消除顾虑，为客人兑换了 7100 元人民币。没过多久，小王就觉得不放心，便向主管汇报，后经确认此"新版"美元全是假币，主管立即通知保安和楼层服务员查房，发现客人根本未入房，于是向派出所报案。

试分析：这个案例给了我们哪些启示？

（二）案例分析提示

案例 3-1 分析提示：饭店收银员应该树立"宾客至上"、"消费者第一"的服务意识，在工作中急客人之所急，认真、耐心地帮助客人处理好账务问题。一般而言，只要银行卡磁条完好就可以刷卡，但为了防止假卡冒用盗刷，则需要仔细查询、辨别，或打电话到银行核对。

案例 3-2 分析提示：小王没能正确理解客人话语中包含的意思。客人称一个小时后结账，其实是客人希望小王在他回来之前准备好账单，待会儿再来交钱，这中间他可能有事情要办，不愿意在前台等待，而不是小王理解的一个小时后再来办手续。作为饭店的服务人员，特别是收银人员，要尽职尽责，认真、谨慎、细致地做完自己手中的服务项目，把客人的利益放在首位，交接班时一定要将工作及时移交同事，说明需要注意的事项，避免出现服务脱节。小李在未弄清情况时就顺便对客人说没看到房卡，把责任推给客人，从而引起他的不满和投诉。小李应该仔细询问事情的经过，及时与小王取得联系，尽快帮助客人办好离店手续。

案例 3-3 分析提示：发生这种假钞事故，小刘存在不可推卸的责任。小刘如果在客人要求兑换人民币时就及时认真辨别，被骗事情就有可能不会发生。星级饭店在夜间为客人兑换外币，要严格按照饭店兑换外币的数量限额进行，小刘怕失去两位客人入住饭店，过于相信客人，结果酿成假钞事故。在这个事件中，教训是深刻的。饭店应汲取：第一，在培训员工时要提醒员工不能"以貌取人"；第二，也不能盲目地为留住客人而忽略自身的工作职责；第三，对于涉及金钱等没把握的事情时，总台工作人员应交由有经验的人员来负责；第四，饭店在平时培训中，应加大并强化对外币知识的培训，避免员工上当受骗。

实训项目

（1）项目名称：退房服务。

（2）实训目标及要求：了解退房业务程序，掌握退房业务的操作流程和退房业务办理的语言技巧。

（3）实训内容：

① 每两人一组分别进行现场模拟的退房业务操作。

② 实训内容中必须包括退房业务的基本流程，包括：向客人问好；明确宾客是否需要退房；收回宾客房卡及明确宾客相关信息；立即通知客房部查房；询问宾客有无最近相关消费；为宾客打印相应账单，核对相应消费情况并请宾客签字；待客房部回复查房信息后退回宾客相应押金；向宾客道别祝福，请行李员协助宾客提行李。

③ 在实训过程中，由其他同学或教师现场点评各组学生的表现，指出其不足。

复习思考题

1．饭店总台收银的业务范围有哪些？

2．如何管理住店宾客的账户？

3．如何了解并控制宾客的信用状况？

4．饭店为宾客进行外币兑换的程序与注意事项有哪些？

5．饭店贵重物品保管的要求有哪些？

6．客用保管箱的启用、中途开箱及退箱的程序有哪些？

中 篇

BOOK

饭店前厅与客房服务管理

第四章 宾客投诉管理

引言

　　市场竞争日益激烈，饭店要赢得宾客、留住客人，单靠规范的服务、可爱的笑脸是远远不够的，要能给客人实实在在的帮助，服务要更有内涵。客人是衣食父母，是嘉宾也是朋友，饭店提供的服务不仅要满足客人的实际需要，更应"雪中送炭、锦上添花"，超出客人期望，给客人一个意外的惊喜。每一家饭店都提出实现宾客期望的目标，但在实际服务过程中，饭店要做到让百分之百的顾客都感到满意是非常困难的，难免会有不尽如人意之处，即使经过非常职业的训练，服务人员也不一定人人都能每次做到让顾客满意，顾客的投诉也就难免。饭店要把顾客投诉当成改进服务的契机，因此要强化宾客投诉管理。

学习目标

　　① 熟悉饭店服务中"移情"原理的运用。
　　② 掌握饭店服务中宾客投诉的类型、发生投诉的原因以及应采取的对策。
　　③ 了解宾客满意的基本策略和选择途径。

教学建议

　　① 在充分了解服务的"移情"原理的基础上，结合学习材料讨论在宾客投诉处理的过程中应如何根据客人、服务人员的性格特点灵活地处理。
　　② 尽可能使用案例作为课程教学的入门引导，开展情景教学。
　　③ 可利用"角色扮演"教学法，让学生分别扮演不同类型的投诉客人，然后分析如何进行投诉管理。

第一节　宾客投诉类别分析

一、投诉类型的诊断

（一）典型投诉

　　一位正在结账的客人为等了20分钟仍不见账单而大发雷霆,前厅经理出面反复道歉,仍然无效，客人坚持要见总经理，否则将告到政府有关部门。5 分钟后，总经理亲自接待了客人，向客人表示歉意并答应了客人的一些要求，事态得以平息。这是一起典型的投诉案例。

（二）非典型投诉

某房间的客人在餐厅用餐后对服务员说："小姐，今天的菜很好，就是餐厅温度高了些。"这位客人的话不像是投诉，但仍然应该把它视为投诉，因为客人毕竟向饭店传达了一种批评的信息。尽管他可能是随口说说，并无怒气。次日，当他又一次来到餐厅时，经理走上前来对他说："先生，我们已把您对温度的意见转达给了工程部，他们及时处理过了，您觉得今天的温度怎么样？"尽管客人只是说了声："谢谢，很好！"但他对这家饭店的信任已大为提高。如果饭店在其他方面没有大的差错的话，这位客人算是留住了。

在当今饭店业中更大的一种可能性是：客人又一次来到餐厅，包括温度在内的一切都是老样子，也没有人向他解释什么。餐厅的员工不记得他昨天说了什么，即使记得也不会认为那是在投诉，因为他没有发脾气，也没要求找经理，只不过随口说说，况且他还夸过餐厅的菜不错呢。一般情况下，无论对哪种结果，客人都不会作出强烈的反应，但这些所闻所见却会形成一种选择积累，最终决定他们是否会选择再购买这家饭店的服务，而且他还可能把这次愉快或不愉快的经历、感觉告诉他的朋友、亲属和同事。

（三）控告性投诉

控告性投诉的特点是：客人已被激怒，情绪激动，要求投诉对象作出某种选择或承诺。任何饭店都拥有一批老客户，他们都十分偏爱自己常住的饭店，并且客人与饭店上上下下的工作人员都很亲热友好。

C 先生就是这样一位老客户。一天，他和往常一样，因商务出差来到了 X 饭店。如果是平时，C 先生很快就能住进客房。不巧饭店正在接待一个大型会议，C 先生不能马上进房，服务员告诉他，要到晚上 9:00 才可将房间安排好。C 先生只好到店外的一家餐厅去用餐。由于携带手提包不方便，他顺便来到前台，没有指定哪一位服务员，和往常一样，随随便便地说，把手提包寄存在他们那里，晚上 10:00 以前来取，请他们予以关照。可是，和平时一样，他没有拿收条或寄存牌之类的凭证。当 C 先生在晚上 10:00 前回到饭店，吩咐服务员到大堂帮他取回手提包时，大堂经理却说找不到，并问 C 先生的存牌号是多少。C 先生讲，同平时一样，他没拿什么寄存牌。第二天，尽管饭店竭尽全力，却仍未找到。结果是 C 先生勃然大怒，声称包内有重要文件和很多现金，要求饭店处理有关人员，并赔偿他的损失。

（四）批评性投诉

批评性投诉的特点是：客人心怀不满，但情绪相对平静，只是把这种不满告诉投诉对象，不一定要对方作出什么承诺。

Z 先生是一家饭店的熟客，他每次入住后，饭店的公关部经理都要前去问候。大家知道，Z 先生极好面子，总爱当着他朋友的面来批评饭店，以自显尊贵。果然，这次当公关经理登门拜访时，发现 Z 先生与他的几位朋友在一起，Z 先生的话匣子也就打开了："我早就说过，我不喜欢房里放什么水果之类的东西，可这次又放上了。还有，我已经是第 12 次住你们饭店了，前台居然不让我在房间 Check-in，我知道，你们现在生意好了，有没有我这个穷客人都无所谓了。"

（五）建设性投诉

建设性投诉的特点是：客人一般不是在心情不佳的情况下投诉的，恰恰相反，这种投诉很可能是随着对饭店的赞誉而发生的。

Y 先生是一家饭店的长住客人，这天早上他离开房间时，同往常一样，还是习惯要和清扫房间的服务员聊上几句。他说他夫人和孩子今天就要从国外来看他了，他夫人以前曾住过这家饭店，印象非常好，而且凡是她有朋友到此地，大多都被推荐到这里来。她夫人唯一希望的是饭店的员工能叫出她的名字，而不仅仅是称呼她夫人或太太，只是因为她的先生是饭店的长住客人，这样她会觉得没有面子。

当然，投诉的性质不是一成不变的，不被理睬的建设性投诉会进一步变成批评性投诉，进而发展成为控告性投诉，或是客人愤然离店，并至少在短期内不再回来。无论哪种局面出现，对饭店来说，都是一种损失。

如果对饭店一定数量的投诉进行统计分析，就会发现一条规律，凡控告性投诉所占比重较大的饭店，从服务质量到内部管理肯定都存在着很多问题。过多的控告性投诉，会使饭店疲于奔命，仿佛一部消防车，四处救火，始终处于被动状态，其员工队伍也必定缺乏凝聚力和集体荣誉感。而建设性投诉所占比重大的饭店，则应该是管理正规、秩序井然。饭店不断从客人的建设性意见中汲取养分，以改善自己的工作，员工的士气也势必高涨，从而形成饭店内部的良性循环。

二、宾客投诉原因分析与把握

（一）投诉原因分析

客人对饭店的期望值较高，感到饭店的服务项目未能达到应有的标准，产生失望感，或由于客人的需求或价值观念不同，导致客人有不同看法与感受，从而产生某种误解等，都会造成客人的投诉。引起客人投诉的原因很多，如接待客人不主动、不热情；不尊重客人的风俗习惯；不注意语言修养，冲撞客人；忘记或搞错了客人交代办理的事情；损坏、遗失客人的物品；食品用具不清洁；清洁卫生工作马虎；设备损坏，没有及时修好。具体可归纳为以下几个方面。

1．对设施设备的投诉

这类投诉主要是由于饭店的设施设备等未能满足客人的要求，如空调、照明、供水、供暖、供电、电梯等设备的运转和使用等方面出现问题。设施设备是为客人提供服务的基础，一旦出现故障，就是饭店在出售不合格的产品。

2．对服务态度的投诉

此类投诉主要是反映服务人员对客服务过程中态度不佳，具体表现为接待过程中待客不主动、语言生硬、态度冷漠、答复不负责等方面。

3．对服务质量方面的投诉

这类投诉意见反映接待服务项目人员违反操作规程，服务效率达不到要求，如递送邮件不及时、接运行李不准时、总机叫醒服务疏漏等。

4．对异常事件的投诉

这类投诉往往是由于饭店的原因而发生的，如保证类订房客人到店后却无房住，使客人感觉饭店"言而无信"等。

（二）把握好宾客投诉

投诉产生后，引起客人投诉的原因并不重要，关键是服务员怎样看待客人的投诉，采取怎样的态度来面对、解决客人的投诉。对于饭店来说，争取和留住住客是件很不容易的事，如果对客人投诉的态度及处理方式不当，客人因不满离去，真正受损失的还是饭店。同时，还有些客人并不轻易投诉，如果受到不公正待遇后，把不满留在心里，会拒绝下次光顾，或向其他亲友、同事宣泄，影响了饭店外在形象和声誉。

真正投诉的客人并不多，虽然投诉并不令人愉快，但饭店应将其看作发现自身服务及营运管理漏洞的机会，是改进和提高饭店服务质量的重要途径。同时，通过投诉处理，加强了饭店与客人之间的沟通，能够使饭店进一步了解市场需求，从而提高竞争力，有利于争取更多的客源。所以，饭店对客人的投诉要采取积极、欢迎的态度，无论客人出于何种原因进行投诉，饭店方面都要理解客人心情，决不能与其争辩或不理不睬，而是要充分重视，设身处地地为客人着想，及时调查、改善，真诚地帮助客人，尽可能令其满意，只有这样，才能消除客人的怨恨和不满，重新赢得客人好感及信任，改善客人对饭店的不良印象。

1．宾客投诉的心理分析

一般来讲，宾客投诉的心理需求有以下几种。

（1）求关心的心理需求。这是宾客投诉的主要原因。每一个客人都需要服务员对他表现出关心与关切，而不是不理不睬或应付。宾客希望自己受到重视和善待，他们希望与他们接触的人是真正关心他们的需求或能替他们解决问题的人，客人需要能被理解和设身处地的关心。

（2）求发泄的心理需求。由于各种原因，客人购买饭店产品后可能会对饭店的设施、服务等不满，产生购买后的抱怨心理，并且希望由此而引发的怨气、烦恼等情绪得到宣泄，希望服务人员能够倾听、理解他们的诉求，以维持心理平衡。

（3）求补偿的心理需求。客人购买的饭店产品可能会与此前购买的产品有一定的差距，如价格不合理、服务效率低、质量差、设施不健全等，希望自己在精神上和物质上得到相应的补偿。

（4）求专业化和快速反应的心理需求。投诉时，客人需要一个专业的而且真正能有效解决问题的员工，一个知道怎样解决而且负责解决的人。客人需要饭店快速反应，而不是拖延，希望听到"我会尽快处理你的问题"或"如果我无法立刻解决你的问题，我会告诉您我处理问题的方法和解决问题需要的时间"。

2．投诉的类型

顾客的投诉类型可以按照人的气质类型划分为四种。

（1）理智型。在投诉时，这类客人的情绪比较稳定和平和，他们能够以理智的态度、平和的语气和准确清晰的表达向受理投诉的人员说明事情的经过及自己的要求，他们更关注解决问题的方法和效果。

（2）灵活型。这类投诉者有很高的灵活性，善于交际，能够与受理投诉的员工建立良好的关系，但他们更加关注的是解决投诉问题的效率和时间，希望自己的问题能够在较短的时间得到解决。

（3）急躁型。这类客人性情急躁，缺乏耐心，易激动，在产生不满时喜欢一吐为快，不留余地，希望能干脆利落地彻底解决问题，一旦投诉的问题迟迟得不到解决，就会马上爆发不满的情绪，甚至会形成报复性的投诉。

（4）失望型。这类客人一般不会投诉，选择忍耐或大事化小、小事化了的态度，所以，这类客人投诉，一般是因遭受的损失较大而无法忍耐。这类客人对受理投诉人的语言比较敏感，一般不会直接表达自己的想法或要求，如果不能妥善解决他们的问题，他们可能不会直接表现出不满，但下次绝不会再光临这家饭店。

第二节　宾客投诉处理

一、应用"移情"原理处理宾客投诉

在服务营销文献中，"移情"是指"企业为顾客提供的关怀和个性化注意"，更通俗地讲，即服务人员设身处地地为顾客着想，从顾客的角度理解顾客的需要。"移情"关注的是顾客需求中较为特殊和个性化的一面。

服务性企业当然应该满足顾客普遍具有的共性需求，但是只有满足了他的特殊要求和愿望才能真正让他满意。从这种意义上来讲，"移情"可以被看作是心理学上保健因素——激励因素理论中的激励因素，服务和产品正确可靠、服务人员有礼貌等则可以被看作保健因素。如果服务人员不礼貌、产品不可靠，客人当然不会购买，保健因素是促使客人购买的基本条件，但激励因素才是让客人满意甚至惊喜的原因。尽管顾客对服务结果的最终评价依赖于多方面的因素，但是一线员工能否"移情"于顾客却是决定顾客是否会再次购买饭店产品并成为饭店忠诚客户的主要原因之一。因为在与善于"移情"的员工互动的过程中，员工站在顾客的角度和立场上来考虑问题，会让顾客觉得员工真正把他当作一个独特的、有特殊要求和背景的人来对待，而不是他每天司空见惯了的无数个顾客中的一个。如果服务性企业只是千篇一律地为所有的顾客"生产"高度标准化的服务，而不管每个顾客的具体背景和要求，那么即使服务很可靠，服务人员很礼貌，客人仍然有可能"跳槽"，改购其他饭店的服务。

饭店服务经营需高度重视员工与顾客的相互交往经历，要求员工要善于"移情"，站在顾客的角度上来考虑企业应为顾客提供哪些满足他个人特殊情况的服务，以使顾客真正获得满足。换句话讲，饭店企业要真正以市场和顾客的需求为导向，就必须考虑饭店能为顾客提供哪些利益和价值、替顾客解决什么困难，并以此作为依据来制定要"生产"的服务、产品以及服务程序。同时，企业必须把客人的需求放在第一位，使企业利益与顾客利益一致，员工才有条件"移情"于顾客。

员工的"移情"能力不是通过后天的培训就能完全拥有的，它更多的是一种本性，一种与生俱来的能力。有的人天生感情细腻，十分在意别人的感受，并擅长"换位思考"；有的人则大大咧咧，直率豪爽，不在意别人的想法。性格本来没有优劣之分，但不同的工作对人的要求却不一样。两个性格完全不同的人去完成同一服务工作，给顾客的感受会有很大差别。天生善于"移情"的员工在工作中表现出来的是利他的行为，他们真正以工作为乐趣，以帮助顾客解决困难、获取价值为乐趣，他们在与顾客相互交往过程中体现出来的是真情实感，而不仅仅是为了满足个人私利。也只有这种"移情"才能产生最高的相互交往服务质量。所以，饭店服务应该选择那些天生善于"移情"的人员去做一线员工，而不能让一些感情粗糙、只考虑自己想法的人去和顾客直接接触。饭店在招聘过程中应确定适当的招聘条件，选择天生会"移情"的员工是饭店良好运营的保证。

二、正确处理宾客投诉的基本程序

（一）真心诚意地听取意见

可以通过向客人提问来弄清问题的症结，要集中注意力听取客人的意见，节约对话时间。在听取意见过程中要做到以下几点。

1. 保持冷静

客人投诉时，心中往往充满怒火，要设法使客人"降温"，不能反驳客人的意见。

2. 不要与客人争辩

对那些情绪激动的客人，为了不影响其他客人，不便在公共场合处理，可请客人到办公室或到客人房间个别听取意见，这样容易使客人的情绪平静下来。

3. 表示同情

使用"移情"的方法，设身处地从客人角度出发，对客人的感受表示理解，可用适当的语言和行为安慰客人，从而将不满情绪转化为感激的心情，如"谢谢您告诉我这件事"等。因为此时尚未核对客人的投诉，所以只能对客人表示理解与同情，不能肯定是饭店的过错。

4. 给予关心、不转移目标

不应该对客人的投诉采取"大事化小，小事化了"的态度，应该用"这件事发生在您的身上，我感到十分抱歉"一类的语言来表示对投诉客人的关心，并把注意力集中在客人提出的问题上，不随便引申、扩大事态，不嫁祸于他人，不推卸责任，也绝不能怪罪客人。

（二）记录要点

把客人投诉的要点记录下来，不但可使客人讲话的速度放慢，缓和客人的情绪，还可以使客人确信，饭店对其反映的问题是重视的。此外，记录的资料可以作为解决问题的根据。

（三）把将要采取的措施和所需时间告诉客人并征得客人的同意

如有可能，可请客人选择解决问题的方案或补救措施。不能对客人表示由于权力有限，无能为力，更不能向客人作不切实际的许诺。要充分估计解决问题所需要的时间，最好能告诉客人具体时间，不含糊其辞，又要留有一定余地，切忌低估解决问题的时间。

（四）果断地解决问题是最关键的一个环节

为了不使问题进一步复杂化，为了节约时间，为了不失信于客人，以表达饭店的诚意，必须认真抓好这个环节。如果能够解决的应迅速回复客人，告诉客人处理意见。对一些明显是饭店服务工作失误而产生的问题，应立即向客人致歉，在征得客人同意后，作出补偿性处理。所有客人投诉，应尽可能在客人离店之前得到圆满解决。对一些投诉的处理超出自己权限的，须及时向上级报告。对一些确属暂时不能解决的投诉，要耐心向客人解释，取得谅解，并请客人留下地址和姓名，以便日后告诉客人最终的处理结果。

（五）检查落实并记录存档

检查核实客人的投诉是否已得到圆满解决并将整个过程写成报告存档，使饭店吸取教训，以举一反三，起到将坏事变好事的转化作用，也利于今后工作的完善和预控管理。

处理客人投诉的程序可归纳为以下模式：

（1）承认客人投诉的事实（Get the Facts）。

（2）表示同情或歉意（Sympathize or Apologize）。

（3）同意要求并采取措施（Agree and Act）。

（4）感谢客人的批评指教（Thank the Guest）。

（5）快速采取行动补偿客人的损失（Act Promptly）。

（6）落实、监督和检查解决客人投诉的具体措施和结果（Follow-up）。

（7）总结提高（Summarize and Improve）。

三、处理宾客投诉可采取的措施

马库斯·白金汉和柯特·柯夫曼在《首先，打破一切常规》一书中给这一问题提出了一个漂亮而有效的解决方案：界定正确的结果，然后让每个员工自行寻找达到这些结果的途径。员工可以根据自己的特点来"移情"于顾客，这对于员工的工作满意感和顾客的满意感都是十分重要的。所以，为了完善宾客投诉的处理工作，还要制定相应的措施。

（1）结合饭店实际情况和行业惯例，制定合理的、行之有效的投诉处理程序，如投诉受理人的范围、权限、形式等。

无论是前厅部，还是其他部门，当接到客人投诉时，第一受理人必须马上就是否请示上级作出决定，以免耽误时间，引起客人更大的不满。一般情况下，第一受理人为相关部门的领班、主管、部门值班人员及部门经理；第二受理人为大堂助理、值班经理、行政办公室主任；第三受理人为驻店经理或总经理。

（2）拓展了解客人意见的渠道，以最大限度地及时掌握宾客的满意程度以及缩小宾客投诉态势的发展。常见的方法有：设立大堂助理及有关岗位，随时掌握和解决客人的抱怨及批评，设立宾客建议箱，收集客人的当面建议或投诉；有关人员亲自拜访客人征求意见，获取更详细的信息；定期进行调研，如市场全面调查、损失客源调查、员工调查等。

（3）正确理解"客人永远是对的"。评判一件投诉处理结果的好坏，站在不同的角度，其标准是不同的，往往是客人对结果满意而饭店却承受了重大的损失，反之亦然。因此，处理投诉的结果理想与否，主要视双方的满意程度而定。应该说投诉的处理没有固定的模式和方法，而应根据不同对象、不同时间、不同地点、不同内容、不同程度等采取恰如其分的措施和解决方法，力争达到双方都能接受的完美程度。在饭店服务行业有一种约定俗成的说法："客人永远是对的。"

规则一：客人永远是对的。

规则二：如果客人是错的，请参照规则一执行。

这是饭店的服务宗旨，是服务观念需要达到的一种境界。但是，在具体处理客人的投诉时，不应机械地、教条地去理解执行，还须认真分析，判断是非。一方面要为客人排忧解难，为客人的利益着想；另一方面又不可在未弄清事实之前或不是饭店过错的情况下，盲目承认客人对具体事实的陈述，讨好客人，轻易表态，给饭店造成声誉上和经济上的损失。

当然，一般情况下，在一些非原则性或非重大问题上，若饭店与客人之间产生纠纷，饭店还是应该礼让三分，主动而又积极地改善与客人的关系。所以，如何理解"客人永远是对的"，应该持正确的、客观的态度，即可这样认为：

- "客人永远是对的"强调的是一种无条件为客人服务的思想。
- "客人永远是对的"是指一般情况下，客人总是对的，无理取闹、无中生有者很少。
- "客人永远是对的"是因为"客人就是上帝"。
- "客人永远是对的"并不意味着"员工总是错的"，而是要求员工"把对让给客人"。
- "客人永远是对的"意味着饭店管理人员还必须尊重员工，理解员工。

（4）宾客投诉应围绕情感分享来处理。宾客投诉是指饭店客人对饭店的硬件设施或软件服务感到不满而采取口头或书面的正式或非正式的反映。宾客投诉行为内在的驱动力是"不满"的情感。这种"不满"的情感，在不同气质的客人身上表现形式又有所不同。理智型客人会镇定而不失风度地诉说事情的原委；失望型客人或一声不吭，面露不满情绪，或抱怨一声下次绝不再来；狂躁型客人会口出怒言，言辞激烈。无论是哪种具体表现，都是"情感"的表达。从饭店的利益考虑，客人说出来比不说好，投诉也是一种"需要"，饭店服务员、管理人员知道了客人的这种"需要"，较容易给予弥补，无论是实物的或是精神的。但对失望型客人，饭店服务人员及管理人员应学会发现其情感表露的蛛丝马迹，如果不注意这类客人的"情感"表现，饭店也许将永远失去他们，还会失去他们的亲戚、朋友，失去与他们的公司或员工合作的机会。

第三节 宾客投诉管理

一、选择不同的"顾客满意"策略

国内不少饭店都对外宣称"顾客满意"、"宾客至上"、"宾至如归"，口号似乎喊得比国外一些著名的饭店集团都要响亮，然而在执行过程中却并不彻底，有的饭店有制度却没有人负责检查和督导，甚至有的饭店的管理制度和服务流程本身就是与"顾客满意"、"宾至如归"的理念相背离。例如，不论什么客人退房时都要在前台遭受等待查房的尴尬；或当客人在客房办事或休息时，却频繁受到饭店服务员询问是否需要整理房间等情况的打扰。因此，如果要使"顾客满意"真正成为饭店服务管理的竞争优势，就要从宏观上和整体上来全面认识和把握"顾客满意"的理念。

（一）"顾客满意"的短期观念

"顾客满意"是顾客下一次继续购买的基础。任何一个顾客到饭店消费，不管是客房、餐饮，还是商品、娱乐等，他都会对其作出相应的价值判断。"顾客满意"是顾客接受饭店服务后所产生的一种独特的情感定位。当顾客的实际感受超越他到饭店消费所产生的期望，他就会感到满意，否则就会不满意。这种满意或不满意的评价无疑将影响顾客再次到饭店消费的意愿与行动。顾客对饭店服务评价高（满意），他就愿意再次上门，成为回头客；如果评价低（不满意），他就可能不愿意再次登门；如果评价普通（没有满意或不满意），他则可能随时转移到别的饭店进行消费。

（二）"顾客满意"的长期观念

长期观念要求饭店不仅要意识到"顾客满意"的重要性，还要把顾客当作饭店最重要的资产，并采取各种措施和办法来维系与顾客之间长期的良好关系，塑造忠诚顾客。占有顾客，才能占有市场。若想要顾客上门，饭店就不能只关心自己的利益，也要考虑顾客的利益和价值。要知道，今天的顾客并不代表是永远的顾客，满意的顾客更不等于是永不变心的顾客。饭店要超越传统的满意指针，走在顾客思想与意识的前端，深入研究顾客的潜在需求以及顾客需求的动态变化，只有这样，"顾客满意"才能成为促进饭店发展的永久动力。

（三）"顾客满意"的人本观念

"顾客满意"是一个不断循环的链条，首先从员工满意开始，接着是"顾客满意"，再接着是股东满意、社区满意，满意从单纯的消费者扩散到所有人。当然，其中最根本的是员工满意与工作满意。只有满意的员工，才有满意的顾客，才可能达成股东的满意。这种人本观点，要求饭店从关心员工、顾客，最后才是股东的顺序出发。正因为如此，有的饭店在实践中提出了"顾客第二"或"对于员工来说，顾客是第一位的；而对于管理者来说，员工则是第一位的"的观点。但现实中也有不少饭店只片面强调员工对顾客的服务，却没有为员工提供良好的生活条件和工作条件。在这种情况下，"顾客满意"只会是无源之水，不太可能有好的效果。

（四）"顾客满意"的组织观念

"顾客满意"落实到组织中，表现在饭店处理所遇到的各种事件或状况，都用"顾客满意"的思想为指导，以"顾客满意"的办法来解决。而且在饭店经营策略、管理制度、企业文化等方面，都要有"顾客满意"的内容，"顾客满意"成为饭店最优先要达成的事项。同时，饭店中的各种管理职能，如组织管理、人力资源管理、销售管理、财务管理、工程管理、客房管理、餐饮管理、厨房管理等，也都把"顾客满意"作为其中的重要内容。换句话说，就是饭店要真正成为一个顾客导向的组织。要知道，在一个完全以管理者为导向的饭店中，"顾客满意"理念发挥的作用总是非常有限的。

（五）"顾客满意"的管理者观念

在很多饭店中，一讲到"顾客满意"，似乎就是一线员工和一线部门的事情。其实，管理者和二线部门的观念更为重要，因为他们的表现往往是一线部门和一线员工的观念与行动的参照系。管理者尤其是高层管理者脑海中必须认同"顾客满意"的使命，并亲身实践，落实到管理中。例如，在形成策略之前，就要考虑顾客的期望与需求，否则，"顾客满意"就难以真正创造出顾客喜爱的价值。而二线部门也必须把自己的工作对象当作真正的顾客，以他们满意作为自己最重要的工作标准。实践证明，凡是那些能够成功落实和执行"顾客满意"策略的饭店，一定有一支具有以上特质的管理团队和二线队伍。"总经理是一号服务员"、"副总经理是二号服务员"，这也是饭店"顾客满意"观念中的应有之意。

二、宾客投诉管理的首问负责制

首问负责制不仅仅是一种饭店服务形式，通过这种形式可以折射出饭店为宾客服务的真实内涵。

（一）首问负责制的主要内容

所谓首问负责制，就是凡是饭店在岗员工，第一个接受宾客咨询或要求的人即是解决宾客咨询问题和提出要求的"首问责任者"。按照首问负责制的要求，应该做到以下几点：一是属于本人职责范围内的问题，要立即给宾客的询问以圆满答复，给宾客的要求以妥善的解决；二是虽是本人职责范围内的问题，但因宾客的原因，不能马上解决的，一定要耐心细致地向宾客解释清楚，只要宾客的原因不存在了，就应马上为宾客解决问题；三是属于本人职责范围之外的问题和要求，"首问责任者"不得推诿，要积极帮助宾客问清楚或帮助宾客联系有关部门给予解决，必须做到环环相扣，手手相接，直到宾客的问题得到妥善的解决。另外，首问责任制不仅局限于对宾客面对面的服务，当宾客打来电话咨询服务项目时，也同样如此。因为宾客的经历不是从带着行李入住客房开始的，一次电话询问和交谈，就已经是他在饭店的一次重要经历。首问负责制还要求做好超前服务以及宾客离店的延伸服务等。

（二）首问负责制是饭店优质服务的前提

作为一种新的服务理念，首问负责制是把管理与创新聚焦后体现在每一位员工的各个服务环节中，高超的管理技术可以使员工素质、服务水平更加优化。饭店是服务行业，饭店本身是向宾客提供服务的载体，它的属性决定了必须要为宾客提供优质服务，而优质服务单凭一种热情是远远不够的，它需要一种形式来规范服务。首问责任制赋予了优质服务新的内容，进而使热情寓于规范服务之中。在这个前提下，饭店把优质服务作为一种特殊的商品提供给宾客，让宾客在享受优质服务这种特殊商品的同时，不断地提出新的需求。同时，饭店在满足宾客需求中，不断创造出更多的商业机会。

（三）服务是饭店商品的实际内容

饭店在为宾客提供优质服务时，应该使每一名员工明确服务是饭店商品的实际内容。作为一种特殊的商品，服务是把优质的规范加亲情提供给宾客，让宾客在享受这种特殊服务商品的同时，不断地提出新的需求，构成饭店的服务系列。服务这个商品既包括为宾客解决实际问题（如提供餐饮、住宿、娱乐等）的功能服务，也包括使宾客得到心理满足（如得到谦恭、殷勤的微笑和礼貌问候，得到尊敬和荣耀等）的心理服务。因此，饭店实际上是宾客经历的制造者，宾客到饭店消费是花钱买经历。认识了宾客到饭店是花钱买经历这一理念，就要求对饭店为宾客提供什么样的服务有一个更全面、更深刻的理解。因为宾客花钱买的"经历产品"，其质量要用"感受"和"心情"来衡量。例如，在不同的气氛中用餐，即使是同样的饭菜，其感受也是不尽相同的。因此，作为饭店服务人员，为使宾客在饭店的经历美满愉快，就要为宾客提供优质规范的"心理服务"。与此同时，也要为宾客制造出优质的"经历产品"。

（四）首问负责制是饭店全方位的服务

首问负责制不仅局限于一线员工对宾客的服务，也包括二线员工对一线员工提供的后勤保障服务。二线员工不直接创造价值，但不等于没有价值。因为二线员工的价值是为一线员工创造出一个良好的内部优质服务环境，使一线员工为宾客提供的优质服务潜移默化地得到进一步引申，它的价值才能充分体现出来。如果把二线员工从饭店员工中剥离出来，不把他们的工作视为为宾客服务，那么一线员工也就难以为宾客提供优质的服务。从这个意义上讲，首问负责制是全方位的，是融洽员工关系必不可少的纽带。

（五）首问负责制运行当中的几个环节

（1）在员工日常培训中，要让每一名员工，特别是一线员工，全面清楚地了解饭店不同岗位的服务内容和服务项目，以及它们之间相互衔接的关系，并在为宾客服务中熟练运用，这是做好首问负责制的基础。

（2）把首问负责制作为员工日常工作量化考评的一项内容和员工奖罚挂钩，使饭店管理不断产生更科学、更规范的新内容。

（3）检查监督机制。饭店管理人员是首问负责制的执行者，也是当然的检查监督者，而部门与部门间的实际情况，则由质检部负责检查监督，将每日检查情况及时反馈给总经理办公室，总经理办公室利用每日晨会作出对各部门具体的工作指导和评定。

三、提倡管理人员接触客人

饭店服务工作的最大特点是高频率地与人接触，而这种接触既要有不同的层次，又要有相应的水准和规格，以时间来划分，既有瞬间的，又有持续的。但它有一个共同的目的，这就是通过接触认识客人、了解客人，以便提供更具个性化的服务，最终取悦客人，为他们留下美好的第一印象和最后印象，并使之成为忠诚顾客。

（一）管理人员为客人提供的服务更富有内涵

与普通员工相比，管理人员为客人服务有更多的有利条件。通常，管理人员的资历要比普通员工深一些，同时，由于他们工作时间长，经验丰富，加上认识的客人多，他们在服务高峰时间频繁出现在前台，他们和谐得体的处事方法，恰到好处的嘘寒问暖，会使客人们倍感尊贵。更重要的是管理人员由于肩负经营管理职责，内在动力促使他们必须用心做事，即在做每一件事的同时，自觉地把经营管理和客人的需求联系起来，因而很容易既赢得客人的信任，又为饭店争得更多的利益。

（二）管理人员深入一线，直接面对客人，容易获得更多的信息，掌握更多的第一手资料，从而为科学合理地改进工作程序打下坚实的基础

饭店管理人员固定拜访常住客或长住客，由于这些客人对饭店的服务非常关注，可能会提出一些一针见血的建议和意见，饭店如能采用并及时调整有关工作程序，加强在管理上的检查和控制，就可以使隐患得以避免。管理人员深入一线，开展常客服务，不停留在表面和一些原有的基本程序上，重视客人，注重细节，就可在管理者与客人的直接接触中获得改进工作的契机。

四、饭店注重培训开发员工的"情商"

大多数饭店培训工作的着眼点是在培训员工的服务技能、管理人员的管理知识，而对员工服务中的"情感"问题却少有涉及。顾客常看到饭店服务员礼貌而机械的微笑、机械的问候，这种未渗透情感的礼节礼貌难以引起客人温馨的情感反应。其实，饭店服务人员和管理人员的"情商"有时比单纯的知识和技能更为重要。"情商"是相对于智商而言的，指的是个人的心理平衡能力和情绪调整能力，主要包括自我感知能力、自我管理能力、自我激励能力、识别他人情绪能力和人际交往能力五个方面。特别是员工的自我激励能力、识别他人情绪能力及人际交往能力，与是否能为宾客提供优质服务密切相

关。自我激励能力要求饭店员工在受到饭店或宾客的批评时，不气馁，有抗挫折的能力；在受到表扬时，不骄傲，能确立新的目标继续努力。识别他人情绪的能力要求饭店服务人员和管理人员善于"察言观色"，看得出客人情绪的变化。

有位客人每次用餐都赶在用餐高峰之前，服务员问其缘由，他说不希望在人多时用餐，因为看到其他客人成双入对，而自己一个人出差在外，总感到形影孤单，心情失落。于是，这位服务员在征得客人同意之后便坐下来陪客人聊天，当这位服务员需要去应酬其他客人时，便请来另一位较清闲的服务员继续陪客人聊天，最后，连厨师都出来陪这位客人，客人很感动，由此便自然而然成了该店的回头客。人际交往能力是"情商"能力中的核心部分，饭店员工需要培养高"情商"素质的目的也在于此。特别是饭店营销部、前厅部、餐饮部等面对客人的经营部门，员工没有较强的人际交往能力就难以做好店外、店内的促销工作。卡耐基说："一个人的成功，15%是靠专业知识，85%是靠人际关系与处事能力。"饭店行业是服务性行业，主要是与人打交道，员工没有较强的人际交往能力是难以做好工作的。所以，只有先提高员工的"情商"，让他们都成为感情上的富有者，他们才能给客人以诚恳、热情和微笑，才能善解人意、理解客人、关心客人，让客人在与饭店的联系中，在接受饭店的服务时，感受到"宾至如归"的温馨气氛。

本章小结

宾客投诉管理主要是根据服务的"移情"原理、宾客投诉类型诊断和宾客投诉原因分析与把握，来处理宾客投诉，确立正确处理宾客投诉的基本程序，并提供处理宾客投诉可采取的有效措施。宾客投诉管理包括选择不同的"顾客满意"策略，设立投诉管理的首问负责制，提倡管理人员接触客人和饭店注重培训开发员工"情商"等相应内容。

关键概念

移情　首问负责制　顾客满意策略

课堂讨论题

分为正方、反方两组，开展饭店服务中的投诉、投诉处理的情景训练。

案例分析题

（一）案例

> 某日晚上六点左右，某旅游团结束了一天的行程后，回到了下榻的北京某四星级饭店。五分钟后，这个旅游团的一位游客就怒气冲冲地向前台投诉客房服务员。原来，早晨出发时，这位游客要求楼层客房服务员为房间加一盒纸巾，但这位服务员只将这位客人的要求写在了交班记录本上，并没有向接班服务员交代清楚。下一班次的服务员看到客房卫生间内的纸巾还有剩余，就未再加。待这位客人回来后，勃然大怒。无论前台的几个服务员如何规劝、解释，她依旧在大堂中央大声说："你们的服务太糟了，根本不配做四星级饭店。"引来许多客人好奇的目光。客房部经理得到前台服务员的报告后，赶到了现场。假如你是这个饭店的客房部经理，赶到现场后，应该如何解决这次投诉？

（二）案例分析提示

此案例体现了客人在投诉中的"求尊重"心理。客人在饭店消费过程中，希望能获得社会的尊重，并体现自我的尊严或体现自己的社会地位。在这个案例中，纸巾虽是小事，但在客人眼里却是大事，因为它体现了饭店对客人的尊重程度。在处理投诉时，必须做到诚恳耐心地倾听投诉，对客人表示充分理解和尊重。作为客房部经理，应该尽力安抚客人的情绪，并将客人请离前厅，如安慰客人说："我们的服务是有做得不够好的地方，请您消消气，我们到会客室里面坐下来谈，好吗？"在客人态度渐渐缓和下来以后，耐心地向客人询问整个事件的经过和解决问题的具体意见。解决方法是除了马上派送一盒纸巾外，可向这位客人赠送果盘等。

复习思考题

1. 什么是服务"移情"原理？
2. 饭店服务中经常发生的宾客投诉类型有哪些？为什么会导致这些投诉？
3. 正确处理投诉的基本程序有哪些？
4. 可供饭店选择的"顾客满意"策略有哪些？
5. 什么是首问负责制？

第五章　饭店客房服务管理

引言

　　客房服务是饭店服务体系的重要组成部分，也是饭店对客服务的重点。由于客房服务种类繁多而且分工较细，对客房服务的管理就显得尤为重要。掌握好客房服务类别可使我们从宏观上掌握客房服务概念，而具体的工作管理则重在细节管理。客房服务模式直接影响对客服务的程序和效率，客房用品则会影响对客服务的质量。客房管理是一个紧密联系的整体，客房服务管理工作要从全局着手。

学习目标

　　① 掌握客房服务管理的基本内容。

　　② 掌握基本的对客服务模式。

　　③ 掌握客房的设施设备和用品控制。

教学建议

　　① 理论与实践相结合，注意培养学生的实际操作能力。

　　② 不同饭店根据自己不同的目标市场，形成自己的特色，要在教学中注意饭店的经营特色。

第一节　客房服务类别

　　随着旅游饭店业的发展，饭店为客人提供的服务品种越来越丰富，越来越能满足客人的各种生活需求。饭店所能提供的服务类别有以下几类。

一、迎客服务

（一）迎客的准备工作

　　迎客前的准备工作是对客服务过程中的第一个环节，也是重要的一个环节。这一环节不仅关系到给客人留下的服务印象，还直接关系到后面几个服务环节和整个接待服务的质量。所以，准备工作一定要做到充分、周密，并且要在客人进店之前完成。其内容主要包括以下几个方面。

1．了解客人情况

为了正确地进行准备工作，必须先了解将要到来的客人的抵店时间、离店时间、从何处来、行程安排、人数、身份、国籍、健康状况、性别、年龄、宗教信仰、风俗习惯、生活特点、接待规格、收费标准和方式、房间的安排及其要求等情况，以便为客人到达时的迎接和住店后的服务工作做好准备。

一般是通过通知单来了解客人的基本情况，如果是贵宾，服务员可到总台查阅贵宾档案，以便获得更为详细的客户资料。

客房接待通知单有两种形式：一种是客人有预订的，称之为"前单"；另一种是客人无预订而临时来店，在总台办理手续，称之为"后单"。无论是何种形式的通知单，服务员都应认真对待。

2．布置房间

根据客人的要求和接待规格、风俗习惯、生活特点等，对房间进行整理、布置，备好各种用品。调整家具设备，备好开水、茶叶等其他生活物品和卫生用品，补充文具夹内的信封、信纸、服务指南、宾客须知和各种宣传品，补充冰箱的饮料。如果有客人在风俗习惯或宗教信仰方面的忌讳物品，要一律拿掉，以示尊重；如果是重要宾客，要布置鲜花、水果、小礼品或香烟等。

接待贵宾的房间，要严格按照接待规格，准备相应的鲜花、水果以及总经理的名片等。放置鲜花时，要注意鲜花的插放以美观、大方为宜。准备水果篮时，要注意水果的品种及数量，最好能提供当地的特产水果并清洗干净，还要准备好水果刀和擦手巾，用餐碟盛放，并放上经理或总经理的名片。

3．检查设备

对布置好的房间进行一次细致的检查，试放一下面盆、浴缸的冷热水，如发现浑浊或锈水，须放水至出现清水为止，并要认真检查准备接待客人的房间是否已经按照规定的标准及规格清扫和配置物品。

4．迎接准备

在客人到达前，要根据气候调好室温。如果客人是白天到达，要拉开窗帘；如果客人是晚上到达，要拉上窗帘，开亮房灯，做好夜床。完成准备工作后，服务员要整理好个人仪表，站在电梯口迎候。

（二）客人到店的迎接工作

在较高档的饭店，这项工作一般是由行李员完成的，有些饭店是由客房服务员完成，具体包括以下几个步骤。

1. 梯口迎宾

客人由行李员引领来到楼层，楼层服务员应面带微笑站在电梯口迎接客人，客人走出电梯后，服务员应微笑着向客人打招呼，如果事先知道了客人的姓名，在招呼客人时应该说："欢迎您！××先生（女士）。"接过房卡核对房号。

2. 带房

服务员礼貌地对客人说："××先生（女士），请这边走。"要注意称呼客人的姓氏及"请"的手势。服务员应主动帮助客人提行李，贵重物品让客人自己拿。行走时，应走在客人的侧前方 1m 左右，遇到拐弯处应向客人示意。途中可介绍饭店服务情况，回答客人提出的问题。

3. 介绍房间设施设备

服务员将客人带到房间后，打开电灯总开关随即退到房门一侧，用手示意请客人进房间。请客人坐好后，为客人斟茶。客人初到饭店，不熟悉饭店环境，不了解情况，服务员应介绍房间设备及服务指南、电视机的调台方法、小酒吧饮料食品种类及结算方法、电话的使用方法、卫生间里的设备，并应介绍饭店其他服务部门的情况，如餐厅的服务时间等。介绍完毕后，服务员还应询问客人有无其他需要，并告知客人如有需要还可拨打服务台电话。

4. 退出客房

服务员离房时应倒退出房间，要向客人道别，祝客人住得愉快，并把门轻轻关上。然后回到工作间做好工作记录。

（三）迎接客人服务过程中的注意事项

（1）将客人让进房间后，如果客人以前在该饭店住过，或客人表示对设备很熟悉，那就应该退出房间，不用再向客人介绍设备的使用方法；对待很疲倦的客人应先让其休息，如有必要，过后再找机会向客人介绍。

（2）如果服务员接到迎接通知时客人已经进房了，那服务员就应该先敲门，征得客人许可后进入房间，向客人说明自己是服务员，方可进入服务程序。

二、送客服务

送客服务是客房服务工作的最后一个环节，如果这个环节做得好，会加深客人的好印象；如做得不好，可能会破坏前面服务产生的好印象。因此，送客时应表现出迎接客人时同样的热情，努力巩固客人已形成的良好印象，争取更多的"回头客"。送客服务的具体工作程序如下。

1. 客人离店前的准备工作

在得知客人的具体离店日期和时间后，要检查该客人所有委托代办的项目是否已经办好，委托代办的服务项目的费用（如洗衣服务、小酒吧服务等）是否已收妥或账单是否已转至前厅收银处。了解客人所搭乘交通工具的班次及时间，询问是否还需要其他服务，如叫醒服务、用餐、租车等。

2. 客人走时的送别工作

送别客人时要及时通知行李员协助客人提拿行李，主动热情地将客人送至电梯口，代客人按下电梯按钮，以敬语向客人道别，并欢迎客人再次光临。

3. 客人走时的检查工作

客人离开后，服务员要迅速进房检查，主要注意以下几个方面：

（1）检查客人有无遗留物品，如果发现有遗留物品应立即通知总台，及时送还给客人，如客人已离店，应交与客房服务中心并做好登记。

（2）检查客房设备是否完好，各类物品是否齐全。若发现客房设备有严重损坏或房间小物品如烟灰缸或其他工艺品有丢失，应及时通知总台。

（3）检查房间小酒吧的酒水消耗情况，如客人在离房之前饮用过，应及时通知总台收银处。

（4）发现异常情况后，要保护现场，并立即报告主管。

（5）如果客房一切正常，可通知客房服务员进行清扫，以便客房及时再出租。

三、失物招领服务

客人在饭店生活，待在客房的时间最长，特别是有的客人走得匆忙，难免会把一些物品遗忘在客房内。为了帮助客人找回、领回自己的物品，饭店客房部应设立失物处理规定和程序。这不仅可以树立饭店竭诚为客人服务的良好形象，也体现了饭店的工作责任感。

客人离房后，服务员应立即进房检查，如果发现有客人遗留的物品，应及时通知主管或总台，如客人尚在饭店内，则马上归还；如客人已经离店，应在失物招领登记表上记录如下内容：

（1）发现时间。

（2）拾到地点、房间号码。

（3）拾到物品的名称、种类、数量。

（4）拾到物品人的姓名、职务。

（5）失主姓名。

填好失物招领登记表后把物品放入规定的封袋内，以便客人来认领时查找备用。对失物要妥善保管，加强管理，严禁挪用，价值高的物品应放入贵重物品保管箱内保存。

饭店应严格规定，员工如在饭店范围内发现客人的失物，必须将物品如数交到客房部。一旦发现有员工将客人遗留物品私自占为己有的要严肃处理。这项规定要明确地列在饭店员工工作守则中，在平时对员工进行教育和培训时，要反复强调。

前厅、总机或其他工作人员如遇到客人有关失物的询问时，不能随便回答，须经客房部核查后，才能给客人明确的答复。

如果客人亲自来店认领，客房部工作人员必须问清失物的情况并请客人详细说明物品特征，出示证件，并在收据上签字。如果客人不能来店，可委托他人来店认领，但必须出示委托书及证件，也可由客房部负责将物品邮寄给客人，邮资由客人承担（事先应向客人说明此情况），邮局回执应保存一段时间。

对未被认领的失物，不同饭店有不同的保存期限，一般非贵重物品、价值在 100 元以内的，保存三个月；100 元以上的保存一年，过期仍无人认领的非贵重物品可奖励给交来物品的服务员，贵重物品则根据饭店的具体规定处理。

四、借用物品服务

一些客人，尤其是女客人，会向饭店借用各种用品，如吹风机、熨斗、熨衣板、婴儿车、婴儿摇床等，客房部应配有这些物品供客人借用。具体物品借用程序如下：

（1）在饭店服务指南中标明此项服务，注明饭店准备的、可供借用的物品种类及物品的性能，同时应申明如有损坏或遗失，应照价赔偿。

（2）客人有借用物品需求时可打电话到楼层服务台或客房服务中心，值班人员要对外借物品的名称、编号、借出时间、借客房号、经手人以及应该归还的时间进行登记。

（3）登记好后，交给客房服务员，由服务员送到客人房间，服务员在把物品（尤其是电器）交给客人时应再次提醒客人注意使用安全。

（4）客人用完所借物品或在离店的当天，楼层服务员应将物品归还至客房部，将客人借用物品的记录注销。

（5）如客人因特殊需要借用毛巾、毛毯等物品时，客房服务员除做好记录外，还应在查房时多加留意，防止客人不慎将其夹带走。

五、代办服务

（一）洗衣服务

为住客提供洗衣服务是饭店日常服务中一项比较细致的工作，一般客人送洗衣服有水洗、干洗、烫洗三种，客房内应有洗衣登记单（见表5-1）和洗衣袋。具体程序如下：

（1）客人根据需要填写"水洗衣服登记单"、"干洗衣服登记单"和"烫衣登记单"，同时要标明客人的姓名、房号、送洗日期，送洗衣物的名称、件数和单价。客人填好单后，连同衣服一起放到洗衣袋里。

表5-1　某饭店洗衣登记单

姓名＿＿＿＿＿＿＿＿＿＿	日期＿＿＿＿＿＿＿＿＿＿
房号＿＿＿＿＿＿＿＿＿＿	总件数＿＿＿＿＿＿＿＿＿
宾客签名＿＿＿＿＿＿＿＿	
衣物污损情况说明＿＿＿＿＿＿＿＿＿＿＿＿＿＿＿＿＿＿＿＿＿＿＿＿	
早上 10:00 前收衣服，当天送回；10:00 之后收衣服，第二天送回	
服务员签名＿＿＿＿＿＿＿＿	

（2）当客人要求收取水洗、干洗、烫洗衣物时，楼层服务员应马上到房间收取，注意检查是否有洗衣单，凡没有洗衣单的衣服请客人自己填写。

（3）服务员取洗衣袋时，要做到"五清"，即客房号码要记清；客人的要求要写清；口袋要掏清，如果衣物口袋里有钱物，应送交客人并当面点清，如客人不在房间，把遗留物品放在梳妆台上，如是贵重物品或钱，应马上送到客房部办公室；件数要点清；衣料破损、污渍、纽扣脱落要看清，如果有这些情况，应向客人说明，并在洗衣单上注明破损程度及位置，避免不必要的矛盾。

（4）洗衣单上没有填写洗涤要求的，则当作普通衣物清洗。但是服务员如果发现衣服的质地会缩水、褪色，应向客人讲明，并建议客人干洗，如客人不同意则应声明如果出了问题，饭店不承担责任。普通洗衣时间为一天，如客人急用，可办特快洗衣，三小时即可洗好送回，但须加价。

（5）服务员在收集衣服后，要放置在楼层工作室，并通知洗衣房服务员到楼层收洗。当洗衣房服务员到达楼层时，须在客房部洗衣记录表上签收。当衣物送回时，客房部服务员应同样在单上签收。

（6）取回客衣后，楼层服务员要对各洗衣登记单进行检查，发现由于洗涤原因造成的损坏，要按规定对客人进行赔偿。

（7）检查完毕后，及时将客衣送进客房。一般上午 10:00 前收的衣服，在晚上 7:00 前送回。晚于上午 10:00 交洗的，如要当天送回，则按加急处理且加收费用。这些要向客人解释清楚，以免误会。送回客人衣物时，如果客人不在房间内，应将衣物放在房内显眼处，如床上等，让住客返房时可知道送洗衣物已送回并可以检查衣物是否有损或缺少；如客人在房间内，请客人当面检查。当房门挂有"请勿打扰"牌时，可将特制的说明纸条从门缝塞进房间，其意是告诉客人送洗烫的衣物已在楼层服务员处，请来取回或通知服务员送进房。

（8）服务员在送回客人洗烫衣物时，应将账单转至前厅收银处，记入该客人的总账单内，待客人离店时一并结算。如客人愿付现金，则应当面点清。

（9）如不接收客人的洗衣时，服务员要将意见书连同衣物放回房间。

（10）如有投诉，均应以记录的实数及实际情况为依据，要通知主管并与洗衣房做好协调工作，如确系饭店的原因造成衣物缺损的话，赔偿丢失或洗坏的衣物一般不超过洗价的 10 倍。

（二）托婴服务

为方便客人，使客人不必因小孩的拖累而外出不便，饭店为客人提供托婴服务，帮助客人照看小孩，收取服务费。一般饭店无专职保育员，都是由客房女服务员兼管。这些兼职的女服务员必须接受照料小孩的专门训练，懂得和掌握照看婴幼儿的专门知识和技能，并能略懂外语，绝不能任意抽调没有受过专门训练的女服务员接受任务。如果客人有这个要求，一般要提前三个小时通知客房服务中心，并领取有关表格填写，具体的看护工作由当值主管根据工作需要适当地调整安排。看护婴儿的服务员在工作中务必小心谨慎，注意客人的有关吩咐，问清照看的时间，了解小孩的年龄、特点及家长的要求，并把饭店的收费标准告诉客人。不能随便给小孩吃东西，不能把小孩带离指定的地方，确保小孩安全、愉快，让客人放心、满意。完成托婴服务后请客人签单，转到总服务台入账。

（三）擦鞋服务

有些饭店，客房为客人提供擦鞋、钉扣、缝补等小服务，以提高服务质量。为了方便客人擦鞋，一些饭店客房部在客房内为客人放置擦鞋纸套。不少饭店为维持服务水准，还为客人提供擦鞋服务。这项服务大多数饭店是免费提供的，一般在房间内放置标有房间号码的鞋垫或鞋篮，并在服务指南中告示客人如需擦鞋服务，可将鞋放入鞋垫上或鞋篮内，于晚上放在房门口。如果雨天客人从外面回来，服务员应主动帮助客人擦鞋。服务员把要擦的鞋取回工作间，并通知下一班服务员或主管安排人员把鞋擦干净，在客人需要之前把鞋放于房间适当的位置或房间门口。擦鞋时要在工作间进行，切忌在服务台附近或客人看得见的地方帮客人擦鞋。

（四）访客接待服务

访客接待服务直接影响客人（包括访客）对饭店服务水准的评价，来访的客人是住店客人的客人，饭店对访客接待的好坏会关系到住客的脸面，所以客房服务员对此项服务必须热情有礼，并引起足够的重视。

客人来访，应先在楼层服务台办理来访登记手续，饭店在接待来访客人时，要特别注意以下几点：

（1）要问清访客的姓名、国籍、单位名称，被访客人的姓名、房号、有无预约等。

（2）未经住客同意，不可将来访者引进客房，同时，不得随便将住客的姓名、房号告诉来访者。

（3）征得住客同意后，将访客引进房间，根据来访人数，可提供茶水和坐椅服务，并询问是否还有其他要求。注意茶水一定要用托盘送进客人的房间，并及时续水或加饮料。

（4）如果客人不在房间，且住客外出时有吩咐可让访客进入房间时，服务员要问清访客的姓名、年龄、性别、单位、与住客的关系等相关信息，以便根据以上特征做好接待；如客人没有此项交代，应请访客留言或到饭店大堂等候，不可让访客在楼层逗留。

（5）把访客引领进客房后，服务员应勤巡视楼层，检查有无异常情况，并注意访客是否在没有住客陪同的情况下带走贵重物品。

（6）看到客人送客或客人电话要求后，要及时进房收拾。

（7）一般饭店探访时间最晚为晚上11:00，如有特殊情况不能超过晚上12:00，对晚间来访的客人应讲清会客时间的规定。探访时间已过而客人尚未离开时，服务员应提醒客人，但要注意语言的艺术。如访客需住宿，应请其去前厅接待处办理住宿登记手续。

（8）要做好访客进离店的时间记录。

（五）房内小酒吧服务

为了方便客人在房间内使用各类饮料及小吃，较高档次的饭店都在客房内设有小酒吧。在套房内，可设计一吧台及配套的酒柜；在一般的标准间里，则设计一个小冰柜，按饭店规定的品种和数量配备烈性酒、啤酒、汽水、果汁及花生、杏仁、巧克力等佐酒的小食品，还提供配套的酒杯、水杯、开瓶器、调酒棒、纸巾等用品；还应放置饮料酒水价目单，价目单里注明各项食品的品种、额定存量、价格，同时还应提供小酒吧的使用说明。

服务员每天早上应进房检查小酒吧，将客人的耗用量填写在收费单据上。单据的第一联及第二联转给前厅收银处，收银员将应收的费用填入客人的账卡上。第一联单在客人结账时交给客人作为收据；第二联单作为记录储存；第三联单由客房部领班汇总后填写补充饮食品报告，以便到食品仓库内领料。

检查时间也要根据住客情况而定，如果客人在房间内招待客人，那就应及时检查小酒吧，保证物品及时供应。

服务员应及时将领到的食品按规定的品种和数量补充齐全，用过的杯子、纸巾、杯垫、调酒棒等应撤换，放上新的配套用品和账单。

（六）送水服务

客房送水服务应分四次进行：早晨客人起床后，中午客人用餐前，下午客人回房前，晚上客人用餐后。根据饭店的具体情况，也可以分早、中、晚三次送水。有些饭店在房间内提供饮水机、瓶装矿泉水或烧水壶，这样送水服务就可以省略。

（七）代买服务

本着方便客人的原则，饭店服务员会为客人提供代买服务。在接受代买要求时，要问清客人的姓名、房号，代买商品的名称、商标、产地、规格、价钱等。买到客人所需物品后要开发票，并及时将东西送给客人。当买不到客人所要求的物品时，要及时告知客人，征求客人的意见，切不可自作主张，为客人代买其他类似的商品。

（八）客房用餐服务

客房送餐服务，是按客人预订要求，将餐饭送进房间的一种服务。客人由于生活习惯或特殊要求（如早起、患病、会客、夜宵等），有时会提出在客房内用餐，为了满足客人的要求，饭店必须提供这项服务。等级较高的饭店餐饮部专门设有客房用餐部，负责接受客人的订餐和送餐任务。客人可以直接打电话订餐，也可由客房服务员转向餐厅部订餐，所点之餐由服务员直接送到客房内。根据客人的不同需求，客房用餐可分为早餐、便饭、点心、夜宵、病号饭等。根据客人所点菜的多少，选择用托盘或用餐车送上。如果用餐车送上，应小心谨慎，以免因地毯松动或地面不平造成翻车。餐点送到房内应先征求客人在何处用餐，然后替客人将食物摆放好，请客人享用。客人用餐后的剩物和餐具应及时撤出，一般在一小时以后征得客人同意后撤出。收餐具时要注意检查餐具有无破损，并清点数量。同时还要注意随手更换烟灰缸、玻璃杯，擦净桌上的油污和其他脏物，保持客房的整洁。此项服务还应特别注意以下几个方面：

（1）客人所订的食物必须尽快供应。

（2）要将客人所点食物的配套调味料准备齐全，切不可让客人感觉有短缺。

（3）容易变冷的食物和必须热吃的食物要及时送上，不可使食物变冷后再送上。

（4）送餐服务员必须记住客人所点的菜名及其特点等相关内容，以备客人提出问题时给予回答。

（5）服务态度要热情、礼貌、周到，给客人以家的感觉。

（6）客人所点食物上齐后，要请客人在账单上签字。如果客人付现金，要当面点清。

（九）留言服务

客人外出时，有时会有一些关于他们行踪去向或其他事情的留言，服务员接到客人留言后，应及时做好记录，在交接班时要交代清楚。如有访客或电话给住客留言，服务员要把记录好的留言放在房间明显的位置上，如床头柜或写字台上，当客人回来时还应提醒一下客人，防止客人因疏忽而没有看见留言条，这也体现了饭店对客人的重视。

（十）加床服务

客人若需要加床时，请客人到前台办理加床手续，然后按要求为客人提供加床服务，注意事项如下：

（1）在为客人加床的同时，须按床位数配套增加牙具、肥皂、浴液、洗发水、浴帽、梳子、毛巾、面巾、口杯、茶杯、水杯、茶叶等物品。

（2）如果客人临时取消加床，则应及时通知服务中心和总台，做好记录。

（3）如果客人提出的加床要求饭店不能满足，要耐心向客人解释，并为其提供其他的解决办法。

（十一）行李服务

当客人到达楼层时，如果没有行李员，而客人的行李又较多，楼层服务员应主动帮客人提拿行李送至客房；如果客人要离店了，服务员也应询问客人是否需要行李服务，并及时通知行李组。同时，服务员要保证客人的行李放在楼层是安全的。

🔔 典型案例

某饭店刚刚开业，一位客人住进饭店后对饭店的服务不满，遂找借口拖欠饭店的房费。饭店提醒各部门在日后的接待中对这位客人要十分小心，不能在服务上出一点差错，以免让他抓住把柄进行投诉。

没过多久，不愉快的事情还是发生了。有一次，这位客人要洗一条裤子，服务人员帮助客人填好洗衣单，送到洗衣房。这是一条需要干洗的裤子，服务人员把裤子干洗以后发现裤子右腿下部有一小块污迹没有洗净，用常规方法进行处理后效果仍然不好，所以他就又添加了一种比较强的去污剂，用高压蒸汽喷嘴进行处理，污迹很快就去除了。当天下午，客房服务员将衣服送还给客人时，客人对裤子进行了仔细检查，发现裤子右腿下部被处理的地方光泽有些异样，便问服务员是怎么回事，服务员回答说："原来有一块污迹，我们给您做了特殊处理，把污迹清理掉了。"该客人一听就大发雷霆："谁让你们处理的，叫你们经理来！"服务员看见客人发怒，一句话也不敢讲，赶快打电话到洗衣房。洗衣房主管来到客人房间，对客人做了详细、耐心的解释，可是客人一个字也听不进去，要求饭店按原价赔偿，并声称这条裤子的原价是 7000 元。饭店提出按照规定应该赔偿洗衣价格的 10 倍，但是客人不同意，并威胁说："如果不能按客人提出的方案解决，就向报界曝光。"由于这是一家刚开业的饭店，知名度本来就不高，不能承受曝光的影响，所以饭店经过多次与客人协商，作了妥协，给客人减免了部分房费，并赔偿现金 3000 元，才平息了这场风波。

思考问题：

1. 造成客人投诉的原因是什么？
2. 处理客人有污迹的衣服的工作程序是什么？

参考答案：

通观整个事件的过程，虽说客人有些故意要找饭店麻烦的意思，但是服务员在提供为客洗衣服务过程中，在工作程序上也存在许多漏洞。具体问题如下：

（1）服务员在收取客人衣服时，帮助客人填写洗衣单，没有让客人在洗衣单上签名，属于服务程序问题，需要在收衣程序上加强培训工作。

（2）洗衣房工作人员在接受客衣后没有进行认真检查，对存在的污迹没有发现，属于工作不细致。

（3）在洗涤以后，当发现客人衣服有污迹后，应及时与客人沟通，征求客人的处理意见，不能擅自做主进行去污处理。洗衣房工作人员对可能出现的潜在问题缺乏判断经验，致使客衣污迹去除以后局部光泽出现变化，违反了工作程序，导致客人投诉。

第二节　客房服务模式分析

不同饭店有不同的设施设备，配置不同的人力、物力、财力，管理方法也不尽相同，在客房服务模式上，不同的饭店选择了不同的形式。最常见的有楼层服务台和客房服务中心两种模式。由于两种模式的服务侧重点不同，所以在机构、岗位设置和人员安排上也有很大不同，各个饭店应考虑自身的各种条件，结合自己的管理模式和服务理念来选择适合自己的服务模式。

一、楼层服务台模式

（一）楼层服务台的概念

楼层服务台是指饭店在客房区域内，设置在各楼层的为住店客人提供服务的服务台，一般设置在靠近电梯口的位置。楼层服务台24小时都有服务员值班，为客人提供周到的接待服务及安全保卫等。它的作用相当于饭店前厅部总服务台驻楼面办事处，是楼层与客房部办公室、前台部、工程部、保安部、餐饮部、洗衣房等进行通信联系、信息沟通的中心。在行政划分上，它受客房部主管的领导，在业务上受总服务台的指挥。它后面一般设有客房服务员使用的工作间。

（二）楼层服务台的职能

1. 楼层服务台负责准确了解房态及客人来访的接待服务工作

客人的进出、来访客人的接待及房间的清扫状况与客房管理密切相关。楼层服务台是一个楼层的指挥中心，它必须掌握这些第一手资料并将其通知总台，避免客人住进已出租的客房。

2. 楼层服务台要根据房态安排清扫顺序及其他工作

住客房和走客房清扫的时间和工作量是不一样的，楼层服务台应根据具体的房况确定正确的清扫顺序，并将房况及时通知给总台，避免客人住进未清扫或虽已清扫完毕但还未经检查的房间。

3. 楼层服务台要向客人提供周到、及时、准确的服务

客人入住后，服务员要想客人之所想，替客人考虑全面，这就是所谓周到服务；及时服务则要求服务员以最快的速度满足客人的需求；准确则是指所提供的服务应与客人的需求一致。

4. 楼层服务台要保证楼层信息的畅通

楼层工作的性质决定了楼层的各种信息往来频繁，楼层的相关信息先汇总到楼层服务台，楼层服务台再将客务信息通知给该楼层服务员，这样既提高了信息的准确性和完整性，又提高了服务员的工作效率。

5. 楼层服务台负责客房楼面的安全，保管和发放客用钥匙，给客人以安全感

每个客人都希望自己在饭店的住宿是安全的。确保客人的人身及财产安全是饭店的职责，楼层服务台的设立有利于楼层的安全管理。楼层服务台还负责保管和发放客用钥匙。

（三）楼层服务台的优点及缺点

1. 优点

（1）楼层服务台加强了对客人的面对面服务，使客人感觉到亲切，能根据客人的不同需要，及时提供规范性和针对性相结合的服务，受到外国客人和年老、体弱客人的欢迎。

（2）有利于做好楼层的安全保卫工作。

（3）有利于及时、准确地了解房态。

2. 缺点

（1）楼层服务台一天三班倒，花费人力较多，劳动成本的支出较多。

（2）有些时候，楼层服务台会使客人觉得不自由，觉得被人监视，不利于楼面的安静。

（3）不利于对物品及员工劳动纪律的管理。

二、客房服务中心模式

（一）客房服务中心的概念

客房服务中心是根据每层楼的房间数目分段设置工作间，理想位置是处于员工更衣室和员工电梯之间的同一平面上。工作间在形式上是隐秘的，客房服务中心工作人员不承担接待客人的任务和钥匙的管理与发放工作。客房服务中心设置值班人员若干名，开设早、晚、通宵三个班次，24 小时值班。客人住宿期间需要找客房服务员时，可直接拨打内线电话通知客房服务中心，由客房服务中心根据客人的要求和位置，通知适当的服务员为客人服务。一般来说，因为客房服务中心是客房部内部管理的信息传递和枢纽中心，所以它应该具有同时接听两个以上电话的能力，最好要有小型交换机的功能以保证信息的畅通。在对内联络方面，要求有快速、准确的信息传达方式。

（二）客房服务中心的职能

1. 信息收集与处理

凡有关客房部工作的信息都会先传达到客房服务中心，经过客房服务中心的初步处

理，再通知到具体工作人员，这样可提高有关问题的解决效率，提高客人满意度。接听客人电话的程序如下：

（1）听到电话铃响，应迅速接听，时限为铃声不超过三次。因故迟接，要向客人道歉。

（2）接听电话首先应向客人问候，然后报出部门，再请问客人有什么要求。

（3）做好电话记录，并通知有关部门帮助客人或员工解决要求的事项。

（4）从接到客人提出要求的电话到服务员进房服务时限一般不得超过3分钟。因故超时，要向客人致歉。

（5）保持与总台的联系，根据楼层领班报告及时更换房态，通知总台以便销售。

2．对客服务管理

客房服务中心不直接为客人提供具体服务，但却对服务人员的对客服务工作进行管理，通过客房服务中心的调节，可使客房服务员的对客服务工作更有序、更合理。

3．员工出勤控制

所有员工上下班都要到客房服务中心签名，以便客房部对员工进行考核和安排具体工作。

4．钥匙管理

客房部所使用的所有工作钥匙都集中于此签发和签收。

5．处理客人投诉

记录客人的投诉，按照投诉处理程序规定解决，如不能解决则要及时上报。

6．处理客人遗失物品

客房服务中心进行整个饭店失物的处理和储存工作，这方便了失物招领工作的统一管理，提高了失物招领的工作效率。

7．档案管理

客房中心保存着客房部所有的档案资料，并及时地补充和更新整理，这有利于档案资料的完整性和连续性，为今后客房部更好地工作、更科学地用人提供了条件。

8．与其他部门的联系

客房服务中心要定时与各楼层联系，了解最新的客房状况，并将房况通报给前厅部接待处，核对客房差异情况。

9．解决疑难问题

一般客房服务中心的工作人员都是具有楼层工作经验和受过良好训练的人员，他们必须反应敏捷，并能解决一些客人提出的疑难问题。

10. 负责向工程部申报工程维修单

接到楼层服务员设施损坏通知及时填写设备维修单，并送交工程部。如果工程部没有及时到现场修理，应督促其完成任务，保证客房能尽快投入使用。

11. 为客人借用物品提供服务

客房服务中心要负责为客人提供借用物品服务，具体程序如下：

（1）客人打电话到客房服务中心，必须问清客人要借用的物品名称、数量、规格以及所住的房号等。

（2）在3分钟内派服务员把要借的物品送到客人房间，并请客人签收，回来后要注明时间，并在交班本上登记。

（3）借出物品收回后，应仔细检查其功能是否完好并做好记录。

12. 负责发放客用物品

（1）每周根据各班组填写的客用物品领取单发放一次客用供应品，并做好耗用情况的结算。

（2）接到VIP通知单后，按照客人等级和布置要求及时准备礼品及物品的发放登记工作，客人离店后，准确做好回收登记和耗用报账工作。

（3）月底对部门客用品领用、耗用、结存情况进行全面清点盘存，确保数物相符，并填写盘存表。

（4）根据各类物品的消耗量，配足所需的客房用品，每月到饭店仓库领取所需的各类客房用品。

（三）客房服务中心服务模式的优点和缺点

1. 优点

（1）减少了人员编制，节约了大量人力成本，降低了成本开支。

（2）方便了客人，有事只要拨打内线电话即可，避免了在楼层上找服务员的繁琐。

（3）保证了客房楼层区域内的安静，给客人提供了一个相对更加独立的自由空间。

（4）有利于统一对客房服务人员进行调度和控制，保证了服务的及时有效。

（5）方便了客房管理。客房服务中心担当了整个客房部信息处理中心的角色，及时准确的信息有助于客房部经理了解客房部整体情况，便于管理。

2. 缺点

（1）对硬件设施的要求较高，客房服务中心要设置呼叫系统、电话系统，还需要在楼层上设置监控系统，安装摄像头等监控设备，一次投入的硬件成本较高。

（2）客房服务中心的有效运转有赖于劳动组织、建筑设计和选位、设备配置得当，任何一个环节出现问题都会影响其功能的正常发挥。

第三节 客房服务管理

一、客房部对客服务的特点

客房服务与饭店的前厅、餐饮等部门的服务既有相同之点，又有不同之处，对它的特点进行研究有利于服务的针对性。客房服务主要有以下特点。

1. 体现出"家"的氛围

既然饭店的宗旨是为客人提供一个"家外之家"，那么能否体现出"家"的温馨、舒适、安全、方便等就成为客房对客服务成败的关键因素之一。在对客服务中，客房服务人员扮演着"管家"、"侍者"的身份，因此要特别留意客人的生活习惯等。对客服务要尽量做在客人开口之前，给客人留下良好的印象。

2. 对客服务的表现形式具有"明暗兼有"的特点

前厅和餐饮部等部门的对客服务表现为频繁地接触客人，提供面对面的服务，而客房部有别于这些部门，它的服务是通过有形的客房产品表现出来的。例如，客人进入客房后，是通过床铺的整洁、地面的洁净等感受到客房服务人员的服务的。客房对客服务的这一特点使客房服务人员成为饭店的幕后英雄，但这并不表示客房部没有面对面的对客服务，其面对面的对客服务包括送、取客衣，清扫客房，递送客用品等。因此，服务人员在对客服务时也要讲究礼节礼貌。这种对客服务"明暗兼有"的形式对客房服务人员的素质提出了很高的要求。

二、客房部对客服务的要求

曾有业内人士对"服务"一词进行分析，并指出它由七重含义构成，这七重含义的英文开头字母刚好构成了 Service，它们分别是真诚（Sincere）、效率（Efficient）、随时做好服务准备（Ready to service）、可见（Visible）、全员销售意识（Informative）、礼貌（Courteous）和出色（Excellent）。由此可见，这七重含义贯穿着对客服务的全过程。客房对客服务是饭店服务的主体之一，客人在下榻期间，逗留在客房内的时间最长，客房部对客服务水准的高低，在很大程度上决定了客人对饭店产品的满意程度。这就要求客房部的对客服务要以与其星级相称的服务程序及制度为基础，以整洁、舒适、安全和具有魅力的客房为前提，随时为客人提供真诚主动、礼貌热情、耐心周到、准确高效的服务，使客人"高兴而来、满意而归"。

1．真诚主动

员工对客人的态度，通常是客人衡量一个饭店服务质量优劣的标尺。真诚是员工对客人态度友好的最直接的表现形式。因此，客房服务首先要突出真诚二字，实行感情服务，避免单纯的任务、机械性服务。通常所说的提供主动的服务，是以真诚为基础的一种自然、亲切的服务。主动服务来源于细心，即在预测到客人的需要时，就把服务工作做在客人开口之前。如客人接待朋友时主动送上茶水；客人不舒服，及时请医生进行诊治。这些看似分外的工作，却是客房服务人员应尽的义务，更是优质服务的具体体现。

2．礼貌热情

礼貌待客是处理好对客关系的最基本的手段，在服务人员的外表上表现为整洁的仪容、仪表；在语言上表现为自然得体的词语及悦耳动听的语音语调；在态度上表现为落落大方的气质。热情待客会使得客人消除异地的陌生感和不安全感，增强对服务人员的信赖。客房服务人员应做到：客来热情欢迎、客住热情服务、客走热情欢送，还要把微笑贯穿到服务的全过程，这样才能表现出服务人员自身的良好素质，塑造饭店的良好形象。

3．耐心周到

客人的多样性和服务工作的繁琐性，要求服务人员要能正确处理各种各样的问题，必须能经得起委屈、责备、刁难，要摆正心态，"把对让给客人"，耐心地、持之以恒地做好对客服务工作。服务人员要掌握客人在客房生活期间的心理特点、生活习惯等，从各方面为客人创造舒适的住宿环境。通过对客人方方面面的照顾、关心，把周到的服务做到实处，这样才能体现"家外之家"的真正含义。

4．舒适方便

舒适方便是住店客人最基本的要求。客房是宾客入住饭店后长时间逗留的场所，因此宾客对客房的舒适、方便要求也是最高的。如服务员应定期翻转床垫，以保证床垫不会产生局部凹陷；服务员应留意宾客用品的日常摆放，以方便客人使用。

5．尊重隐私

客房是客人的"家外之家"，客人是"家"的"主人"，而服务人员则是客人的"管家"或"侍者"，尊重"主人"隐私是"管家"和"侍者"应具备的基本素质。作为饭店工作人员，特别是接触客人时间最长的客房部服务人员，有义务尊重住店客人的隐私。在尊重客人隐私方面，客房部服务人员应不打听、不议论、不传播、不翻看客人的书刊资料等，要为客人保密。

6．准确高效

准确高效就是为客人提供快速而准确的服务。效率服务是现代快节奏生活的需要，是优质服务的重要保证。要对之形成量化规定，制定切实可行的标准。速度和质量是一对矛盾，在制定标准及具体服务工作中，需正确处理二者之间的关系，切忌只求速度，不求质量。

三、客房服务应注意的事项

（一）清扫前准备工作中应注意的问题

为了保证清扫的质量、节省时间、提高工作效率，每天清扫前要做好准备工作。

1．接受工作安排，签领客房钥匙

客房清扫前，服务员应向保管员或值班员领取客房钥匙。由于每个饭店在自身硬件设施和对客服务的模式上不同，钥匙领取程序也有所不同，总的要求是必须在分发、领取和交回钥匙方面进行严格的管理。在工作期间，服务员必须保管好钥匙，不得将钥匙乱放，更不能把钥匙带回家。

2．检查仪容仪表，符合要求后再上岗

饭店由于其档次、规格不同，对客房服务员服装的要求也不同，总体要求是衣服、鞋袜要整齐干净，穿戴端庄。具体要求如下：

（1）穿统一颜色的制服，同时可配有饰物等。

（2）穿统一颜色的休闲鞋，鞋跟高度要适中，且必须保持干净。长筒袜依个人意愿穿或者不穿，如果不穿，必须穿不外露脚趾的鞋。

（3）工作期间禁止戴首饰（手表除外）。

（4）工作期间禁止使用香水，禁止涂有色的指甲油。

（5）工作期间禁止化浓妆，但可以化淡妆。

（6）头发修剪要整齐、美观、大方。长发要束起，如果束起后头发长度仍超过衣领，须将头发盘起。

（7）工作期间胸前要佩戴名章或工作牌。

3．检查工作车和所需的物品

为方便工作和节省时间，楼层备有客房清扫工作车，清扫前从楼层库房领出所需的清扫工具和物品，有秩序地摆放在工作车上。工作车的具体物品摆放位置一般是：工作车左右两边各有一个尼龙袋，右边尼龙袋下面放一个塑料清洁桶，内放清洁剂、胶皮手套和尼龙刷等清洁工具。最上层放经过消毒的茶杯、冷水杯（外套消毒纸袋）、信封、信纸、洗衣单、明信片、征求意见表、便条纸、《电话使用说明》、《饭店服务指南》及香皂、火柴、浴帽等。

工作车下部分有二至三层，分两层的一般中层放毛巾、面巾、澡巾、浴巾、脚垫巾五种毛巾，下层放床单、枕套；分三层的摆放方法是上层放床单、枕套，中层放毛巾、面巾、脚垫巾，下层放澡巾、浴巾。

车厢左边的尼龙袋放撤下的床单、枕套、毛巾、面巾、澡巾、浴巾、脚垫巾等；车厢右边的尼龙袋放清扫出来的垃圾。

进行清扫工作时，将工作车推至需整理的房间门口，工作车封闭的一面向外。这样，工作时可就近拿取物品，减少重复路线，同时避免他人直接闯进房间内，增加安全感。

（二）对客服务过程中应注意的一些细节问题

细节问题能反映出服务员的服务水平，如果不注意这些细节问题，可能会引起客人很大的不满。

1．清扫房间的注意事项

（1）客房清扫工作与就寝准备工作应在客人就寝前一定时间内进行。

（2）在钥匙管理上，严禁不必要的使用和借出，因业务需要借出钥匙时，必须在记录本上进行登记。

（3）根据清扫分配表上记载的房间情况和客人数量，检查工作车需要的消耗品和备品的装载情况。

（4）清扫房间时要尽量避免干扰客人，最好是在客人外出时或客人有特别吩咐时才去做，但必须掌握好时间，要在客人回来之前整理好。

（5）如果发现房间门把手上的指示器凸出来，表示客人把门从里面反锁了，这种情况不要去打扰客人；那些指示器没有凸出的房间，应轻敲房门，如果没人应答，再进入房间。

（6）有客人住的房间要标明客人代号。

（7）整理有客人住的房间时，切不可随意扔掉客人的书报杂志等物品，即使是一张纸也不能扔掉，因为它可能是客人的重要物品。

（8）进客房要先按门铃，得到允许后方可入内。如无门铃，要先敲门，用中指指节轻叩三下，如未得到回答，隔5秒钟后再敲三下，得到"请进"的回答后方可进入，不得边敲门边开门，绝对不允许从门缝往房里看。

（9）当客人允许服务员进房后，要把门半掩着，即使客人让座也不能坐。

（10）未经许可不得让任何来访者进入客人的房间，访客应在总服务台办理来访登记手续，征得客人同意后方可引进房间。

（11）服务员不得使用房间设备如卫生间等，更不能翻看或动用客人的物品。

（12）服务员不可将床上用品和毛巾用作擦洗用品和掸灰尘用品。

（13）要随时注意客人的情绪。对醉酒的客人要特别照顾；患病客人超过起床时间尚无动静者，必须提高警惕，防止意外。发现客人中有从事不法活动或房间内有争吵声等不正常情况，应立即报告主管。

（14）未经客人同意，不要抱客人的小孩，更不能随便给小孩东西吃。

（15）长住客人的房间按客人的需要去打扫。

（16）检查客房设备是否完好，各类物品是否齐全。若发现客房设备有严重损坏或房间小物品如烟灰缸或其他工艺品有丢失，应及时通知主管进行处理，不可直接询问客人。

2．进行其他工作时的注意事项

（1）服务员要乘工作人员专用电梯，不能使用客人电梯，有特殊情况除外。

（2）服务员不能在楼层大声喧哗、追逐、打闹。搬运物品要轻拿轻放，保持楼层肃静。

（3）在楼层与客人相遇时要问好，当推着清扫车在走廊里遇到客人时，一定要先停下车向客人问好，等客人走过去再推车过去。和客人同行，要礼让，不能抢行。不要从谈话的客人中间穿行，更不准靠边旁听，如急需通过要表示歉意。

（4）服务员要填写值班记录，未办之事要交代清楚，不得因交班使服务中断或脱节，引起客人的不满。

（5）服务员不可议论客人，不能讥笑客人的生理缺陷。

（6）服务员要思维敏捷、周密。注意客人的动态，熟悉客人，记忆客人的姓名、房号、特征和特殊爱好，进行针对性服务。例如，如果发现客人习惯用左手，一些物品就应该摆放在左边；如果客人习惯喝茶，就应该增加送开水的次数等。

四、客房针对性服务

客房针对性服务是指针对不同类型的客人提供的有针对性的特殊服务。客房服务过程中会遇到各种各样的问题，对待不同类型的客人和不同的情况，服务人员应采取不同的处理和接待方法，对症下药才能药到病除。所以，服务人员要为特殊客人提供有针对性的服务。

（一）对伤病住客的服务

客人因各种原因来到一个陌生的环境，会因为旅途劳累，或气候、水土不服而生病，一些慢性病也较容易复发。这种情况的处理方法如下：

（1）得知客人生病后，应首先向客人询问病情，是否需要就医，并报告客房部，表示关心和乐于帮助。

（2）如客人患感冒，夏季时要为其关掉空调；冬季要根据室温主动为客人加被子、毛毯，为其准备足量的开水或其他物品。

（3）在客人生病期间，应尽量保持客房内和楼层安静，房间卫生可简化。

（4）如客人患病较重，应通知客房主管，同时立即与医务室联系并赶赴现场，实施处理，动员重病号住院治疗，不可延误时间，避免发生意外。

（5）如果发现客人得了传染病，要及时向部门经理汇报，并马上报告卫生防疫部门迅速将客人转送医院治疗，客人住过的房间、用过的设施物品，要请防疫部门彻底消毒。

（6）写出客人伤、病事件处理过程的详细报告，说明客人伤病原因、症状、处理方法和结果。

（二）对醉酒客人的服务

饭店中醉酒现象经常发生，对待不同的醉酒客人应采取不同的、灵活机动的应对方法。具体的常规处理方法如下：

（1）发现客人有醉态，服务员要主动上前搀扶客人到房间（女服务员要找客人的陪同或同伴同行）。

（2）进房后扶客人躺在床上，帮客人沏上一杯浓茶，床边可放一个脸盆和一些卫生纸。把火柴、打火机、刀之类的危险物品放到客人拿不到的地方。对重度醉客中有狂躁表现的，应协助保安人员将其制服，以免扰乱其他住客或伤害自己。

（3）如果客人呕吐，应及时清理。

（4）在安置醉客回房休息后，服务员要特别注意其房内动静，以免客房用品受到损坏，或因其吸烟发生火灾等不安全情况的发生。

（三）对老年客人的服务

对年老体弱的客人，针对其年岁大、视力听力差、记忆力减退、行动不灵活等特点，在日常服务中要给予特别关照。

当他们到达饭店后，服务员应立即迎上前去搀扶他们就座，最好能安排他们坐在活动坐椅里。要帮助他们把手杖放到安全的地方，要牢记在他们离开前把手杖交给他们。上下电梯要主动搀扶，时常提醒一些事项，帮助提拿一些物品等。

在服务过程中，要随时观察客人的身体状况，因为老年客人的身体较弱，由于长途旅行，加上气候、水土、饮食方面的变化，他们比较容易生病。

如果客人突然在饭店发生疾病，要保持镇静，按照对伤病住客的服务程序进行服务。

（四）对挑剔、易暴客人的服务

对于这类客人的服务一定要有耐心，态度要友善，在不影响饭店利益的情况下，尽量顺从他们的要求。例如，刚刚清理好的客房，客人说卫生间不整洁或床单不干净，服务员不妨在客人面前再清理一遍，以满足客人的要求。

挑剔和易暴的客人往往会对饭店的工作提出意见，无论是否合理，客人提出的意见大都是因为有不满意的地方，要本着"客人总是对的"的原则处理好各种客人意见。对客人提出的意见一定要虚心听取。如果是一时误会，服务员也不要急于辩解，等客人讲完后，再做耐心细致的解释，以取得客人的谅解，并向客人表示感谢，感谢他对客房工作的关心。

易暴的客人提意见时，往往态度不好，有时还会开口骂人。接待好每位客人，是服务员的基本职责。即使客人态度很差，只要他的言行没有严重越轨，就一定要耐心听取，始终保持冷静，认真检查自己工作的不足之处。等客人平静后再做解释与道歉，决不能与客人争吵。如果服务员尽了最大努力，仍无法平息客人的怒气，就要及时向领导汇报，请领导出面解决。

（五）对儿童的服务

随着散客旅游的发展，越来越多的家庭喜爱出门旅游，因此饭店接待的儿童顾客也越来越多，服务员要学会根据儿童的心理和特点进行服务。基本原则是对待儿童要像对待成人一样，千万不可懈怠，要进行耐心周到的服务。

很多饭店设有专门为儿童特制的设备，如在客房设有婴儿床。在为儿童服务过程中，最重要的是把最有吸引力的东西拿给他们，这样可以减少不必要的扰乱，使服务员顺利地进行工作。不能随便抱小孩或给他们乱吃东西。

（六）对残疾客人的服务

在日益发达的旅游业中，旅游者的范围越来越广，即使行动不方便的残疾人也加入到了这个行列。因此，饭店针对他们的特点进行特殊服务是非常重要的，要尽量把公共场所设施设计得适合伤残人士的需要，尽量使他们感到方便。

首先，应在思想上树立正确认识，把他们当成普通客人对待，千万不可以异样的目光看待他们，更不可流露出轻视的样子，因为这样会严重伤害客人的自尊心。

其次，在对伤残客人服务的工作中，如果他们自己要做，而且是他们力所能及的事情，服务员应根据需要灵活适当地帮助他们，使他们感到服务员提供的是服务而不是同情。

（七）对死亡客人的处理

发现客人死亡，应马上报警，在警察到来前要保护好现场。处理程序如下：

（1）将客房门锁上，以便缩小影响范围，保护现场。

（2）要验明死者身份，如果不是住店客人要查看证件。

（3）死者财产的保管责任在于饭店，如果警察机关要作为证据将客人物品带走，必须请对方签名。

（4）将死者送出饭店时要避开客人，走员工通道。

（5）对房间进行整理、消毒。

（八）"请勿打扰"房的服务

一般客人因为休息或其他原因而不愿意让服务员打扰时，会在房门外挂上"请勿打扰"挂牌。对待这种房间，应按以下程序进行服务：

（1）挂有"请勿打扰"牌的客房，在下午2:00之前不能去敲该房房门，但要记下房号和挂牌时间。

（2）在楼层工作或推车经过时，动作要轻，不能打扰客人休息。

（3）如果下午2:00以后该房仍挂有"请勿打扰"牌，则要采取下列处理步骤：

① 立即报告领班或主管，并打电话到该房间，如果客人接电话，首先应向客人问好并表示歉意，报明身份，询问是否可以进房打扫卫生或需要什么其他帮助或服务。

② 如果无人接听电话，则去按门铃，也应报明身份，客人开门后要主动表示歉意并说明来意。

③ 如仍无人开门，则应向部门经理报告，经同意后用钥匙开门，以防意外发生。

（4）对挂有"请勿打扰"牌的房间要多加注意，不能因为疏忽而延误了打扫客房卫生的时机，也不能打扰客人休息。

五、客房工作管理的基本环节和要求

（一）客房工作管理的基本环节

1. 掌握接待任务工作量，做好服务过程的组织安排

客房服务过程是繁琐和繁重的，因此在任务量的安排上应该科学适量，不能让服务

员超负荷工作。服务是一个连续的环节，在服务过程中不能出现脱节，因此在服务过程的组织安排上也要合理。

2．合理制定接待程序，适合住店客人需要

制定合理的接待程序，不但可以提高工作效率，减少工作量，还能为客人提供更令人满意的服务。

3．加强物品管理，降低客房成本

客房任何物品的消耗，饭店都是要付出成本的，加强物品的管理可以降低成本、提高饭店的收入。

4．正确处理和各部门的关系，保持接待服务工作的相互衔接和协调

客房服务不只是客房部一个部门的事，好的服务需要各部门通力合作，只有各个部门协调工作，才能将接待服务工作做好。

5．加强客房资料的处理，做好管理的基础工作

实践中总结出的经验对指导实践很有意义，因此应该将日常事务的处理情况记录在案。对员工的工作表现也应该做详细记录，这可以为员工今后的工作发展提供参考依据。

（二）楼层管理的基本要求

1．热情礼貌，宾至如归

要达到此目的，楼层管理要做到：第一，楼层迎接员在迎送宾客过程中要注意做到热情礼貌，注意服务规范；第二，在引领客人进入客房后，要注意服务细节，注重微笑服务；第三，要根据客源特点，把服务做在客人开口之前。

2．安全卫生、舒适典雅

饭店及周边环境如何，是客人进入饭店的第一印象，大多数饭店都会关注这些问题。但是，客房内由于服务设施的陈旧或服务意识的薄弱，是否安全卫生则难以一概而论，即使能够做到安全，是否卫生则值得怀疑（如卫生间卫生设施是否天天消毒）；而舒适典雅在很大程度上取决于服务设施，取决于装修投入，后期服务人员的工作努力只能起到必要的弥补作用。于是，安全卫生、舒适典雅的楼层管理目标需要饭店从装修时始就认真考虑。

3．掌握时机，加速周转

能否做到最大限度地加速客房周转，提高客房出租率是饭店经营者最为关注的焦点。客房部的楼层管理，需要从员工工作安排上保证必要的劳动力，客房清洁顺序上优先安排走客房的清洁整理，客房清洁整理上要做到程序规范、布置到位，在客房部与前厅部、销售部的工作上要做到联系紧密，信息传达准确，客房销售及时。

4. 满足需要，降低消耗

如何降低客房运营成本是每一家饭店经营者都在认真思考的问题。既能满足宾客住宿需要，又能降低物品、水电消耗，节约客房成本是楼层管理的目标。

典型案例

史密斯先生是英国一家著名投资公司的项目经理，此次来华与中方洽谈一笔大型投资项目。由于大量的商务活动和谈判及时差原因，每天需要与伦敦总部进行联系，他只好在凌晨开始休息，中午以后起床工作。遗憾的是，客人这一起居习惯并未引起饭店有关方面的充分重视。每天上午客房服务员时而清扫房间，时而收取客衣，这些服务不能使他得到良好的休息。虽多次向员工交代，也许是因为语言沟通的障碍，收效甚微。他曾尝试使用"请勿打扰"牌来提醒，但由于房间内行李及资料很多使他未能找到该牌。尤其在周末，打扰更加频繁，使他忍无可忍。他原本打算住一个月，但到第15天时，便给饭店总经理写了长达5页的投诉信，然后搬到另一家饭店入住。

案例点评：这是一家客房部员工服务不规范，不尊重客人隐私，管理混乱的饭店。饭店总经理应当从中吸取经验教训，开展正规的服务培训，培养员工正确的服务意识和服务技巧。

第四节　客房用品控制

饭店的客房部因其特性而成为使用物品最多的部门，客房物品的成本构成了客房成本的主体。虽然客房物品单位价值小，但因为其物品种类多、使用数量大、浪费环节多，且客房状态和物品性质在不断地变化，对客房用品的控制就显得尤为困难和重要。

一、客房用品

为了满足客人在饭店住宿期间生活上的各种需求，饭店必须在客房中配备各种家具、设备和各种用品，供客人使用，力求给客人营造一个舒适、方便、周到的"家"的氛围。由于饭店通常在客房用品上印有饭店的名称、标志、电话、地址等，所有客房用品不仅能体现饭店的规格、档次，提高饭店的吸引力和价格，还能帮助饭店宣传，扩大饭店的社会影响。客房用品包括客房供应品和客房备品两种，客房供应品指供客人一次性消耗使用或用作馈赠客人而供应的用品，如洗发水、牙刷、香皂、纸张、信封等，又称为日常客用品或低值易耗品；客房备品是指可供多批客人使用，客人不能带走的客房用品，如床单、茶杯、饮水机等。

二、客房用品的选择原则

1. 实用

客房用品是为方便住客生活需要而提供的，物尽其用是其初衷，因此必须具有实用性。

2. 美观

客房用品除具有实用性外，还应具有欣赏性，清洁舒适的房间里的美观而大方的布置会令人赏心悦目，能给客人带来良好的感受。否则，则会影响客人的感受，给客人以粗糙、贬值之感。

3. 适度

客房用品的质量及配备的数量，应与客房的规格档次相适应。高档饭店，其用品齐全且名贵豪华；中档饭店的用品应尽量多且要求美观；低档饭店的用品力求完好、实用和方便，而不是越多越好。客房用品还应有突出的特色风格，以期与其他饭店相区别。

4. 价格优廉

目前，商品经济越来越发达，客房用品供应商越来越多，饭店作为客房用品用户可以从好中选优、优中选廉。因为客房用品的耗用量很大，其成本也很高，因此饭店应在保证客房用品基本质量的前提下尽可能地控制好价格以降低客房成本。

在大城市，某些专业性的商店拥有客房部所需的各种各样的设备物品。但在偏远地方，为了了解各种设备物品的最新发展，饭店就有必要同其他较远地区的大批生产厂商保持紧密的联系，经常参加各种展销会，仔细研究交易信息，掌握更多最新的信息，以便对设备和物品的购置作出最佳的选择。

三、客房用品配置

（一）客房用品的配置标准规格

1. 客房用品的配置

客房用品的配置是饭店星级划分的依据，是反映饭店档次的重要指标和明显标志，不同星级的饭店、不同种类的客房里所使用的客房用品的数量和质量有较大的差别。

高档次的饭店中的客房用品显得华丽名贵、种类齐全，除了满足客人基本生活需要以外，还会提供满足客人休闲、娱乐、享受需求的设备；低档次的饭店中的客房用品则比较简单，只求实用、方便和安全，能满足住店客人的基本生活需求。不同档次和种类的房间，虽然客房用品的配备标准规格不同，但提供给宾客使用的用品必须完好、齐全。

2. 生活需要空间

客人在客房中生活的需要，可分为以下几个空间。

（1）睡眠空间：床

床的质量要求是床垫与弹性底座有合适的弹性，牢固性强，方便移动及有优美的造型。在床头设有床头软板，以增加舒适度。床头柜是与床相配套的家具用品，它不仅能方便客人放置小件物品，更能满足客人在就寝期间的各种基本需求，如利用安装在床头柜上的电器开关开启电视、床头灯、脚灯、房间灯、音响，并放置时钟、电话机等。

（2）盥洗空间：卫生间

主要卫生设备有浴缸、坐便器、洗脸盆，简称"三缸"。浴缸带有淋浴喷头、浴帘、防滑扶手，底部应有防滑措施，上方的墙上有浴架和晾衣绳。洗脸台设在大理石台面里，上方墙上有镜面。台面上可放置供客人使用的各种梳洗、化妆及卫生用品。台面两侧的墙壁上分别装有不锈钢的毛巾架和卫生间电话，高档的饭店还配有电动剃须刀和吹风机，有直流电插座。台面下侧配有面巾纸箱，坐厕旁装有卷纸架。此外，卫生间应有通风换气装置，地面有泄水的地漏口。

（3）起居空间：窗前区

标准间的起居空间在窗前区，该区配置的起居家具为软座椅、茶几（或小圆桌），供客人休息、会客、观看电视和透过窗户眺望店外景物等。此外，还兼有供客人饮食的功能，客人可以在此饮食、进茶、吃水果及简便食品等。

（4）书写空间：床的对面

标准间的书写空间在床的对面，该区放置写字台（梳妆台）、软座椅（琴凳），台面上有台灯、文件夹。如果该客房不设独立电视柜，电视放在写字台一侧的台面上，下方柜内往往是放置各种饮料的小冰箱，被称为"小酒吧"。小酒吧里摆放着各种小瓶名酒、各种饮料和食品，以满足客人对酒类、饮料和食物的需要。靠房门一端是固定式行李架，下方是储物柜或鞋柜。中间是写字台，并带有抽屉，可放置文具。在该处的墙壁上一般都装有一面梳妆镜，客人既可在此书写整理文件，也可梳妆打扮。

（5）储存空间：壁橱

储存空间一般安排在卫生间的对面，进出房间的过道旁的壁橱即是。壁橱内可存放衣帽、箱子，有的还设有鞋箱。壁橱内应有照明灯，随开启而亮的照明灯是十分必要的。

不同饭店的各类客房由于等级、规格、风格不同，在配置客房用品上可根据各自的经营决策及实际需要而增减和设置。形式、规格也可不求一致，但不能违背经营原则，不降低客房规定标准，要牢记客房用品最基本的功能是满足客人需要，使客房的价与值相符。

3．客房租借用品

在大型城市饭店，除上述用品外，有许多宾客，特别是女性，常会向饭店借用各种用品，如吹风机、熨斗、熨衣板、电热垫、热水瓶、刀片、电动剃须刀、冰袋、急救包、泡沫枕头等。宾客借用物品中较为麻烦的是床板（为背、腰有病的宾客准备）、婴儿小床和额外的加床（折叠床），这些物品需要很大的存储空间，而且都需要相当的投资。饭店应有一套完善的制度保证这些借用物品及时归还，要详细地记录客人借用和归还物品的时间，并且应在这些用品上印上醒目的饭店标记。这些物品的储存应当清洁，保证物品使用的安全性和使用寿命。

（二）客房用品的储存

1．客房用品的配备标准

制定统一配备标准。每间客房用品的配备量有一固定标准，在管理中可将配备的标准列成书面材料，供日常发放、补充、检查和培训使用，服务员每天必须严格执行。

2．工作车物品配备标准

服务员工作车是专门用于存放各类客房用品的，工作车上应配有各种客房用品，其物品配备量也是固定的，一般为一个班次的耗用量。工作车上的物品配备数量及摆放位置等应有统一规定，这种规定可以写成文字或制成图片，张贴在工作间，以统一工作车的物品配备。

3．楼层小库房

楼层小库房通常备有可供楼层一周内使用的各种客房用品，由楼层领班进行控制，用品具体的品种、数量等详细资料应记录详细，以供领取物品和盘点时对照。

4．中心库房

中心库房设在客房部，储存着各类物资用品，其中也包括客房用品，储备量一般能满足一个月的消耗。物品的储备量最好做到既能保证供应、满足需求，又不积压。中心库房的保管员应根据物品的实际使用情况，制订物品定期的需求计划，及时上报物品储存量，使物品的存量既可供各楼层定期补充，又可满足楼层因耗用过大而造成的临时领料。

四、客房用品的发放和日常管理控制

（一）客房用品的发放

客房用品的发放应根据楼层小库房的配备量、楼层的消耗量制订一个发放周期和时间计划。这种做法有利于楼层的管理，促使各楼层工作有条理，减少工作漏洞。在物品发放日之前，楼层服务员应将本楼层库房的消耗量及库存情况统计出来，按照楼层库房规定的配置标准填好客房用品申请表，报楼层主管审批。服务员凭申请单到中心库房领取，领取后将此单交给中心库房以便统计。

（二）制定消耗标准

在实际工作中，为了更好地对客房物品进行量化控制，加强统计分析，更好地掌握各种客用品的消耗情况，饭店都会制定出合理的客房用品消耗标准。一般情况下，客房用品是每天按照客房物品的配备标准进行配置的，但由于物品的性质差别，并不是所有物品每天都会消耗完，有些物品可能没有消耗或没有完全消耗，因此饭店需要进行一些统计分析，以期找出物品消耗的规律。

1. 客房用品消耗标准

客房用品消耗标准的计算公式为：

单项用品消耗标准=客房出租间天数×每间客房配备数×平均消耗率

客房单项物品的平均消耗率应根据每间客房每天供应量和平均每间客房每天的消耗量进行计算。公式为：

客房单项物品的平均消耗率=平均每间客房每天的消耗量÷每间客房每天供应量

例如，客房的瓶装矿泉水，每间客房每天供应 4 瓶，而平均每间客房每天的消耗量为 3 瓶，那么矿泉水平均消耗率为 75%。如果某一楼层本月客房出租数为 600 间天，那么该楼层本月矿泉水消耗标准为：

600 间天×4 瓶/间天×75% = 1 800（瓶）

2. 全部用品的成本消耗标准

全部用品的成本消耗标准的计算公式为：

全部用品的成本消耗标准=客房出租间天数×每间客房配备的用品总价×平均消耗率

例如，某饭店每间客房全部消耗品的总价是 17 元，平均消耗率是 80%，如果某一楼层本月客房出租数为 600 间天，那么该楼层本月客房用品的消耗总金额为：

600 间天×17 元/间天×80%=8 160（元）

（三）控制流失

客房用品的流失主要是员工造成的，因此做好员工的思想工作很重要，同时也要为员工创造不使用客房用品的必要条件。另外，要随时锁上楼层小库房的门，工作车上的物品要严格控制，要按规定使用。控制饭店员工及外来人员上楼层，加强各种安全检查和严格执行各项管理制度。

（四）加强统计分析，进行每日统计，实行严格的奖惩制度

在服务员完成每天的客房整理后，应填写一份每日客房用品耗用表（见表 5-2）。各楼层及中心客房对客房用品耗用要进行每日、每周、每月、每季度、每年度的统计，最后将整个客房部的楼层客房用品耗量作汇总备案。根据规定的消耗标准实施奖惩。对超标消耗的要给予一定的惩罚，并分析其超标原因，找出解决问题的方法；对节约物品消耗的员工应根据其工作情况给予一定的奖励。但是要注意节约适度，不能因为过分强调节约而影响服务质量。

表 5-2　每日客房用品耗用表

楼层项目	客房卫生间用品								其他客房用品												
	洗发水	浴液	香皂	肥皂	浴帽	牙具	卫生纸	卫生袋	拖鞋	面巾纸	便签	笔	信封	信纸	明信片	传真纸	擦鞋器	洗衣袋	购物袋	行李箱贴	洗衣单据	茶叶	火柴
餐饮层																					
四层																					
五层																					
……																					
十五层																					
总计																					

主管签名＿＿＿＿＿＿＿＿＿

日　　期＿＿＿＿＿＿＿＿＿

（五）定期分析

一般情况下，这种定期分析应每月做一次。主要内容有：

（1）根据每日消耗量汇总表制定出月度各楼层消耗量汇总表。

（2）结合住客率及上月情况，制作每月客房用品消耗分析对照表。

（3）结合年初预算情况，制定月度预算。

（4）根据控制前后对照，确定每间天平均消耗额。

（六）严格进出手续

外购物品必须验收入库，凡领用物品必须按财务、物资管理手续登记。客用物品必须要用审批条支取，并填写原始凭证，防止漏洞出现。

第五节　布草管理

饭店布草是指饭店客房部对客房放置的面巾、方巾、浴巾、地巾、浴袍和床单、被褥、被套、棉胎被芯、枕芯枕套等一切与"布"有关的东西。这些既是客人入住饭店的必需品，也是点缀客房格调、烘托客房气氛、装饰环境的重要物品。因此，合理管理布草，做好布草的管理和控制是饭店提高客房服务品质的一项重要工作。

一、布草分类

饭店的布草可分为床上布草、卫浴布草、装饰布草。

（1）床上布草：床单、床裙、床护垫、被套、被芯、枕芯、枕套、抱枕、靠垫、床尾垫/床尾巾、晚安巾、床罩等。

（2）卫浴布草：方巾、面巾/毛巾、浴巾、地巾、浴衣/浴袍、浴帘、洗衣袋、包头巾、桑拿服等。

（3）装饰布草：内纱帘、遮光帘、外窗帘、椅套、台裙等。

二、布草配备标准及选购要求

（一）布草配备标准

不同星级饭店对布草配备的标准和要求是不同的，表5-3列举了不同星级饭店对客房布草的配备要求。

表5-3 各星级饭店布草配备标准

饭店星级	布草配备要求
二星级	1. 毛巾：浴巾，每房2条；面巾，每房2条；地巾，每房1条 2. 软垫：每床1只
三星级	1. 毛巾：浴巾，每房2条；面巾，每房2条；地巾，每房1条；方巾，每房2条 2. 软垫：每床1只 3. 床上用品：床单，每床不少于2条；枕芯，每床2个；枕套，每床2只；毛毯，每床2条；床罩，每床1条；备用薄棉被（或备用毛毯），每床备1条；衬垫，每床1条
四、五星级	1. 毛巾：浴巾，每房2条；面巾，每房2条；地巾，每房1条；方巾，每房2条 2. 浴衣：每床1件 3. 软垫：每床2只 4. 床上用品：床单，每床不少于2条；枕芯，每床不少于2只；枕套，每床不少于2只；毛毯，每床1条；床罩，每床1条；备用薄棉被（或备用毛毯），每床备1条；衬垫，每床1条

（二）布草的选购要求

1. 符合健康保健的要求

布草的质量，特别是床上用品的质量，决定了客人的睡眠质量及身体的健康程度。因此，在选购布草时，要遵循健康保健的原则，选取对人的健康有利的材质。如市场流行的棉麻系列、菊花枕、麦饭石枕、护颈枕等保健系列用品，可作为饭店布草选取方向。

2. 坚持舒适实用的原则

作为日常使用品，简洁、方便、实用是饭店布草选取的主要标准。床品的选择可以根据季节的变化而变化，如春夏可选择清新、跳跃的色彩营造鲜活氛围，冬季可以选择暖色调，烘托温暖的视觉效果。被子系列夏季以3斤左右为宜，春秋季4~5斤左右，冬季6~8斤左右。同时要视当地气候及客房布置的要求而定。在质量上，由于需要适应频繁的洗涤，断裂强力、吸水性、耐洗色牢度和耐摩擦色牢度等是选购时需要重点考虑的指标。

3. 充分考虑与客房环境的协调性

布草必须考虑与房间环境的协调性，突出客房的装饰风格，既美观大方，又能使客人感到宾至如归。

三、布草的管理与控制

（一）布草的交接管理

（1）客房部根据实际使用量配置一定的布草数量，领取的布草归客房部负责保管。

（2）楼层由指定的布草管理员管理该楼层的布草，并对布草的数量及洗涤质量负责，如有遗失，先追究该楼层布草管理员的责任。如各楼层之间发生布草借用，必须做好记录并及时归还。

（3）以脏布草换干净布草的形式换洗布草，如果不能当面换领布草的，双方需要做好记录，洗涤后由客房部及时领回。各楼层管理员对洗衣房送回的干净布草进行认真检查，如有破损或污渍，需及时联系洗衣房或报上级领导。

（4）登记报废布草的种类和数量，并注明消耗的原因，以便准确统计；每月将上述有关数据汇总并将报告送交客房部经理及财务部，经客房部经理同意，报废的布草、毛巾改为抹布使用。

（5）每周对布草数量进行盘点。

（二）布草的洗涤管理

（1）洗衣房每天与楼层服务员清点脏布草和干净布草的数量，双方签字确认。

（2）楼层服务员在清理房间时，按照床单和被罩、巾类、枕袋分别存放布草，以方便点数并防止交叉污染。将脏布草及时送到洗衣房，由洗衣房做好收取登记。

（3）洗衣房负责楼层布草的收发、洗涤、熨烫及折叠工作，每天按规定定时到楼层收取脏布草。

（4）洗衣房在洗涤前，认真分类检查，床单与巾类不得混在一起洗涤，并将有特殊污垢的布草挑出单独处理。严格按洗涤操作程序及投料标准洗涤，并填写《洗涤记录》。

（5）如果有因服务人员使用不当或因客人使用不当而造成污染、破损的，洗衣房须及时向客房部报告，请示处理意见。

（6）无特殊情况，洗衣房必须安排在当日将送来的布草全部洗涤完毕。

（三）布草的收回和报废

（1）洗涤部门按规定的时间送回各楼层干净布草。

（2）洗涤部门送回的布草，由酒店派人按双方约定的验收及质量标准进行检查；如发现有质量问题要及时退洗，并做好记录。验收完毕，双方责任人共同在验收交接单上签字确认。以验收单注明的类别及数目作为依据。

（3）必须按照指定规格折叠送回的布草。

（4）服务员发现损坏的布草要及时通知主管。

（5）布草破损、虚边或发黑严重的，不得再投入使用，必须申请报废。申请报废时，须填写报损单，将报废原因记录清楚，每月月底盘点时统一交酒店总经理处理。

（6）已经报废的布草与可用布草分开存放，报废的布草可用作抹布或废布。

（四）布草的盘点工作

（1）盘点当天，洗衣房按指定时间将脏布草全部收回送往洗衣房，客房楼层于指定时间停止布草送洗，洗衣房须在盘点当天或次日将清洁好的各类客房布草送回布草房盘点。

（2）盘点前将所有布草整齐摆放在工作架上以便盘点，按指定规格捆扎布草：浴巾、毛巾和地巾每10条1扎，方巾每50条1扎，床单每20条1扎。

（3）各楼层对各类布草进行盘点，楼层领班负责填写楼层布草盘点记录；布草房进行布草盘点，领班负责填写布草盘点记录，布草管理员负责检查布草房的布草盘点工作。

（4）盘点后，核实楼层及布草房盘点的结果，核实公式为：

布草房布草存量+各楼层布草的总存量+破损布草数量−（上期布草盘点数目+上期布草盘点后的进货数量）=正负差额

（5）如盘点数正负距离太大，布草房应组织重新盘点布草。

本章小结

本章主要介绍了一般饭店客房服务的基本类别，探讨客房服务模式以及如何强化客房服务管理，这是客房服务管理中应掌握的最基本的知识和技能。本章所介绍的内容只是一个概括性的内容，不同饭店可以根据自己的实际情况制定更加个性化的服务。随着时代的进步和人们观念的转变，客房的一些服务将被淘汰，同时饭店将会提供更新种类的服务，客房的服务管理也需要与时俱进。

关键概念

客房服务中心　　客房用品　　客房备品

课堂讨论题

怎样才能使客房用品的管理更加合理、有效？

案例分析题

（一）案例

某天，厦门某饭店的服务员小林刚回到楼层，同事就告诉她有位夏女士请他到 1009 客房去找她。小林敲开了 1009 房的门。开门的是一位五十多岁的女士，小林觉得她很面熟，好像在哪里见过，却又记不起她是谁了。客人一见小林便高兴地说："你是小林吧？谢谢你将裙子帮我寄到上海，你的服务真的很周到。这次，我本想住九楼，可惜没房间了。"这时小林才想起，三个月前，饭店洗衣房送回 902 客人送洗的裙子时，房主却已经退房了。服务员小林知道她很珍爱这条裙子，因为在送洗之前她特意说过这是她过生日时丈夫送的，希望洗衣房在洗涤的时候要特别注意，不要弄坏。本来夏女士要住四天的，但临时有急事，只住了一天就走了。因为客人走得急，连珍爱的裙子都忘记带走。夏女士来自上海，而且这是第一次来厦门，下次还不知道什么时候再来，怎么办呢？小林决定按照住宿单上的地址，将裙子寄给夏女士。在邮寄时小林还附加了一张卡片，祝她生活幸福，工作顺意。于是就有了开头的那一幕。夏女士接着对小林说："那天我因有急事走得很匆忙，回家才发现裙子不见了，我都不记得遗失在哪里了，正心疼不已。没想到却收到这份意外的惊喜。这次我到厦门出差顺道来谢谢你。夏女士手握红包，说："这是一点心意，请你务必收下，就算作为邮费的补偿吧。"小林微笑着对夏女士说："这是我应该做的，欢迎您下次再光临我们饭店。"

请分析：小林的这种做法给了我们哪些启示？

（二）案例分析提示

本案例中，由于小林在夏女士离店后，为她寄去了她珍爱的因送洗而遗忘的裙子，使她感到了饭店对客人的关心，为这家饭店赢得了一位忠诚的客户。饭店客房服务，普遍被认为是一种即时服务，也就是客人离开饭店，服务即告结束。实际上，对饭店来说，除了做好面对面的即时服务，离店后的延伸服务也很重要。因为对于外出的客人来说，如果离开饭店回到家里仍然能感觉到饭店送来的温馨与关照，那种愉悦的心情是难以用语言来表达的,而且将回味无穷。客人由此对饭店产生的感情也要深得多。小林能够充分利用饭店的规定,将客房服务作适当的延伸,是一种难能可贵的服务精神。

复习思考题

1. 客房服务类别有哪些?
2. 楼层服务台的优缺点各是什么?
3. 设置客房服务中心比设置楼层服务台更好吗?
4. 怎样才能做好客房服务管理?

第六章 前厅、客房服务质量管理

引言

前厅与客房作为饭店主要的一线部门，其员工的服务质量和服务素质直接体现了饭店的总体服务水平，也是影响客人对饭店整体印象和评价的重要因素。因此，饭店应当把前厅和客房的服务管理作为饭店经营和管理的重点，不仅管理人员要重视，一线员工也要有这个意识，时刻记住自己是饭店形象的代表，努力提高服务质量和服务水平，让客人能够真正体验到"宾至如归"的感觉。

学习目标

① 明确饭店经营管理过程中的安全问题，提高安全管理意识。
② 重视饭店前厅、客房服务的质量问题，明确"质量是企业的保证"的经营管理宗旨。
③ 学习饭店质量管理的方法。

教学建议

① 注意联系实际，结合典型案例进行教学。
② 注意与其他章节的联系，突出本章重点。
③ 鼓励学生自行阅读一些与质量管理相关的著作，扩展思维，提高学习能力。

第一节 前厅、客房安全管理

安全问题对于饭店来说是一个重要的管理问题，涉及宾客以及员工的人身和财产安全。饭店想要给客人传递"宾至如归"的感觉，安全问题是首先要被考虑在内的重要因素和基本要求。

一、饭店安全管理

（一）饭店的安全问题

所谓饭店的安全问题就是在饭店内任何涉及、影响客人及员工的人身和财产安全的问题。饭店是一个能够为客人提供食宿及娱乐的场所，客人在饭店住宿、停留期间可能会遇到各种问题，这些问题都可能危及客人安全，饭店必须要履行和担负保障客人安全的义务和职责。饭店有义务保证进入及居住在饭店的客人不受伤害，同时保证逗留饭店期间其财物的安全。

实际上，饭店的安全工作除要保证客人的安全外，还要考虑员工的安全。因为员工是饭店大家庭的一分子，是饭店为客人提供服务的主体。员工的安全受到威胁，甚至伤害，必然会影响到客人的情绪和感受。所以，饭店也要将员工的安全问题纳入安全管理的范畴，进行整体的部署和计划。饭店首先要保证员工的安全，员工的安全是饭店安全的基础。

（二）饭店安全管理的含义和程序

1. 含义

简单地讲，饭店的安全管理就是指饭店通过各种安全措施的计划与实施，保证宾客和员工的人身及财产安全的管理工作。由于前厅和客房是客人住店期间最直接也是最经常的活动场所，因此前厅和客房的安全管理就成为饭店安全管理的重中之重。

2. 程序

（1）危险的识别

危险的识别是指当饭店出现安全问题或者安全隐患时，员工能够对危险作出正确的反应以保护客人和员工自身的安全。这就要求饭店应当对员工做好事前充分的培训，培养员工的安全意识。

（2）制定安全管理程序

这些程序包括：

① 员工培训。对员工进行适当的培训可以使他们面对安全问题时能够及时应对，以保证客人和员工自身人身和财产的安全。培训的内容应当包括饭店可能出现的任何危险情况，以及员工一旦发现危险时的处理方法和程序。

② 制定日常的工作规范。履行常规制度和措施可以有效应对对安全构成的威胁。各个部门的管理者应当确立与安全工作相关的制度和具体的实施步骤，并且监督员工能够真正将这些安全措施落实到实际工作中。

③ 确立安全责任制。制定并明确安全责任制可以有效保证安全管理制度的实行，并且在事后总结时能够对部门和员工的行为进行有理有据的褒奖或者批评处理。

（3）执行安全管理程序

① 加强监视和巡逻。对饭店某些区域，如楼道、客房走廊等进行经常性的监视和巡逻，能够有效降低危险的发生率，阻止违法行为的发生，以预防任何影响安全问题的出

现，保证饭店的安全。一些对人身和财产安全构成威胁的因素可以通过在公共场所安装摄像头加以解决。要注意的是，饭店运用摄像头监控必须保证有效性。如果安装摄像头仅仅是一个摆设，并没有实际运用于监控工作，那么这些机器的存在只会让客人产生自己非常安全的错觉而掉以轻心。

② 有计划地进行系统检查。对饭店各部门进行全面的例行检查通常有利于发现安全隐患。检查要定好时间和内容，检查后必须记录当次发现的问题，以便采取进一步的措施。

③ 进行必要的设施改造。检查后如果发现一些设施具有潜在的危险，必须及时进行改造。对于已经发现了或应当在日常管理中预见的一些缺陷，如果没有及时加以弥补，必然会加大日后发生危险的可能性。

（4）监督程序的执行结果

饭店必须建立相关部门，如安全委员会，赋予他们相应的权力，让他们监督并且评价饭店安全管理程序的执行结果。如果安全保障程序不能发挥应有的作用，不能有效地减少或杜绝饭店员工及其客人面临的威胁，就必须检查此程序并进行修改。

二、前厅安全管理

（一）前厅安全管理的重要性

前厅是客人进入饭店接触的第一个地方，它直接影响到客人对饭店的"第一印象"。因此，前厅是饭店安全管理的首要部门，在饭店安全管理中起着重要的影响和代表作用。前厅的安全管理与客房的安全管理不同，具有其自身的特点：

（1）前厅是饭店的开放区，人流较大，发生直接安全事故的可能性不大。

（2）前厅的安全工作会影响到饭店其他部门的安全工作，如登记宾客入住时即可发现一些情况，应该提高警惕，将信息及时上报，并通知有关部门采取相应措施，做好应对准备。

（3）一旦发生问题，前厅是饭店的主要出口，应当保持各个出口畅通。

（4）前厅的设施设备主要是公用的，因此其老化速度相对较快。在日常安全工作中应当特别注意，加强对大堂的吊灯、地毯以及一些花卉、艺术品摆设的检查力度。

（二）前厅安全管理的内容

1. 前厅安全管理的基本要求

（1）加强出租车管理，部署保安对停车场和大堂进行巡视，维持正常秩序。

（2）严格宾客住宿登记手续，核对有效证件并复印备查，保证其住房卡或钥匙凭证准确无误。

（3）商品柜台应六面牢靠，做到离人必须落锁，客人持支票购物应严格执行有关规定。

（4）金银、珠宝及其他贵重物品，非营业期间应存入保险柜或采取有效的防护措施。

（5）严禁非法将枪支、弹药、剧毒、易燃易爆物品及管制刀具带入饭店，未经有关部门批准饭店内禁止销售、燃放烟花爆竹。

（6）行李房及贵重物品寄存处应具备防火、防盗条件，行李寄存应有严格的交接手续，发现行李破损、丢失，应及时报告并查明原因，客人在大堂暂存的行李要集中堆放，加盖网罩，设人看守。客人寄存贵重物品应放入客用保管柜，钥匙应有专人保管，有严格的存取手续。

2．前厅安全管理的主要问题

（1）客人入住登记手续的办理

国内客人在登记入住时，如果发现有下列情况，接待员应当引起注意：

① 涂改证件。

② 证件印章有问题。

③ 证件上笔迹有问题。

④ 登记单上填写的文化程度与实际水平有矛盾。

⑤ 多种证件不相统一。

⑥ 登记人不熟悉登记单位的情况。

⑦ 外出事由与身份有矛盾。

⑧ 证件照片与外貌不相符。

⑨ 证件使用时间与证件破损程度不符。

⑩ 口音与籍贯或工作所在地不符。

接待员发现类似可疑客人应当设法将其稳住，不要让对方察觉到。将客人安排入住以后，立即通知饭店保安部和客房部，由保安部协调客房部按照治安管理条例的规定上报处理。饭店也可加强监管，如客房服务员以进房为客人整理卫生为由，加强房间检查，最好选择客人不在房内时进行。

（2）客人物品的安全保管

行李寄存处负责客人一些行李的寄存服务。这项服务看似简单，实际上稍有疏忽就会造成客人物品的遗失或者破损，引起客人的不满，与饭店产生纠纷。因此，前厅的行李房应当认真做好该项工作，保证寄存行李的安全。行李处理应注意下列事项：

① 接收客人寄存的行李时，要问清物品的保管期限。

② 不要忘记询问客人行李中是否有贵重物品或需要特殊处理的物品。

③ 把记录客房号、姓名、保管期限的卡片贴于外包装上。

④ 注意避免因保管人过失损坏保管物或保管物被污染、变质。

⑤ 注意防止房客将保管物与饭店内物品或个人携带品混在一起。

⑥ 客人提取保管物时，收取行李的寄存联，核对上面的资料，并且要注意检查上面有没有记载着其他注意事项，如客人结账后又发生了费用或者客人有留言、邮件等。

（3）收银结账手续的安全

饭店大部分客人在结账时都用现金，但也有一些客人可能用信用卡或者支票支付。前厅收银员在为使用信用卡或者支票的客人办理结账手续时应当特别注意，避免操作失误而给饭店带来损失。

处理信用卡时的注意事项：

① 查看有效身份证件以确认信用卡上的姓名同持卡人的姓名一致。

② 检查信用卡是否有明显涂改的痕迹。

③ 确认信用卡的有效性，即是否过期或是否开始生效。

④ 查看信用卡背面的签名同信用卡结账客人的签名是否一致。

⑤ 将没有处理的信用卡结账单保管在安全地方，以防止被盗。

处理个人支票时的注意事项：

① 查看有效身份证件以确认支票上的姓名同用支票结账者的姓名一致。

② 对没有银行直接授权的支票，注意其限定的最高付款金额。

③ 确定支票上饭店名称、日期、金额、银行地址等书写是否正确，注意金额的大小写要一致，手写签名要同支票一致。

④ 仔细检查支票是否有涂改痕迹。

⑤ 所有支票上应该留有当地的电话号码和地址。

⑥ 谨慎接受或拒收非本市支票，因为此类支票很难收账。

（4）防止收银员的贪污行为

饭店内部员工可能会通过两种方式对饭店资产进行盗窃：一种是盗窃饭店钱款，即贪污；另一种是盗窃饭店物品。前厅可能发生的影响饭店财物安全的事情是收银员的贪污行为，主要有以下几种情况：

① 向客人收取一些不收费项目的费用，然后把钱款据为己有。

② 利用客人离开的时机，篡改或增加信用卡的结账金额，然后把差价金额据为己有。

③ 故意算错账目，使之高于应收的金额，把多出的部分装进自己腰包。

④ 故意少找给客人零钱，把零钱留给自己。

⑤ 向客人收取高于服务和产品规定价格的费用，扣除规定价格，将超出部分私吞。

为了防止员工的这些行为，饭店应当建立完善的财务监督制度，通过制定相应的惩罚制度，让员工明确一旦犯错误则要付出的代价及对自身的影响。同时，还应注意在甄选相关岗位员工时进行严格的筛选。

（5）客房钥匙保管与配发

客房钥匙关系到客人的人身和财产安全以及饭店财产的安全，所以对钥匙的管理和发放需要进行严格控制。目前饭店大多采用电子门锁，这种钥匙卡比传统的机械钥匙方便、安全，但是其发放和管理的过程也要注意一些要点：第一，在制作钥匙卡时要注意绝对不能在钥匙卡上印上房间号和饭店的信息，确保即使钥匙卡丢失或被盗，小偷也不知道钥匙属于哪个饭店或哪个房间；第二，对员工进行必要的培训，尤其是前厅和客房工作人员，要教会他们钥匙卡的使用方法，确保钥匙卡安全使用；第三，给客人办理入住手续时，不要大声宣布客人的房间号；第四，客人如果把钥匙卡落在房间或者弄丢，则要在证实客人身份后，才向其提供备用钥匙卡，注意，备用钥匙卡只能发放给登记入住的客人；第五，把万能钥匙卡的使用降到最低限度，同时要对所有万能钥匙卡和副万能钥匙卡备案。

三、客房安全管理

（一）客房安全管理的重要性

住店客人在饭店的大部分时间都是在客房中度过的，所以客房的安全管理直接关系到客人的人身和财产安全，同时客房本身存在的一些因素也会影响客房的安全。因此，客房管理应该被饭店管理者视为饭店安全管理的"重头戏"，其特点主要包括以下几个方面：

（1）客房属于饭店的非开放区，一旦发生安全问题，客人很容易察觉到，给客人的感觉带来较大的冲击。

（2）客房区空间内存在不少可燃物质，因而火灾危险很大，而且一旦发生火灾就可能酿成重大灾害。

（3）客人自身的警觉意识不够也会导致一些危险情况的发生，如客人外出房门没有锁好而客房服务员又没有留意，这样就给小偷留下可乘之机。

（4）客房作为客人的私密空间，其私密性也给客房的安全管理带来了一些困难。如客房的"请勿打扰"牌子一定程度上阻碍了服务员的一些日常服务。

（二）客房安全管理的内容

1．客房安全管理的基本要求

（1）客房应设置"请勿卧床吸烟"标志，放置《宾客安全须知》，贴挂《消防疏散图》。

（2）严禁住宿客人使用自备的电热器具。

（3）包租客房、公寓、写字间的长住户不得私自让他人留宿；使用自备的电器应得到店方的允许，并由饭店指定电工安装；如需调换房间，应事先向饭店声明并履行变更登记手续。

（4）客人退房后，服务员应及时检查房间内有无遗留火种、危险物品及其他物品。

（5）客房服务员应有明确的责任区，不得擅自离岗。打扫房间时应将清洁车堵住房间门口，禁止无关人员入内，一间清扫完毕应锁好门再进入下一间，同时认真登记进出客房时间。

（6）应经常对电子磁卡锁进行安全检查，确保其安全有效。

（7）建立完善有效的会客制度，来访客人应在 23:00 前离开客房。服务人员不得把住店客人的情况向外人泄漏。

（8）客人退房离店，应及时收回房间钥匙。发现钥匙丢失应迅速查明原因并通知安保部门，及时采取防范措施。

（9）发生消防报警后，保安、客房、工程等部门应在 3 分钟内到达现场。保安部负责携带灭火器材、逃生面具、对讲机、消防手电、消防电话等；客房部或前厅部负责开启房门并向客人说明情况。工程部负责对发生火灾时的电气、设备等采取应急措施。

（10）客房区应适当配置消防逃生器具。

（11）客房楼层应设安全出口标志，备有应急照明灯，安全疏散通道不得堆放杂物。

（12）通向楼外的安全门既要确保人员紧急疏散，又要防止无关人员随意进入，可使用单向锁、电磁门等。

（13）楼层管道竖井应按有关规定进行楼层封堵，检修孔严禁放置杂物。

2．客房安全管理的主要问题

（1）火灾的预防与处理措施

客房内的易燃品多，住店客人用火、用电疏忽或者电源电器设备老化等原因均有可能引起火灾。因此，客房的安全管理必须极其重视防火工作。

① 适时组织新老员工进行防火知识的培训与学习，使他们熟悉防火规定，掌握防火器材的使用方法，熟悉工作场所的建筑布局、建筑材料的特点、消防系统的布局、消防设备的配备，从而能够在危急时刻冷静应对。

②　在客房所有必要的地方设置火警示意标志，如客房门后面的《紧急疏散图》，床头柜上的"请勿在床上吸烟"卡，以及走道和安全通道口的一些防火标志和疏散图。

③　定期检查各常用和紧急出口是否畅通；检查各种消防设施、消防器材是否完好无损，消防报警系统有无故障。

④　与消防部门建立良好关系，征求消防部门检查人员的意见，以确定消防方案是否有效，利用这些检查人员的专业知识使本部门的防火方案更为完善。

发生火灾的应急处理方法：

①　服务人员听到自动报警器发出警报信号，闻到器物燃烧的气味或发现火情，应迅速查明火源、火情，并立即将发火地点、火势、燃烧物质、抢救情况、报告人姓名等清晰、准确地向有关部门报告。

②　如果火情不严重，而消防队员尚未抵达现场，可根据火情用水桶、灭火器材、消防栓等现有设备和工具抢救。灭火后要保护好现场，为事后调查事故原因提供线索。

③　如果一时无法控制火情，则要紧急疏散客人，但要有组织、有步骤地快速进行。服务人员应该立即打开太平门、安全梯门，引导客人疏散，同时还要控制各个通道和出口的人流量，快速、安全地将客人引出危险区域。

④　在疏散客人时，如果过道烟雾浓厚，应该让客人匍匐而行。如果情况允许，服务人员还要逐一检查客房内是否还有客人，保证所有客人都安全离开。

（2）防止客人的偷盗行为

事实证明，有些人对饭店内实用性的东西比较感兴趣，因此他们在离开饭店时总会喜欢"带上"一两件。这类物品如毛巾、浴巾、小件的客房装饰物品（因为太大的物品不方便带走），物品虽小，但是累积起来数额就可能很大，这样会给饭店造成不必要的经济损失。实际上，大多数客人并非真正要偷窃饭店的财物，只是喜欢将一些小物件作为纪念品带回家而已。因此，饭店要采取相应措施有效地防止宾客的"偷盗"行为，具体措施如下：

①　客人退房时，服务员应该及时进房检查，发现东西遗失后，应立即告诉前台，并且把遗失物品的名称说清楚，以便大堂助理或者前台服务人员处理问题。

②　在询问客人时，要谨慎而行，要特别注意方法尤其是语言的运用，以防伤害客人的感情和脸面。

③　客房内的陈设在购买时应该挑选得当，或者采取特殊的处理方式，如雕塑、织锦、书画等艺术品应该粘牢或者拴紧。

除上述几个方面外，客房工作人员在日常工作中还应该留心观察客人，如果发现一些可疑情况，应该立即上报。工作中应该留心观察和掌握的情况和事项包括：

① 在整理客房时应该细心观察客房有无异常物品、异味和废纸篓里的丢弃物。

② 拒绝打扫客房的客人。

③ 在走廊里无故徘徊的客人。

④ 有行李但是不交给服务人员而亲自搬动；行李虽然很小，可是显得很重；过分担心其所保管的物品。

⑤ 神情经常表现出很着急、不安、恐惧、彷徨、神经质。

⑥ 对服务员没有理由地制造事端，以此引起众人注意的人。

四、前厅、客房安全管理的其他问题

（一）安全工作协调

前厅客房的安全管理需要同其他部门协调进行，在其他相关部门的配合协作下保证前厅、客房安全管理的顺利实施，保障饭店员工与客人的安全。安全工作主要的协调部门为保安部和工程部。

1. 前厅、客房部与工程部的协调

前厅、客房部门应积极配合工程部制订相关保养计划，并切实按照计划实施。前厅、客房需要设备、设施的维修保护时，工程部应认真进行记录，并根据紧急程度安排时间修复，对于那些紧急维修通知，工程部应尽快派人到现场处理。另外，工程部还应该征求前厅、客房部的意见，针对饭店设施、设备的一些不足进行改进。工程部到各个部门巡检时，要提前通知，以协调检查时间。

附：饭店客房循环巡查检查表（见表 6-1）

表 6-1　饭店客房循环巡查检查表

房间号：

序　号	项　目	日　期
1	防盗设备检查，并加固	
2	走道灯、酒吧灯复明（壁柜门灯复明）	
3	检查门铃，动力插座紧固	
4	检查壁柜门，保证其灵活，衣物架松动紧固	
5	检查节能控制板、照明控制板	
6	卫生袋、挂衣钩加固	
7	检查手纸盒是否定好，汽水板座加固	
8	洗面盆冷热水混合器排堵、清洁并加固	

续表

序　号	项　目	日　期
9	洗面台封水垫料是否定好，必要时补胶	
10	检查并加固便桶坐垫	
11	检查便桶水箱是否漏水、渗水，并修复	
12	检查便桶底部是否渗水，必要时补胶	
13	检查淋浴混合器是否混水，排堵并紧固	
14	检查浴缸下水塞结构，并使其保持下水畅通	
15	紧固毛巾架、浴巾架、浴缸处扶手	
16	紧固浴帘棍、晾衣绳并保持衣绳工作正常	
17	检查家具拉手，保持牢固	
18	检查修整家具抽屉、铰链	
19	调整电视频道，使其和饭店设定频道一致	
20	检查冰箱工作是否正常，配齐旋钮及灯泡	
21	检查床脚是否松动，保证其牢固	
22	加固窗帘导轨，配齐窗帘配件	
23	检查落地灯、壁灯，使其牢固，更换损坏灯泡	
24	检查家具松动处，并加固	
25	修补脱落墙纸	
26	检查音响频道，检查各旋钮并补齐，检查脚灯	
27	检查空调水管是否漏水，滤芯拆下清洗	
28	加固、修复门碰头	
29	检查警眼，加固房间门牌	
30	修正房间门、浴间门锁	
31	加固、修复空调温度调整器	
32	配齐修正铝合金窗配件，保证其正常工作	
备　注		签名

2. 前厅、客房部与保安部的协调

保安部要安排好日常对前厅、客房的巡查任务，并且保证保安系统正常运作，如摄像头保持有人监控等。保安部也要对前厅、客房提供安全信息并及时更新，如公安局最新发布的通缉犯的照片等个人资料等。针对前厅、客房可能出现或曾经出现的一些安全问题，保安部工作人员要做好记录并整理成册，并且要对外保密。前厅、客房一旦出现

危险情况，保安部要立即赶到现场协同处理。

（二）确立应急事件处理机制

饭店的安全管理必须明确各种可能出现的危险情况，并在此基础上确立危机解决方案或者紧急事件处理程序，以此为据组织员工学习和培训，保障饭店员工与客人最大程度的安全。紧急事件处理程序必须采取书面形式，规定事件发生时管理者和服务人员的责任和任务。计划书的内容不用面面俱到，只需简明扼要地制定一些紧急应对措施。因为事件发生时通常相当紧急，处理的关键就在于防止混乱，所以形式简单的处理程序实施起来会更有效。处理机制需要包括以下基本内容：

（1）事件的性质。

（2）事件发生时应该通知的对象。

（3）应该采取什么措施来解决问题。

（4）采取措施的负责人和实施者。

（5）事件发生时需要保持联络的对象。

紧急事件处理程序制定完毕后，不能就此结束，必须将其复印，散发给各个部门领导和相关服务人员，并组织培训演练。计划书并不是固定不变的，还需要定期审核、修改其中不完善的地方，保证计划书的实时性和有效性。

附：火灾紧急事件处理机制

● 火警警报

当火警警报拉响时，所有非紧急事件工作人员从最近的安全出口撤离并到达停车场。

客房服务员将服务车推到最近的空房内，保证走廊无障碍。

前台经理或主管检查火势仪表盘，查找火源及烟源。

得到值班经理的命令后，前台拨打火警电话并通报失火情况和地点。

● 火灾应对指导

在不危及自身安全的情况下，将发现烟雾、热气和火势的情况通知客人及其他工作人员。

关闭所有房门，防止火势蔓延。

接受过培训的员工，在可能的情况下，可以使用公共或消防队的灭火器协助灭火。

不可以逃向有火苗和烟雾的地方。

通过电话或直接联系，告知客人和工作人员最近的安全出口。

立即通知有行动障碍的客人。如果客人不接电话，派人在安全的情况下亲自帮助客人离开客房。如果无法接近客人，在消防员到达时，立刻向他们汇报。

任何情况下都不要使用电梯。

如果你或客人所处的房间内有火或烟，不要打开房门。用湿毛巾堵住门下边的缝隙，并打电话求救。用湿毛巾包住头和肩膀，把身体置于低处，等待救援。

如果在走廊、楼梯上发现火苗，赶快停下来，回到安全地带寻找其他逃生途径。

把发生火灾房间的门窗紧闭，减弱火势的蔓延。

● 疏散

对楼内人员立即进行疏散，并保持镇静。保证客人安全是首要任务。每个部门都要指派一名员工监督其他员工的疏散，这名员工负责提供必要的帮助，并对本部门员工的安全负责。

第二节　前厅服务质量

一、前厅服务质量的特点

饭店为客人提供的服务主要包括有形产品和无形产品。无形产品主要是指服务人员提供的服务。各个部门由于其功能和设施设备的不同，产品中实物含量和服务含量的比例是不一样的。前厅的产品主要是服务产品，即前厅各个工作岗位的服务人员所提供服务的总和。因此，其产品的质量主要是由无形的服务含量决定的。于是，前厅服务质量有以下特点。

1. 时间的短暂性

前厅是客人在饭店接受服务时间相对较短暂的部门，客人通常在前厅逗留时间不长。因此，服务质量的高低可能在瞬间被定位，并容易在客人心目中形成永久印象。

2. 服务的多重性

前厅为客人提供的服务是多种多样的，包括迎宾、接待、问讯，行李的寄存、搬运，电话总机服务、商务服务等。客人在前厅的时间可能不长，但是接受的服务环节却可能很多。每个服务环节的服务都会影响到客人的感知，从而影响到前厅的整体服务质量。

3. 对人员素质的依赖性较大

前厅的服务主要以无形的服务为主，与客房部、餐饮部需要依赖有形产品的配合有很大区别。前厅的服务质量多取决于一次次面对面的对客服务，因此前厅的服务质量更多地依赖于其员工队伍的素质。

4. 对服务人员素质要求较高

与其他服务部门不同，前厅的服务类别具有多变性、灵活性，并非单纯按照规程进行。服务人员除掌握基本服务技巧外，还需要广泛的知识面和外语水平，如问讯服务和商务中心的服务。

二、前厅服务质量要求

前厅服务主要包括以下几项服务，服务人员应该严格按照一定的质量要求提供服务，以保证前厅的总体服务水平和服务质量。

（一）迎宾服务

（1）饭店必须设置与饭店规模、档次相适应的迎宾岗位，包括门童和电梯接待员。

（2）明确规定迎宾岗位的工作时间、工作地点。迎宾员必须遵守规定，工作期间不得随意离岗。

（3）迎宾员上岗前，要自我检查仪容仪表，必须按要求着装，工作服要整洁、得体，保证在岗期间仪容端庄、仪表整洁。

（4）到工作岗位后，要精神饱满、面带微笑、站姿端正、腰背挺直，时刻保持完好的工作状态。

（5）门童也叫大门迎宾员，一般站立在大门外的一侧，距门一步左右。站立时应保持两腿与肩同宽，两手自然垂直或交叠背在身后。

（6）电梯接待员站立于大堂电梯旁规定的位置，站立时保持两腿并拢，呈立正姿势，双手交叠，自然垂放在身前。

（7）迎宾员要一视同仁，使用礼貌用语，主动为客人提供服务。门童应坚持做到：客到有人迎，客走有人送，按服务规程进行操作；电梯接待员要做到：为上下电梯的客人按电梯按钮，挡梯门，坚持规范化服务。

（8）掌握饭店各项服务设施与服务项目的营业时间等业务情况，熟悉当天重要会议、宴会和文娱活动的安排情况，了解市内交通与重要旅游景点情况，以便准确回答客人的问讯和引导有关宾客出入。

（9）在车辆往来频繁的情况下，迎宾员应该主动配合保安人员维持好饭店大门前的秩序，避免交通堵塞。

（10）迎宾员除热情迎送客人外，还担负着维护饭店秩序和保安保卫的责任。对醉酒客人、精神病患者和衣冠不整的人，要礼貌地谢绝其入内。对形迹可疑的人，要主动上前询问，并及时报告保安部。

（11）随时保持岗位设施设备完好，维护周边环境整洁。

（二）行李服务

（1）行李员在规定的工作时间内必须始终保证在岗，随时准备为客人提供行李服务。

（2）上岗时，每一名行李员都要做到仪容端庄、仪表整洁，按要求着装，工作服必须整洁、得体，始终坚持站立服务，站姿端正、面带微笑、精神饱满、全神贯注，时刻保持完好的工作状态。

（3）随时做好接送行李的准备工作。接送行李时，必须严格按照行李运送程序操作，并做到轻拿轻放，不能超载，确保将客人的行李安全无误、优质高效地送达。

（4）视客人情况，略作客房服务设施介绍或饭店服务项目介绍，对于常住客，则不必介绍。

（5）负责客人行李的寄存工作，应认真清点检查，做好登记、签收和保管工作，保证无差错。

（6）对不宜保管的物品，如易燃、易爆品，应向客人解释饭店的规定，婉言拒绝。

（7）保持行李房、行李车、行李网罩等设施设备整洁、完好。

（8）行李服务应该严格按照规程办事，热情服务、不出差错，始终保证行李安全完好。

（三）预订服务

（1）要求员工上岗时仪容端庄、仪表整洁，按要求着装，工作服必须整洁、得体，保持饱满的工作精神和工作状态。

（2）接受客人电话、书信、电报、电传、网络、面谈等各种形式的订房要求；除了受理预订，还要做好修改预订、取消预订或婉拒预订等预订服务工作。

（3）掌握客房周转情况，随时更新客房房态，合理高效而又巧妙地推销饭店客房，尽可能接受客人的订房要求。

（4）耐心对待每一位客人，不厌其烦地向每一位订房客人介绍饭店的客房，回答客人的问题，争取将客房出租率维持在一个较高水准。

（5）严格按照预订服务规程办事，填好预订房表和各类业务报表，定时核对电脑信息，保证信息的实效性，并且能够对饭店的客房出租与预订工作提出合理科学的建议，坚持高效优质的服务。

（6）保持预订处环境整洁，各种预订用具完好有效。

（四）接待服务

（1）接待服务人员上岗时，要求仪容端庄、仪表整洁，按要求着装，工作服必须整洁、得体，保持饱满的工作精神和工作状态。

（2）坚持站立服务，客人朝前台走来时，应马上自然地微笑，礼貌接待每一位客人。

（3）掌握客房周转情况，了解客房预订情况，合理安排房间，保证排房无差错。如果房间数量允许，尽量根据客人喜好分配房间。

（4）婉言拒绝不符合规定者的开房要求，如无身份证者等；特别留意常客，尽量记住其姓名及喜好等。

（5）准确迅速地办理好客人的入住登记手续，避免让客人等候太久。一般一位客人住宿登记时间不应超过 3 分钟。

（6）尽可能熟练掌握一门外语，并能运用外语接待外宾，正确处理本业务的工作事宜。

（7）正确填报各类营业报表和业务报表，按时报送上级相关部门。

（8）保证工作区域的环境卫生以及设施设备的高效运行。

（五）问讯代办服务

（1）服务人员上岗时，要求仪容端庄、仪表整洁，按要求着装，工作服要整洁、得体，保持饱满的工作精神和工作状态。

（2）耐心、热情地对待每一位客人，回答客人的每一个问题，做到百问不厌。

（3）尽可能多地掌握各种信息和知识，能够准确地为客人提供问讯服务。

（4）准确、及时、优质、高效地办理客人委托代办的事项，热情地帮助客人解决问题。

（5）管理好钥匙，保证钥匙的安全；分发好信件，保证高效、准确地服务。

（6）维护工作区域的环境卫生，保证设施设备运行的完好高效。

（六）收银服务

（1）要求服务人员仪容端庄、仪表整洁，礼貌待客。

（2）工作时精力集中，认真细致，收银账款分明，尽量避免差错。

（3）准确及时地制作好各类营业报表和业务报表，并按时报送上级相关部门。

（4）保证工作区域的清洁卫生和工作用具的完好高效。

（七）电话总机服务

（1）坚持使用热情、礼貌、温和的服务语言，具备熟练的接转动作。

（2）话务员接线要迅速，振铃或灯亮不超过三次，接转电话准确无误。

（3）接转每一个电话要求先问候客人，然后主动用中英文报店名，语音甜美、语气柔和。

（4）遇到忙音或无人接听（一般响五次），应及时向客人解释答复，请客人等候的时间每次不能超过 30 秒钟。

（5）熟悉本饭店的组织机构；熟悉饭店内主要负责人和各部门经理的姓名、声音；熟悉市内常用电话号码；熟悉有关问讯知识；熟记国际、国内主要城市的区号代码，准确计算长途话费。

（6）电话设施故障要及时排除，自己无法排除的应该立即通知工程部，保证 24 小时线路畅通无阻。

（7）叫醒服务要准时，回答问讯要准确，留言处理要及时。

（8）客人电话不能偷听，严守话务机密，严禁在机房会客。

（9）保证机房和话务设备整洁，机器设备运行高效无误。

（八）商务服务

（1）服务人员上岗时，要求仪容端庄、仪表整洁，按要求着装，工作服要整洁、得体，保持饱满的工作精神和工作状态。

（2）准确、高效、优质地为客人办理好各种委托的事务。

（3）态度和蔼、热情周到地帮助客人解决问题，尽可能提供细致周到的秘书服务。

（4）认真执行保密制度，为客人保守商务秘密，不得泄漏客人的电传、传真、打字、复印等文稿的内容，更不得让与之无关的人转交。

（5）认真遵守设备操作规程，正确、合理地使用设备，加强日常维护，定期进行检查，以保持设备完好。

（6）做好商务中心的卫生清理工作，保持室内清洁。

三、前厅服务的注意事项

前厅工作人员在为客人提供服务时，除要严格按照服务规程进行外，还要特别注意以下事项。

（一）迎宾服务

（1）宾客光临时，要主动上前问候，不要以貌取人，同时为宾客拉门。拉门的时候注意力应集中，以防发生意外。如果客人的行李比较多，可以帮助客人提拿行李，待进入大厅以后再用手势示意行李员接替。

（2）宾客乘车光临，应主动为其打开车门。但要注意，对于信仰佛教和伊斯兰教的客人，不要为其护顶。判断这两种客人可以根据客人的着装、言行举止、外貌和自己的工作经验。

（3）遇到老、弱、病、残、幼等客人应先问候，必须征得客人同意以后才能予以必要的扶助，如果客人示意不需要，就不必勉强。

（4）当团队客人抵店时，应主动、自然、连续地向宾客点头致意，或鞠躬行礼，不能只顾前面不顾后面，以免给客人造成厚此薄彼的印象。

（5）迎宾员还要注意衣冠不整者或携带宠物者，劝阻其入店，对形迹可疑的人也应引起高度注意。

（二）行李服务

（1）行李员陪同客人到总台办理入住手续，应站立在客人身后，随时准备提供服务，但不可在客人身边指指点点。

（2）在引领客人途中，应走在客人斜前方边侧 2～3 步处，将中间位置让给客人，若遇有客人迎面走来，应停下来侧身礼让客人先行，决不可与客人争先抢道。

（3）乘用电梯时，应礼让客人先上先下，在电梯内，应尽量靠边侧站立，并将行李尽量靠边放置，以免碰撞客人或妨碍客人通行。

（4）提取行李，一律轻拿轻放，不可倒置，若客人不需要行李员提拿行李，则不要勉强。

（5）进入客房时，应先开灯，并扫视一下房内，确认是 OK 房后，再请客人入内。将行李放置好，请客人核对行李件数。

（6）交代一些必要的提示后，不可借故逗留与客人聊天，或暗示或硬性向客人索取小费。退出房间时，应轻轻把门带上，避免用力过猛而发出大的声响。

（7）行李服务，无论是对散客还是团体客人，都应注意：

① 行李件数要核实清楚。

② 行李标签不能系错。

③ 无论是谁的行李，一切寄存领取手续都要按照规章办理。

④ 保护客人行李的安全，不能让行李受损。

⑤ 绝不允许将客人行李并错或搞混。

⑥ 绝不允许将客人的行李丢失。

（三）预订服务

（1）向客人推销客房，应由高档向低档逐步报价，不可勉强客人。一次报价类别不宜太多，以免客人无所适从。

（2）要注意定时汇总、整理订房资料，避免重复订房或漏订、错订。

（3）超额预订要控制一定的量度，不可超额过多以免造成饭店接待困难，引起客人抱怨，使饭店蒙受经济损失，损害饭店形象。

（4）严格按照饭店的规定提供折扣优惠，不可随意答应客人的优惠要求。

（5）严格按照规章办理预订手续，对于不受欢迎的客人，应婉言拒绝。

（四）接待服务

（1）热忱接待每一位来店宾客。客人一到，要马上停下手中的事情，面带微笑，致以问候。如果遇到客人较多，无法一一顾及，应注意先来先服务的原则，对后面的客人要致歉，请其稍候，绝不可顾此失彼。

（2）客人在填写住宿登记单时，如果只愿签名而不愿填写其他内容，应耐心向客人解释这是饭店工作的规定，也是公安机关对服务性行业的要求。

（3）查验客人证件后，应迅速礼貌地将证件还给客人，并感谢其配合，不能将证件一声不吭地扔给客人或者扔在柜台上。

（4）绝对不可重复排房，否则会引致客人极大的不满。

（5）手续办理完毕，把钥匙交给行李员，并向客人简单介绍、致以祝愿。

（6）对于不符合饭店入住要求的客人，应当婉言拒绝。

（五）问讯代办服务

（1）问讯服务要热情主动，微笑服务，有问必答，百问不厌，口齿清楚，用词得当，简单明了，灵活应对，节时高效。

（2）客人委托代办的事项应认真登记在册，有特殊要求要做好注明，真心诚意、高效优质地帮助客人解决问题。

（3）客人的邮件要及时送到客人手里，切不可送错或漏送，造成客人的不满与损失，影响饭店的形象。

（4）保管好客房的钥匙，不能让无关人员拿走钥匙。

（六）收银结账服务

（1）客人结账前应将客人的账单一一汇总，待客人结账时，请客人当面核对清楚。

（2）对于不清楚的款项，一定要弄清楚后，再根据客人的原始签单记录入账。

（3）不得算错账、收漏账、开错票，要注意识别假钞。

（4）与客房服务员配合，防止客人逃账。

（5）结账手续完毕，应向客人致谢，并表示欢迎客人下次光临。

（七）总机服务

（1）有意识地将礼貌规范的语言贯穿于工作中，形成良好的语言习惯。

（2）工作中言语要自然、得当，简明扼要，反应要灵敏，保证高效服务。

（3）态度要热情、诚恳，服务要耐心，代客留言要做好记录，并及时告知客人。

（4）叫醒服务要准时，还要负责到底，以防止耽误客人时间或者发生意外。

（八）商务中心服务

（1）注重个人仪容、仪表，举止文明礼貌。

（2）工作热情、主动、细致、周到。

（3）办事认真、负责，讲究效率。

（4）遵守商务保密制度，不得透露客人的商务秘密。

（5）自我要求严格，尽量杜绝错误的发生。

第三节　客房服务质量

一、客房服务质量的特点

客房作为饭店销售给客人的主要产品，是饭店提供给客人的核心服务。因此，客房部是饭店最重要的部门之一，其他部门的存在都是为了更好地为客房部的工作提供支持和辅助。如前厅部相对客房部而言则是一个辅助部门，它起着销售客房的作用。从顾客的角度来说，他们所期望从饭店购买的是一种住宿需求，投射到供给方就是饭店的客房产品。而客房只是饭店满足客人住宿需求的一个实物媒介，通过这个媒介，饭店除提供住宿外，还需要提供其他辅助服务产品。由此看来，客房是一个既有有形实物，又包括无形服务的产品组合。饭店的客房服务质量不仅应该包括客房服务人员的服务水平，还包括客房实物的质量。

客房服务质量主要有以下特点。

1. 内涵的双重性

既包括无形产品——服务，又包括有形产品——客房。实物是服务的基础，服务又是实物的必要支持。客房产品本身作为一种服务与实物的有机组合，决定了客房服务质量的双重性。

2．项目的多样性

客房内存在多种设施设备，它们都是客人衡量饭店服务质量的一个参照物。同时，客人需要的服务项目也很多，而其需求又具有个性化的特征。因此，客房服务质量的涵盖面很广，项目构成多样。

3．对客房卫生和安全的要求很高

客房是客人在饭店内休息和活动的主要场所，是客人临时的"家"，家给人最基本的感觉应当是卫生和安全。因此，客房服务质量一定要保障卫生和安全。

4．衡量标准的多元化

由于客房服务内涵的双重性，因此在分别评价实物部分和服务部分的质量时就应该使用两种标准——定量和定性相结合的方法。实物的质量标准以定量为主，定性为辅；而服务的质量标准则以定性为主，定量为辅。

二、客房服务质量要求

（一）实物质量要求

客房的实物质量主要包括客房设施设备、客用品、环境、卫生和安全几个方面。其中，客房的设施设备、客用品、环境和安全在其他章节都有专门介绍，这里主要就客房的卫生质量进行分析。客房的卫生质量要求如下。

1．房间

（1）房门：无指印，锁完好、灵活，安全指示图、"请勿打扰"牌、餐牌完好齐全，安全链、窥视镜、把手完好无损。

（2）墙纸和天花板：无蛛网、无斑迹、无手印、无油漆脱落、无裂缝、无水泡、无墙纸起翘变色。

（3）护墙板地脚线清洁完好。

（4）地毯：干净、平整、无斑迹、无烟痕、无破损。

（5）床：铺叠整齐，床罩平整干净，床下无垃圾，床垫平展。

（6）家具：硬家具要求干净明亮，无刮痕，摆放位置正确；软家具要求无尘、无痕迹、无破损。

（7）抽屉干净，使用灵活自如，把手完好无损。

（8）电话机无尘无斑迹，话筒无异味，指示牌清晰，指示灯工作正常。

（9）镜子和画框要求框架无尘，镜面明亮、无刮痕、无指印、位置端正。

（10）灯具灯泡清洁，功率正常，灯罩干净，亮度适中。

（11）电视、音响表面清洁，频道齐全，使用正常，床头柜控制开关工作正常、灵活。

（12）壁橱要求门、橱、格架使用自如，衣架品种数量符合规范并整洁干净、摆放整齐。

（13）窗户清洁明亮，窗台窗框干净完好、开启自如，窗帘干净整洁、使用自如。

（14）空调滤网清洁，工作正常，温控符合要求。

（15）小酒吧物品齐全，摆放整齐，无异味，无劣质变质产品，小冰箱内无结霜。

（16）茶杯里外洁净，无水迹、无异味、无指痕。

（17）客用品数量、品种补充更换正确，摆放符合规格要求。

（18）垃圾桶清洁完好，无异物、无异味、无污迹。

（19）客房内无异味，空气清新。

2. 浴室

（1）浴室门要求前后两面干净，无指痕、无污迹、无毛发、开关自如。

（2）墙面清洁完好，无水珠、无灰尘、无痕迹。

（3）天花板无尘、无污迹、无破损。

（4）地面清洁无尘，无毛发、无水珠、无污迹，地漏口无异味。

（5）浴缸内外清洁，镀铬件干净明亮，皂缸、浴缸塞、淋浴器、排水阀、水龙头开关等清洁完好，浴帘上下干净完好、无破损，浴帘扣齐全、使用自如，晾衣绳完好，浴缸内外无毛发、无水迹、无霉斑。

（6）脸盆梳妆台干净，镀铬件明亮，水龙头使用正常，镜面明净，灯具完好，亮度适中。

（7）恭桶里外洁净，无损坏、无异味、无锈迹，抽水开关使用自如。

（8）换气扇、抽风机口洁净，机器运转正常，噪音低。

（9）牙杯里外洁净、无水迹、无异味、无指痕，杯身套好消毒套。

（10）客用品数量品种齐全，摆放位置正确。

（11）浴室总体要求无毛发、无水珠、无异味、无霉斑、无污迹。

（二）服务质量要求

（1）服务员上岗前要做好仪容仪表自我检查，做到仪容端庄，仪表整洁，按规定着装，服务员牌佩戴整齐。

（2）工作期间要精神饱满、面带微笑、思想集中，随时准备为客人提供服务。

（3）对待宾客一律笑脸相迎，要热情主动地打招呼问好，给客人创造温馨的客房环境气氛，不得视而不见、不理不睬，甚至故意躲开。

（4）遇见宾客手中行李较多，要主动上前先征求客人允许，然后帮忙提拿，客人不同意的则不要勉强。

（5）对于老、弱、病、残、幼客人，要及时适度搀扶，给予必要的关心和照料，但不要勉强，以免引起客人的反感。

（6）宾客进房后，应根据客人的习俗和需求，灵活掌握是否递送小毛巾和茶水，服务时一定要用托盘和夹钳。

（7）对于不太了解客房设施和小冰箱使用方式的客人，要婉转适当地做简单介绍，不能对所有客人都事无巨细地一一说明，要做到既让客人理解，又不会浪费客人时间，以免引起客人的不满。

（8）在明确客人没有其他需求时，要立即退出客房，并且礼貌地提醒客人有事请拨打电话，不可借故逗留在客房。

（9）客人如果需要在房内用餐，要及时准确地按照客人要求通知餐饮部备餐，准时送入客房。

（10）要经常主动为客人提供擦鞋等小服务，客人如果没有提出也可以主动询问客人是否有这些需要，及时分送报刊杂志、传递客人邮件。

（11）要尽量满足客人提出的正当要求，如更换毛巾、浴巾、送茶叶、针线包等。

（12）有客来访时，不可轻易领客人进房间，也不可随意把客人房间号告诉访客，要征得客人同意后方可为访客带路或告诉其房间号，还要主动送上茶水，并问明是否需要其他服务。

（13）当客人反映房内设施设备不能正常应用时，要及时查看，及时报修，不能使用又一时修不好的要立即为客人更换房间。

（14）因工作需要进入客房，必须先按门铃，报明身份，征得同意后方可入内。

（15）清洁客房时，不得擅自翻阅客人物品，因清扫需要移动的，清洁后要物放原处，小心轻放，不得有损。

（16）不得拾取客人丢弃的任何物品，客人遗失物要及时上报上交，送还客人。

（17）服务过程中不得在客房内使用电话，更不能接听电话。

（18）客人有事请服务员进入房间后，门要半掩，不得随手关门，事情谈完要及时退出，即使客人盛情邀请，也要婉言谢绝。不得暗示或索要小费，不做有损国格人格的事。

（19）为客人收送洗衣物要准时，客人有特殊要求的要跟洗衣房交代清楚，不得弄脏弄错，更不能丢失。

（20）工作中不得与其他服务员嬉笑，不得大声喧哗，更不能在楼道走廊中奔跑。

（21）工作中若不慎发生差错，要主动、诚恳地向客人道歉，求得客人谅解。

（22）对待客人投诉，一定要认真耐心地听取并表示歉意，不得与客人争辩，自己能够处理的立即为客人解决或者更正，无法解决的要及时上报反映。

（23）严格按照服务规范做好客房清洁卫生，根据服务规程做好客房服务。

三、客房服务的注意事项

（一）客房清洁要符合规程、符合卫生要求

（1）清洁客房一定要严格按照操作程序作业，不得偷工减料、马虎了事。

（2）清洁卫生时必须注意不同项目使用不同的清洁工具、不同的清洁剂。面盆、浴缸要用干净的毛巾清洁，恭桶要用专用毛刷清洁，墙面、地面要有不同的抹布，卧室和浴室的抹布更要区别使用，绝不能混用同一张抹布。

（3）杯具的清洁工作一定要按照卫生部门的卫生条例和饭店的相关规定，绝不可应付了事。

（4）打扫清洁客房一般应坚持从上到下、从里到外、先卧室后浴室、环形清理、先干后湿、注意边角的原则。

（二）客房服务要遵守服务规程，讲究礼仪

（1）客房服务人员要讲究仪容仪表的修饰，不可因工作而忘了形象。

（2）客人一旦住进客房，该房间就成为客人的私密空间，服务人员不得随意进出客房。在服务过程中，要注意以下几个方面：

① 进房前一定要按门铃或敲门，并报明身份，征得客人同意后方可入内。

② 无论客人是否在房间，打开房间后都不应将门关严，而必须保持门半掩。

③ 进门前不要将门推开一条缝向室内张望，也不要一脚在门内、一脚在门外与客人对话。

④ 不能使用客房内电话，不得接听客人电话。

（3）客人住进客房后，都希望有舒适、安静、温馨的居住环境。为此，客房服务员在工作中要做到"三轻"，即走路轻、说话轻、操作轻。工作时动作要敏捷、轻稳、讲究效率，尽量减少出入客房的次数。清洁走廊卫生时也要考虑到客人的休息时间，尽量保持客房区的安静。

（三）客房服务要坚持安全第一

（1）客房服务员要尽量记住住客的姓名、特征，注意保守客人的秘密。不得将客人

的房号、携带物品及活动规律等个人情况告诉无关人员，不得将不认识的人员引荐给客人，未经客人允许，不要将来访者带入客人房间。晚上应注意客房的住宿人数，非本饭店的客人要留宿，必须请其到总台办理入住登记手续。

（2）注意观察进入楼层的人员，陌生人、饭店无关人员都不得在客房区逗留。

（3）服务人员应该注意严格保管、控制房间钥匙，不得随意摆放，应随身携带。

（4）要注意各种安全问题，特别要注意预防客房火灾的发生，随时准备应付突发火灾等紧急事故。

（5）客房服务员要注意关照伤病客人，这样既体现服务至上原则，又可防范发生意外。

（6）留心醉酒客人，以免醉客伤害他人或自己，或损坏饭店财物。客人酒醒后，不得对其进行议论。

（7）要加强防范，确保客人财物安全，尽力协助查寻客人遗失的物品。

（四）客房服务既要遵守规程，也要提供个性化服务

（1）客人有特殊并且合理的要求时，应尽量予以满足。

（2）如果遇到客人要加床，客房低值易耗品和客用品一定要相应增加。

（3）给住客客房清理房间时，由于吸尘器噪音较大，如果客人在房内，要询问客人是否需要给地毯吸尘，征得同意后方可进行。

（4）仔细观察客人，发现客人有任何困难或者不便，在不会造成客人不满或困扰的前提下应主动提供帮助。

（5）提供个性化服务必须注意针对性和及时性，讲求准确和细致。

第四节　前厅、客房质量管理

一、前厅、客房质量管理的内容

饭店作为服务性企业，其提供的产品是依托于有形实物的无形服务产品，是有形实物与无形劳务的综合体。饭店产品的双重结构，决定了其质量管理必须既包括对硬件因素即有形实物的管理，也包括软件因素即活劳务产品的管理。前厅、客房作为饭店的两个重要部门，其质量管理所涉及的内容也具有双重性，具体又可以分为以下几个方面。

（一）硬件管理

1. 环境质量

饭店是为客人提供休憩、娱乐的地方，因此环境因素极其重要。前厅是饭店的形象门面，客房是饭店的核心主体。良好的前厅、客房环境不仅能够给客人提供舒适的休闲空间，还能够促使客人产生愉悦的心情，直接影响到客人的心理感受。另外，环境的好坏也会影响到服务人员的服务心境、服务态度，从而左右服务质量。前厅、客房的环境是指通过饭店装潢、布局而创造出的独特的氛围、空气、温度、湿度等因素的总和。由此看来，环境的创造是在饭店建造之初就基本定型的，但是通过一些后续措施也可以改变、完善环境质量。例如，临近春节，前厅的大堂通过布置一些喜庆的装饰而为饭店增添新春的气氛；新人的喜房也可以换上红色的床罩、红色的窗帘，门上贴着"喜"字来凸显新房的特色等。

2. 设施设备质量

饭店为客人提供服务必须要依托一定的设施设备来完成。前厅、客房的设施设备不仅是饭店提供优质服务的物质基础，也是客人消费的主要构成部分。因此，设施设备质量管理应该是服务质量管理的重要内容。客房的设施设备比前厅更为重要，因为前厅的设施设备主要是公用的，而且项目较少，基本集中于商务中心，而客房的设施设备则基本上是专门为客人设计的，具有很强的对客性。所以，如果客房的设施设备质量不合格，必然会引起客人的不满，即使服务人员的服务质量再好也无法弥补客人的损失、改变客人的感受。

3. 材料质量

这主要是指饭店对客服务工作所需要的所有材料。就前厅、客房而言，主要包括前厅提供给客人的信息，如服务信息、商业信息、旅游信息、气象交通信息等；客房提供给客人的备用品和低值易耗品，如牙刷、牙膏、沐浴露、洗发水、针线包等。这些材料看似简单、微小，但是却足以影响对客服务的质量。

（二）软件管理

软件管理主要是对服务人员的管理，对劳动服务的管理，即对人的管理。人是最复杂的因素，因此是最难管理的因素。服务人员是提供服务的主体，如果管理得好，必然会使服务质量产生质变的飞跃。虽然人是不定因素，极难管理，是管理的痛点，但也是重点。对服务人员进行管理必须要把管理落到实处，这样才可以把不定因素转化为稳定因素，方便管理，提升服务人员的素质。服务人员的管理应该包括以下几个方面。

1．服务技术管理

服务技术是服务质量的基础，一般取决于服务人员的技术知识和技术熟练程度。前厅服务人员及时、准确地对客服务，为客人提供高效、快捷的服务是基本的技术质量要求；客房服务员在为宾客提供服务时需要根据饭店制定的操作方法和规范进行作业，因此服务员首先需要学习基本操作规程，并在此基础上将学过的理论转化为熟练的实践。服务技术不是固定的、一成不变的，在实际工作过程中需要灵活运用。针对不同的场合、不同的客人、不同的时间，服务人员应该能够恰当地应变，从而取得更佳的服务效果。服务技术作为影响劳务质量的重要因素，关键要抓好服务人员专业知识的培训和实际操作的训练，不断提高其技术水平和接待艺术，全面提高服务质量。

2．服务效率管理

效率是所有企业、所有部门所要求的工作准则。例如，对于前厅服务人员来说，准确、快捷、高效是基本质量要求；对于客房服务员来说，服务效率是指提供客房服务的时限，包括两个方面，即固定工作的工时和为客人提供特殊服务的时限。前者是指客房服务员清理一间客房所消耗的时间，这可以通过培训来提高工作效率；后者则是服务人员满足客人某些特殊服务要求所需要的时限，它很大程度上依赖于客人的感觉和服务人员自身的服务意识。

3．服务态度管理

服务态度是服务质量的关键，取决于服务人员自身的文化素质、职业道德和对职业、对岗位的热爱程度。仅有熟练的服务技术而缺乏应有的服务态度依然会影响客人的服务观感，降低服务质量水平，引致客人的投诉。因此，对于前厅、客房服务员而言，服务技术是基础，而服务态度是关键。在对客服务过程中，良好的服务态度通常表现为对客热情、主动、周到、礼貌，除做好基础的服务工作外，还能够细致地为客人提供个性化的服务。

4．服务方式管理

服务方式是指服务人员采取何种形式和方法为客人提供服务，其目的是尽可能让客人感到舒适、方便和安全，从而对饭店作出尽善尽美的评价。虽然饭店的前厅、客房部门有可能对服务方式作出明细的规定和准则，但是在服务提供的过程中，服务人员通常会受其自身因素和客人因素的影响采取不同的表达方式。因此，服务方式在很大程度上依赖于服务人员的服务技术、服务意识和服务态度，受三者因素的综合影响。

二、前厅、客房质量管理的目标及标准

任何企业、部门的管理都需要确立明确的目标，从而朝着这一目标不断努力。前厅、

客房质量管理的基本目标可以归纳为"满意"二字。这个看似简单的管理目标从主体上来看，实际蕴含了三层意义：首先是客人满意；其次是服务人员满意；最后是管理人员满意。如果从内容上来看，还可以细分为：客人对饭店提供的服务满意，这种满意主要是指客人支付的产品价格与其享受到的产品价值相符；服务人员对自身的工作满意，主要指服务水平达到饭店的标准和自身的要求；管理人员满意是指饭店管理层对服务人员服务工作的满意，这种满意是前两种满意的结合，即服务人员只有提供让其自身满意的服务才可能获得管理层的满意，从而获得客人的满意。在这三层含义中客人的满意是重中之重，也是饭店前厅、客房管理的最终目标。满意仅仅是质量管理的初期目标，或者称之为基本目标，比满意更高层的管理目标应该是饭店提供的服务能够超越客人的期望值，从而让他们感到惊喜。当然，这个高层目标需要在实现基本目标的基础上才可达到，因此也需要饭店为此付出更大的努力。

饭店前厅、客房质量管理的标准必须根据管理目标来制定，因此要综合饭店和客人双方面的因素，大体包括宾客满意度和服务质量标准两个内容。

（一）宾客满意度

客人入住饭店，对前厅、客房提供的服务表示满意，大致包括：前厅、客房总体环境符合饭店的档次、风格，给客人优雅、大方、舒适的感受；设施设备齐全，与饭店的环境相统一，基本满足宾客的需求；服务人员提供服务迅速、无误、周到、细致。当然，有的客人会有特殊要求，这里仅仅代表大多数客人的基本需求。由此看来，客人的满意也可以细分为物质和精神两个部分，对于饭店而言则是硬件和软件两个部分。

宾客满意度就是指宾客对服务的满意程度。通常，宾客的满意程度容易受到其自身对饭店期望值的影响。对于初次光临饭店的客人，当他看到饭店外观时甚至就已经产生了对这所饭店的期望。进入大堂，通过感受饭店的整体环境再次对其期望值进行修改、纠正。在与饭店前厅接待人员短暂接触后，则会在心里对饭店作出初步的满意度评价。而这种满意度会在客人从入住到离店的整个过程中得到不断调整，在最后离开时被定位，形成客人对饭店的总体印象。由此看来，宾客满意狭义上可以单单是对某项服务的感受，广义上可以理解为客人对饭店总体服务水平的评价。一般来讲，如果客人期望值低，实际感受好，那么客人就会出乎意料，非常满意。即使客人对饭店硬件环境、设施等仍有挑剔，但是通过软件服务的弥补，也可以使客人最终对饭店的评价停留在一个较高水平；如果客人期望值高，实际感受好，如愿以偿，那么客人就会感知饭店服务质量高、名副其实，并觉得物有所值，十分满意，这是所有饭店努力的基本目标；如果客人期望值低，实际感受差，这样客人会感到很失望，没有满意的感觉。这种情况通常发生在低档次饭店，其本身不注重服务质量的管理和控制；如果客人期望值高，实际感受差，这样客人会感到名不副实，产生极大的失望，十分不满意，可能会对饭店进行投诉。这种情况是饭店最害怕发生的但也是很可能出现的问题，对饭店的声誉影响很大。因此，前厅、客房部门应该通过有效的管理保证硬件质量和软件质量的水平。

因此，维持一个较高的宾客满意度需要前厅、客房部门从两个方面着手：一个是从饭店内部开展，另一个则是针对宾客的期望值进行有效的管理。对于饭店内部来说，除了同各个相关部门配合，保证前厅、客房环境、设施设备的优质、完善与安全外，还需要对服务人员进行服务质量的控制和管理，保证服务质量与饭店的星级、档次水平相当，甚至超越其标准。这样，就引申出质量管理的另一个标准——服务质量标准。

（二）服务质量标准

制定服务质量标准应该包括以下几个方面的内容。

1. 服务内容标准

这主要是指为了保证服务质量，饭店制定的各种部门和岗位不同服务工作的内容标准。它仅仅是对工作内容提出具体的要求，并没有涉及服务程序和服务效果。例如，前厅接待员的工作职责包括的内容，客房服务员一天清理的客房数等。制定内容标准是为了明确各个职位和岗位的工作责任和义务，避免职责交叉和互相推诿的问题。

2. 服务程序标准

这是服务质量标准的重要组成部分，是服务人员在服务过程中所必须遵循的规程。前厅、客房部门的管理人员在制定服务程序时必须要考虑到本部门不同工作的特殊性和实施的有效性，不可千篇一律，纸上谈兵，编制所谓"通用"的工作程序。程序的制定是为了提供更完善、优质的服务，能够成为服务员在日常工作中所自觉遵守的规则。因此，服务程序标准必须细致化、步骤化，特别要把握重要环节的先后顺序。

3. 服务效果标准

服务效果是最终呈现给客人的服务产品，服务应该达到什么程度才能满足客人的需求。为了实现宾客的满意，服务标准应该将服务需要达到的具体水平进行详细阐述和描写。如客房地毯的卫生清洁要求必须做到干净、平整、无斑迹、无烟痕、无破损。这就是对服务效果的描述。只有准确描述服务效果，才能为服务人员的服务工作和管理人员的检查工作提供一个重要的参考依据。

4. 服务效率标准

一般来讲，饭店在服务标准中把效率描述为"高效"。但是，具体什么是高效呢？高效不应当停留在定性的描述上，应该对其做准确的时效解释。例如，总机应该在 3 声铃响内接听电话，客人交付洗烫的衣服必须在 24 小时内交还客人等。

5．服务技能标准

服务技能是服务人员提供服务的基础，服务质量标准必须规定服务人员的技能要求。服务技能包括应当具备的服务专业知识和服务技术熟练程度，有时还需要一定的服务经验。

6．服务礼仪标准

服务礼仪标准是指服务人员提供对客服务时应该表现出的言行举止。服务人员必须具备"自身是饭店形象代表"的意识，保持并注重应有的仪容仪表。在与客人接触过程中，自觉使用饭店规定的标准化的礼貌用语。礼仪标准的制定有助于提升服务的效果，确保对客服务的准确性。

7．服务质量检查和事故处理标准

质量检查标准能够保证之前所有服务标准的有效贯彻执行，它需要服务效果标准的支持，也是饭店服务质量标准的必要构成。饭店发生服务事故时，一方面要有对员工的处罚标准，另一方面也要有事故处理的程序和对客补偿以及挽回影响的具体措施。

三、前厅、客房质量管理方法

（一）过程质量管理

服务是一种无形的过程产品，其产品质量的高低在服务的一瞬间就被定位。因此，要提高这一瞬间的服务质量必须从服务的准备阶段、提供阶段到结束阶段都进行有效的控制和管理。过程质量管理指的就是对服务的三个环节：事前、事中和事后进行相关性、连续性的管理工作。事前管理旨在提前消除服务质量可能发生的隐患；事中管理则是针对服务过程中发生质量问题后立即采取办法，加以纠正、解决；事后管理重点是通过客人的反馈意见，对服务质量作出科学的评价，分析研究提高饭店服务质量的方法与手段，促使服务质量不断提高。

对于前厅、客房两个部门而言，应当根据本部门的功能和特点做好充分的服务过程管理。

1．服务事前管理

服务事前管理实际就是在服务提供之前做好充分的准备工作，包括硬件准备和软件准备。事前管理在很多饭店被忽视，造成许多不必要的质量问题。但实际上很多质量问题都能够在服务提供之前予以避免，因此服务的事前管理是提供优质服务的基础。硬件准备主要是针对前厅和客房的环境、设施设备、安全等物质因素进行必要的检查和维护，保证随时处于能够接待客人的状态。这需要饭店相关部门的相互协调配合，而不仅仅是前厅和客房部的责任。软件准备则完全可以由前厅、客房部自行控制，是指对服务人员的管理。要求部门内的服务人员在岗期间时刻保持饱满的服务精神、高度的服务意识，思想集中，规范上岗。不论硬件还是软件管理都必须注意，在必要的时候应当通过反复的检查、核对工作对当日的特殊服务内容和服务对象做好充分的准备。

2. 服务事中管理

服务事中也即服务人员提供服务的过程，也是饭店宾客接受服务的过程，它是前厅、客房服务最直接、最具体的体现，是服务过程管理中的关键环节。对于客人而言，他们并不清楚前厅、客房部在接待工作之前所做的准备、控制，也不了解在接待工作之后所做的总结、改进。在客人看来，服务就是一瞬间的事情，因而对服务质量的评价也只是针对这个阶段、停留在这个阶段。所以，前厅、客房的过程质量管理应该把服务事中管理作为工作重点，包括两个方面的内容：

（1）服务人员要严格执行服务规范。前厅、客房是饭店接待服务的关键部门，服务人员应该严格按照饭店和部门制定的岗位职责、操作规范进行服务工作，力求为客人提供优质服务。

（2）管理人员要加强服务质量检查。各级管理人员要以服务质量标准为依据，加强对服务质量的监督和检查。一旦发现服务质量问题，要及时纠正，加强控制，保证客人享受到完善、无差错的服务。

3. 服务事后管理

服务事后管理主要是针对服务过程出现的质量问题进行收集、分析和研究，不断填补服务漏洞，提高服务水平。前厅、客房部要充分利用质量信息反馈系统，收集接待服务过程中的各种质量信息，分析研究找出质量问题产生的原因，特别是对反复出现的问题应予以重视，及时采取措施改进，以进一步提高服务质量。服务事后管理是前厅、客房质量管理的最后一个环节，也是最容易被忽略的一个环节，但它却是饭店保持高水平服务质量的保障。

（二）质量关键点管理

饭店进行服务质量控制，必须抓住关键点、关键环节、关键时刻的管理和控制。所谓关键点、关键环节、关键时刻是指饭店在接待客人过程中直接与客人接触的时间。与关键点、关键时刻、关键环节相对应的是服务的关键岗位，通常称之为一线部门。前厅、客房是饭店的两大一线部门，在对客服务时存在许多关键点，如前厅的接待服务环节、客房的卫生清理环节等。这些关键点是最容易出现质量问题，也是最容易引致客人投诉的环节。因此，前厅、客房管理人员应该牢记本部门的服务关键点。首先，在挑选员工时必须根据岗位特点，尤其是对灵活性要求较高的岗位，仔细选择、考察；其次，在服务管理过程中既要培养服务关键点员工的服务意识，又要特别注意对这些关键点的控制和监督；再次，还要注意收集关键点容易出现的质量问题，进行归纳、总结、改进，并将其传达给服务人员，尽量避免再度发生。

四、前厅、客房质量管理的原则

（一）坚持标准化管理与个性化服务的有机结合

所谓标准化管理是要求前厅、客房部门根据国家旅游局等相关部门颁布的质量标准，结合本饭店星级档次、设施条件和本部门的人员素质、功能职责，制定具有现实可操作性的服务质量规范和岗位责任制度，把质量标准分解到每一个岗位、每一名员工头上。员工只有严格按照标准和操作程序工作，才能提供高质量、高效率的服务。但是，标准化、规范化的服务只能满足客人的共性需求，不同的客人可能会有迥异的个性需求。只靠刻板规范的服务并不能完全满足客人，给客人以尽善尽美的享受。因此，对于不同客人提出的个性需求，饭店的前厅、客房部门要利用现有的资源，随机应变，提供个性化的服务，尽量予以满足。这就要求前厅、客房部门的管理人员必须制定个性化服务的机制，培训员工的个性化服务意识。除了通过建立客户档案以记录客人的习惯、癖好等方法外，还需要培养一支高素质的，具备较强心理判断能力、敏锐观察能力和灵活应变能力，善于为客人着想，能够理解体贴客人的员工队伍。在客人提出要求之前，这些员工便能积极主动地行动，提供个性化服务，满足他们的个性需求，给客人以惊喜，超过他们的期望值，最终提高宾客满意度。

前厅、客房服务以标准化服务为基础，满足客人的共性需求是服务质量的基本内容，如登记入住、清理客房等。而个性化服务则是饭店高质量服务的体现，它也是饭店区别于其他竞争者的有效工具和标志。个性化服务是标准化服务向更深层次的发展，现代饭店越是能够在提供尽善尽美的规范化服务的同时提供大量准确的有针对性的个性化服务，就越能表明饭店的服务质量好，服务水平高。

（二）坚持预防为主的原则

由于饭店服务完成的时间很短暂，缺少直观性，并且基本上是一次性完成，事后无法返工或者重做，因此，对于处于一线的前厅、客房部而言，必须坚持预防为主的原则，把质量管理的重点放在事前排除隐患这一工作上，尽可能保证每次服务都是优质产品。要做好服务的预防工作，就要求前厅、客房的管理人员同服务人员一起认真研究、总结每一个岗位、每一种服务，使每一次短暂的服务都能给客人留下美好的印象。同时要求员工克服"这次没做好，下次更正"的心理，使每位员工提供的每次服务都能成为优质产品。只有每个环节、每个时刻、每个点的服务都是优质服务时，才能完全保证饭店的整体服务是高品质的，才能保证客人离店时对饭店的评价是完美的。因此，要坚持预防为主，不要把质量管理寄托于事中管理和事后管理的监督、检查，必须防患于未然，从一开始就要力求杜绝质量问题的发生。

（三）坚持全面质量管理的原则

全面质量管理要求饭店以宾客满意为目的，以客人的需求为中心，以全员参与为保证，以服务技能、部门配合和科学方法为手段，从而实现饭店最佳的经济效益和社会效益。前厅、客房部的服务质量不仅需要本部门管理人员和服务人员的共同努力，也需要其他部门的配合与协作。在质量管理过程中，运用整体、长远的观念，做到全过程管理、全方位管理和全员参与的管理。全面质量管理不能只停留在意识上，要求管理人员制订细致完整的管理计划，按时培训、交流，及时更新改进。前厅、客房部的管理人员一方面要将全面质量管理的观念贯彻给服务人员，随时保持与一线人员的沟通和交流；另一方面也要加强与其他部门的联系，不断调整、改进服务质量，促进饭店整体服务质量的提高。

本章小结

本章主要针对饭店前厅、客房的安全和质量问题进行分析，提出一些实务操作规程的意见和相关管理方法。其中前厅、客房的服务质量管理方面的内容较为重要，它是饭店经营和管理水平的重要体现，而在实践中又为许多饭店所忽略。

关键概念

安全管理　宾客满意度　标准化管理

课堂讨论题

饭店在实际经营管理过程中发生了一些质量问题，客房部一线服务人员在经过管理人员督促纠正以后，仍然时常发生。假如你是饭店客房部管理人员，针对客房部经常发生这样的情况，你该如何解决？

案例分析题

（一）案例

杭州某四星级饭店。凌晨 1 点，电梯停在了 12 层，电梯门开了，客人钱先生一身酒气地跟跄而出。这时保安员小王巡楼恰好走进 12 楼电梯口，见到客人的模样，断定是喝醉了，连忙跑去扶住他，并询问客人所在的房间号码。客人神志还算清醒，从口袋里掏出 1215 房的钥匙牌，小王便小心地把钱先生扶进房里。他把客人放在床上，帮他脱去鞋袜。然后泡了杯醒酒茶，并将清洁桶放在床头旁。不一会儿，钱先生从床上起来开始呕吐了，已有准备的小王迅速拿起清洁桶接住，待他吐完后，轻轻托起他的下腭，用湿毛巾擦去他嘴边的脏物。小王坐在床边又观察了一会，发现客人脸色渐渐缓和过来，便帮钱先生盖好被子，在床头柜上留下一杯茶水和一条湿毛巾，调好空调，将清洁桶内的垃圾袋换上新的，轻轻关上门离房。随后，小王找到楼层值班服务员，告诉她该客人的情况，并请她每过 30 分钟就到 1215 房听听动静。第二天，钱先生在得知昨晚的事情后，连忙找到小王和值班的服务人员，对他们的细心照顾表示感谢。

请分析：在这个案例中，小王的做法给了我们哪些启示？

（二）案例分析提示

对于饭店来讲，是否能妥善处理醉酒客人不仅直接关系到醉客的健康与安全，也关系到其他客人的人身安全。在这个案例中，小王的做法有三点值得我们借鉴和学习：第一，当他突然遇到客人酒醉时，没有回避和推脱给楼层服务员，而是毫不犹豫地伸出援手，及时维护了钱先生和饭店的安全，避免了醉酒可能导致的各类事故。第二，小王能沉着镇定、井井有条地独立实施救护，达到最佳效果，这说明他平时训练有素，具有娴熟的服务技巧，在紧要关头临危不乱，救护有方。第三，小王将醉客安顿停当后，继续交代值班服务员定时观察，这种认真负责的服务态度和严谨的工作作风，是值得饭店服务人员学习的。

复习思考题

1. 客房安全管理有哪些特点？

2．前厅服务质量的特点是什么？

3．前厅、客房质量管理有哪些内容？

4．服务质量标准应该包括哪几个方面的内容？

5．服务质量管理为什么要坚持预防为主的原则？

第七章　前厅、客房设计与环境管理

引言

　　饭店良好的效益来源于高效的管理，高效的管理必须从优秀的设计开始。饭店前厅是给予宾客第一印象和最后印象的地方，饭店客房是宾客休息活动的主要场所，前厅与客房功能布局、环境设计的好坏直接影响着饭店的经营效益。而前厅与客房的环境管理则是饭店管理的有机组成部分，良好的环境管理使宾客更感舒适，提高宾客的满意度，从而增加饭店收益。

学习目标

　　① 掌握前厅功能布局的主要内容。
　　② 了解前厅装潢设计的主要内容。
　　③ 了解前厅环境管理的主要内容。
　　④ 掌握客房功能布局的主要内容。
　　⑤ 了解客房装潢设计的主要内容。
　　⑥ 了解客房环境管理的主要内容。

教学建议

　　① 可结合经典的前厅、客房设计进行教学。
　　② 可组织学生到饭店前厅、客房参观。

第一节　前　厅　设　计

　　前厅是饭店销售客房、调度饭店内部运作和为宾客提供各种服务的综合部门，是整个饭店管理和运行的核心，其工作具有接触面广、政策性强、业务繁杂的特点，在饭店经营管理中起着非常重要的作用。前厅是最先接待宾客、最终送走宾客的窗口，是给宾客留下第一印象和最后印象的地方。因此，一个设计合理、功能齐全、环境优雅的前厅，既能赢得宾客的好感，又是饭店良好经营管理的具体体现。

一、前厅设计理念

1. 实用性理念

实用性是指前厅能最大限度地满足使用功能。在设计时前厅必须考虑不同宾客的需求特点，确保适合不同宾客的使用，同时也方便饭店的经营管理。应把生活服务的功能性放在重要位置，一定要让使用者（宾客、饭店员工）在生活工作中感到方便、舒适。

2. 经济性理念

从饭店自身的等级规模条件出发，结合饭店的结构特点进行精心设计，把不同档次的材料进行巧妙组合，充分发挥其不同质感、颜色、性能的优越性，争取以较少投入达到最佳设计效果。

3. 特色化理念

风格独特、创意新颖的前厅设计能给宾客带来赏心悦目的感觉，增强饭店的品牌价值。特色主要是通过前厅空间内的造型、造景、色彩运用和材料选择来体现的，并通过特定的文化主题来渲染前厅独特的环境气氛。

4. 环保性理念

前厅设计要树立环保意识。在材料的选配上应首选环保材料，同时也尽可能减少投入，减少能源消耗，以保护环境、减少污染。

二、前厅功能布局

前厅的功能布局是以前厅的功能和业务内容为依据，对前厅的设施设备和服务流程作空间上的布局。前厅的功能布局有其基本的规模和模式，但也不是固定不变的，它应随着饭店决策、饭店情况、宾客情况的不同而有所变化。

（一）前厅功能布局的原则

1. 分区原则

前厅空间应根据其功能的不同划分不同的功能空间，各功能空间的划分应自然而明显。前厅通常划分为前厅外环境、大门区、服务区（包括总服务台、大堂副理台、行李处等）、休息区、饭店营业点（大堂吧等）、公共卫生间等功能区。

2. 三方便原则

前厅的功能布局首先应方便宾客。无论是各功能区的空间划分还是宾客活动路线的安排都应最大限度地方便宾客。其次是方便员工。前厅功能设计应能为员工工作提供方便。最后是方便管理。例如，大堂副理台的位置应能环视整个大堂，以便于值班经理能及时了解大堂活动情况和宾客的要求和满意情况。

3. 特色原则

前厅的布局应根据饭店的等级规模、经营风格及文化主题而灵活变化，以形成自己的特色。

（二）前厅的功能布局

1. 前厅外环境

前厅外环境是指前厅正门外的环境。外环境的布局应注意：（1）人流通道。前厅作为饭店人流往来聚散的中心区域，通行应方便，分流应合理。首先，正门外宾客通道和员工通道应分开；其次，行李通道与宾客通道应分开；最后，正门前台阶旁还应设专供残疾宾客轮椅进出的坡道，坡道宽度不应小于 2.5m，坡度不应超过 12°。（2）车流通道。饭店正门外应有供客人上下车的空道及回车道、停车场。车道宽度应不小于 4.5m，车道与停车场应分开，停车场车位数应不少于客房总数的 15%。（3）正门外平台。一般饭店都应设置正门外平台并建有雨棚，以供宾客停留和暂时摆放进出店的团体行李所用。

2. 饭店大门

饭店大门的外观要醒目、有特色，能够对客人有较强的吸引力。大门的设计既要便于人员进出，同时要求能防风，减少空调气外逸，地面耐磨、易清洁且雨天防滑。

大门的种类有手推门、旋转门、自动门等。高级饭店为表示对宾客的尊重、殷勤，门前有专人接应，宾客走至门前有门童拉门迎候。一般饭店常用自动门，利于防风、节约人工，自动门的一侧常设有推拉门以备不时之需；旋转门适于寒冷地带的饭店，可防寒风侵入大堂，但携带行李的宾客出入不便，通行能力弱，其侧也宜设推拉门，便于大量人流和提行李人员的出入。有的饭店还设了双道门，有的设一道门加风幕，其防尘、保温、隔声效果更佳。为了便于饭店室内与室外环境交流，做到既能将室外景观引入大堂，又能把室内气氛推向室外，饭店大门通常采用玻璃门。玻璃门要选用厚度、强度、颜色适当的玻璃制作，安装要牢固，门上还应有醒目的中英文及图案标志。

3. 大堂

大堂是前厅的主要空间，国家星级饭店《设施设备评定标准》中规定：大堂面积为客房间数×面积指标，面积指标有 0.6m²、0.8m²、1.0m²、1.2m² 四个档次，并规定大堂面积最小要有 250m²，最大 400m²。一般规模大、档次高和能承接大型会议型的饭店，大堂面积要大一些，但最好不超过客房间数×2 m²。

大堂是一个包括总台、大堂副理台、宾客休息区、公共卫生间、行李间、电梯、商务中心、公用电话亭、咖啡厅等多种功能空间的组合，设计时要使各空间层次清晰、方向明确，不同功能的活动区域必须明确划分。其中，总台、行李间、大堂副理台属一个区域，需靠近入口，位置明显，以便宾客迅速办理各种手续；休息区宜偏离主要人流路线，自成一体以减少干扰；楼梯、电梯厅前应有足够的面积作为交通区域；商务中心、咖啡厅等则在大堂形成一个有收益的区域。在设计时采用自然空间限定，利用家具组合及地面材质、色彩变化自然形成空间分隔处理，使流动空间有宽敞的地带，保证水平方向的人流畅通，而停滞空间则要求不受干扰，既要醒目，同时又要相对安静。

4. 总台

总台即总服务台，也称前台。总台是大堂活动的中心，要设在进入大堂一眼就能看到的地方，其中轴线一般与饭店大门的通道垂直或平行，这样可以使宾客很容易找到总台，也使总台服务人员能够观察到整个前厅的客人活动以及门口车辆进出情况，以便服务员提前做好接待客人的准备工作。总台长度与饭店的类型、规模、客源市场定位有关，一般为 8～12m，大型饭店可达 16m；总台高度指总台内外两个高度，外侧高度要适应宾客写字的需要，其高度一般为 1.2～1.3m，内侧高度既要适合服务员的操作，又要方便对客服务；台面宽度一般为 0.45m 左右。总台的常见形状有直线形、折线形、半圆形、L形，其外形选择与整个大堂的建筑密切相关，但前台两端不宜封闭，应留一个活动出入口，便于前台人员随时为宾客提供个性化服务。总台应以经久耐用的材料制作，以便清洗、维修。台面常用的材料有磨光花岗石、大理石、硬木、装饰面板等；侧面可用石材、木材，也可采用皮革或软包材料。

工作台上应配置计算机、电话、打印机、收银机、信用卡压卡机、表格抽屉、信件架等。总台上方、平顶侧面，应悬挂标志，注明问讯、结账等，使宾客一进大门即一目了然。与总台有关的国际钟、日历、天气预报牌等应挂在总台附近。

总服务台后面要有办公室，供前厅部人员办公、财务夜审，并可存放资料、复印机、传真机和计算机。销售部最好也设在这里，以便开展接待业务。办公室面积计算公式为：客房数×（0.3～0.5）m^2，一般以 50～100m^2 为宜。贵重物品保管室与总服务台相邻，客人和工作人员分走两个入口，客人入口应尽量隐蔽。

5. 大堂副理处

大堂副理的位置应设在可以看到大门、总服务台和客用电梯厅且视野开阔、安静的地方，以便观察大堂内宾客的活动情况。大堂副理处通常放置一个办公桌，一把值班经理用沙发椅，两把客用沙发椅。台面配置电话、电脑等，摆放插花或盆栽。大堂副理处的家具、灯具设计等不应低于饭店内高级豪华套房的标准，尺度和式样应与大堂整体环境相协调。

6. 行李处

行李员服务台应设在大门内侧，能同时看到总服务台和电梯厅的地方。大堂要有行李间，行李间面积以客房间数×（0.05～0.06）m² 设定。观光型饭店，由于旅行团行李较集中，行李间应适当加大一些；小型饭店不单设行李处，与总台合一。

7. 休息区

休息区能方便宾客等候并起到疏导、调节大堂人流的作用，位置最好设在总服务台附近并能向大堂咖啡厅、酒吧或其他经营点延伸，以引导客人消费。休息区要求相对安静和不受干扰，可利用家具组合、装潢变化等形成独立空间。

8. 公共洗手间

公共洗手间（包括残疾人卫生间和清洁工具储存室）有众多的出入人流，其位置既要方便宾客又能避开外人的直视。公共卫生间应设在大堂附近，标志要明显，但门不可直接对着大堂。

一般要求在任何公共部位都不应看到（无论直接还是从镜子反射）卫生间内的隔板与厕位，可用洗手间作前室，迂回进入厕所。高档饭店公共卫生间对视线要求更高，分前室、洗手间、厕所三部分。为提高卫生标准，防止推手的污染，有的高档饭店公共卫生间不设门，依靠曲折迂回解决视线问题。

卫生间的装修标准与前厅相适应，一般比客房要求高。地面、墙面材料均应容易清洁，地面常用大理石、地砖、美术水磨石、马赛克等装修材料，墙面常用大理石、瓷砖、涂料等装修材料。

9. 公用电话

公用电话位置应明显，有小台面和一定隔音设施，既避免干扰又能显示是否有人使用。几部电话可以连排，也可以独立设置，有的还与墙面装饰结合。

（三）前厅的流线设计

饭店的通道分两种流线，一种是服务流线，指饭店员工的后场通道；另一种是宾客流线，指进入饭店的宾客到达饭店各区域所经过的线路。设计中应严格区分两种流线，避免宾客流线与服务流线交叉。流线混乱不仅会增加管理难度，同时还会影响前厅服务区域的氛围。

（1）员工和宾客各行其道、互不交叉。前厅应与员工通道、员工卫生间、货用电梯等尽量隔离开，行李入口也要与宾客入口分开，避免交叉穿行，妨碍宾客活动。

（2）缩短前厅主要人流路线。一般饭店的主要人流路线是大门到总台和大门到电梯厅、楼梯间。因此，总台、电梯厅、楼梯间应接近入口、位置明显，利于迅速分散人流，使直接上楼的宾客减少对前厅的穿越，即缩短大门到总台、电梯厅和楼梯间的路线。

（3）利用导向标志等引导人流。前厅人流密集，首先，应有宽敞地带作为水平人流运动的空间，使其通畅顺达；其次，应利用醒目的导向标志牌、地面图案和有方向性的吊顶、栏杆、台阶等明示或暗示运动方向，将宾客从前厅某一功能空间引导至另一功能空间。

三、前厅装潢设计

（一）前厅装潢设计的风格

饭店前厅装潢设计的风格主要有以下几种。

（1）中国传统风格。中国传统崇尚庄重和优雅。一般吸取中国传统木结构筑室内藻井天棚、屏风、隔扇等装饰，多采用对称的空间构图方式，色彩庄重而简练，空间气氛宁静、雅致而简朴。

（2）乡土风格。该风格主要表现为尊重当地的传统习惯、风土人情，保持民族特色，注意运用地方建筑材料或利用当地的传说故事等作为装饰的主题。在前厅室内环境中力求表现悠闲、舒畅的田园生活情趣，创造自然、质朴、高雅的空间气氛。

（3）自然风格。该风格崇尚返璞归真、回归自然，摒弃人造材料的制品，把木材、砖石、草藤、棉布等天然材料运用于室内设计中。

（4）西洋古典风格。这是一种追求华丽、高雅的古典风格。前厅色彩主调为白色，家具为古典弯腿式，擅用各种花饰、丰富的木线变化，富丽的窗帘帷幄是西式传统室内装饰的固定模式。前厅空间环境多表现出华美、富丽、浪漫的气氛。

（5）西洋现代风格。该风格以简洁明快为主要特点，重视前厅室内空间的使用效能，强调前厅布置按功能区分的原则进行，家具布置与空间密切配合，主张废弃多余的、繁琐的附加装饰。另外，装饰色彩和造型追随流行时尚。

（6）混合型风格（中西结合式风格）。该风格在前厅空间结构的设计上既讲求现代实用，又吸取传统的特征，在装饰与陈设中融中西为一体。如传统的屏风、茶几，现代风格的墙画、门窗装修及新型的沙发，使人感受到不拘一格。

（二）前厅色彩的运用

1. 色彩运用的基本原理

（1）色彩的色调、明度与彩度。色调即色彩的品名，如红、橙、黄、绿、青、蓝、紫等。根据颜色对人心理的影响，颜色分为暖色调、冷色调和中间色调三类。红、橙、黄之类的色彩称为暖色调，蓝、绿、紫之类的颜色称为冷色调，而黑、白、灰、褐之类的颜色称为中间色调。暖色能给人带来温暖、亲切、热烈、活跃的心理效果，冷色则能给人带来宁静、遥远、轻快的心理效果，中间色调具有稳定情绪的心理效果。

明度是每个色彩的反射率，即深浅、明暗的程度。即使是同类色，明度的变化能表现出色彩的层次，扩展视觉空间。在一个房间中，从顶棚、墙面到地面，色彩的明度往往从高到低，即由明亮趋向暗重。

彩度即色彩的饱和度、色强，亦称色彩的鲜艳程度。高彩度的明色似鲜花般轻盈艳丽，低彩度的暗色则深沉凝重。红色彩度最高为 14，青色彩度最高为 6。彩度在 4 以上就有较强的刺激性，令人产生疲劳感，故一般室内选用色彩的彩度在 4 以下。

色调、明度、彩度这三要素在室内并非各自独立，可以认为它们是分析颜色表现在不同方面的属性，室内的每种颜色均可作这三方面的衡量、分析。

（2）色彩的关系。每种色彩在室内不是孤立的，而是存在于相互作用中，即通过协调、对比或组合等关系与其他色彩共处于色彩环境中。色彩的协调意味着各色在色调、明度、彩度方面的接近或渐变，给人统一平和、舒适愉快的感觉。协调也分调和色的协调和对比色的协调。调和色是同种色调改变明度和彩度而得的系列色，室内大面积色彩基本采用调和色协调手法以显从容、和谐。对比色的协调则通过不同面积的对比色配色，取得生动而富有活力的协调。最常见的是以大面积调和色配重点小面积对比色的手法。如饭店大堂常在大面积调和色背景下，采用强烈对比色的壁饰，形成视觉兴奋点，引人注目。

（3）色彩的选择。色彩对人的心理产生重要作用，不同的年龄、性别、风俗习惯，对色彩的喜爱也不同。不同的功能空间，不同的设备也有不同的颜色要求。另外，配色的规律不是一成不变的，随着宾客在文化素养、习俗爱好方面的变化而引起对色彩反应的变化，配色方式与效果也在不断变化。在对色彩进行设计时，应从整体色彩环境出发，营造整体的色彩意境。

2. 前厅色彩的具体运用

首先，应确定前厅的主色调作为环境色彩的主旋律，因为它决定着前厅环境的气氛和情调。为了给宾客一种愉快、热情、优雅的气氛，激发前厅工作人员的工作热情，前厅的色彩一般以暖色调为主，同时使用协调、对比色调，形成色彩的层次对比，创造出和谐的整体效果。

（1）前厅各功能区色彩的运用。前厅大堂宾客主要活动区域应以暖色调为主，以烘托出豪华热烈的气氛；服务区域及宾客休息区，色彩应稍冷些，使人能有一种宁静、平和的心境；卫生间多以白色、米色等浅色调为主，但应以卫生洁具的色彩为主色调，墙、地色彩则与之保持一致。

（2）前厅室内配色。

① 顶棚。顶棚应采用白色或与白色相近的颜色，这可增强前厅的照明效果。如果采用与墙面相同的颜色，应提高其亮度。

② 墙面。因为墙面对室内气氛起主导作用，所以从总体上讲不应太鲜艳，较亮、偏淡的色彩比较适合。如果墙面色暗，照明的亮度虽高，也觉得发暗。暖色系列的色彩能够营造欢快的气氛，而冷色系列的色彩容易诱发冰凉的感觉；明亮的中性系列色彩能产生明朗而沉稳的感觉，所以墙面选用比顶棚沉重但明快一些的中间色比较好。

③ 墙脚。墙体或大柱的墙脚色彩通常采用与墙面相同系列色或者采用亮度低，甚至更暗的色彩。

④ 地面。地面采用与墙面不同的颜色为好。如果采用同一系列色，可用能增强对比度的深色。

⑤ 窗帘。在一般情况下，如果墙面明亮，则与窗帘形成的反差大，所以宜采用同一系列色，以收到亮度变化的效果。对暖色系列墙面可配以冷色系列或中性色系列色调的窗帘；而对于中性色调墙面来说，配暖色系列的窗帘效果会好些。

（三）前厅照明布置

1. 照明方式

在人工照明的情况下，常用的照明方式有三种：一般照明、局部照明和综合照明。

（1）一般照明。一般照明也称全面照明，是一种不考虑特殊局部需要，为照顾整个被照面而采用的照明方式。这种照明灯具往往是对称、均匀地排列在整个工作面的顶棚上，因而可以获得基本均匀的照明。这种照明方式适合于没有高视度方面的特殊要求，且对光的投射方向没有特殊要求的场合，如大堂宾客活动区域可采用这种方式。

（2）局部照明。局部照明指为增加某一指定地点的照明亮度而采用的照明方式。它常常设置在要求高照度以满足非常精细的视觉处，或对光线的方向有特殊要求的部位，如橱窗、展览品所在区域等。

（3）综合照明。综合照明指工作面上的照明度需要由一般照明和局部照明共同构成时所采用的照明方式，常用于照明度要求不一或要求相同照明度的办公点分布不集中的情况，如总台。

2. 灯具的分类

灯具以安装位置不同分为以下三种：一是天花板灯具，有吸顶灯、吊灯、柔光灯等；二是墙壁灯具，有壁灯、窗灯等；三是便携式灯具，有落地灯和台灯等。下面介绍几种前厅常用灯具。

（1）吊灯。一般为悬挂在天花板上的灯具，是最常采用的普遍性照明，有直接、间接、下向照射及均散光等多种灯型。吊灯的特点是引人注目，因此吊灯的风格直接影响整个前厅的风格。

（2）吸顶灯。直接安装在天花板面上的灯型，包括下向投射灯、散光及全面照明等几种灯型，光源有白炽灯吸顶灯和荧光灯吸顶灯，优点是可使顶棚较亮，构成全房间的明亮感，缺点是易产生眩光。但吸顶灯的造型、布局组合方式、结构形式和使用材料等要根据使用要求、天棚构造和审美要求来考虑。

（3）嵌顶灯。泛指嵌装在天花板内部的隐式灯具，灯口与天花板衔接，通常属于向下抽射的直接光灯型。由于嵌顶灯有阴暗感，因此常与其他灯具配合使用。

（4）壁灯。壁灯是安装在墙壁上的灯具，是室内装饰及补充型照明灯具。由于其距地面不高，一般都用低瓦数灯泡。壁灯的优点是通过墙壁的反射光使光线柔和。

（5）台灯。台灯的特点是可移动，灵活性强，且台灯本身就是艺术品，能给人以美的享受，灯光透过灯罩能在墙上画出优美的动感线条。

3．前厅照明处理的原则

（1）照明首先要满足实用性，其次是满足装饰性。前厅照明布置的根本目的是为宾客和前厅工作人员提供最基本的视觉环境，所以，前厅照明布置应以实用为根本出发点，自然光的利用和各种灯具的数量、大小、方向等的布置应根据使用区域、使用人员的具体要求而进行，在实用的基础上再考虑照明的艺术功能。

（2）空间不同，灯具也不同。室内空间的艺术效果与室内照明处理存在着很大关系。光在分割空间的处理上，较之用实体来分隔要灵活得多。有意识地利用照明度不同的灯具进行布置，可以使光线像一把无形的剪刀一样把一个大空间划分成几个相互融通却又明暗不同、情趣各异的小空间，并产生一个朦胧的中间状态空间。根据前厅各功能需要，利用灯具的光照并结合各种陈设、家具的布置等，可在前厅这个大空间中分割出变化多端的各个子空间，组成不同的区域，使之各自具有一定的独立性。

（3）突出重点并渲染气氛。灯光与灯具有色有形，用它们来渲染前厅室内环境气氛，往往可以取得非常显著的效果。一盏水晶吊灯可以使大堂显得十分富丽豪华；旋转变化、五彩缤纷的灯光可以使空间扑朔迷离，充满梦幻；而外形简洁的新型灯具又会使空间显得新颖明快、富于时代感；配置得当的灯光，会使室内的陈设景物生动耐看；有意识形成的光影，又会使环境新奇特别，令人惊叹。不同民族、不同地区的室内空间特色，常常通过灯具照明来体现。所以，前厅照明的艺术布置应以饭店等级规模、前厅建筑风格为主线，突出饭店文化主题，渲染前厅独特的文化气氛。

4．前厅照明布置

应根据前厅不同功能区的具体要求布置照明。

（1）大堂。大堂一般采用高强度的华丽吊灯，以形成热烈友好的气氛；通常使用壁灯、台灯或落地灯作辅助照明，以衬托前厅的主体照明风格；用射灯对大堂的图画及艺术品作投光照明，使其更显艺术魅力；标识牌的照明不应突出，以只照亮标识为目的，可选用射灯、灯箱等。

（2）总台。总台的灯光照明应有足够的亮度，以创造一种适宜的工作环境。为提高照明度，总台平顶可降至 2.4m 左右，平顶内可布置灯具，台面可用暗藏式台面。

（3）休息区。休息区照明不要太突出，灯光应略暗，以形成安静和优雅的格调；可选用壁灯、射灯或地脚灯，使光自然融和；还应在台面上设置台灯，以方便宾客阅读。

另外，主要楼层、楼梯、出入口、交通要道要设置应急照明灯。

（四）前厅绿化布置

1．绿色植物的作用

（1）美化前厅环境。富有活力的绿色植物其自然舒展的形态、色彩、芳香与前厅人工构筑的空间形成鲜明的对比，不仅克服棱角分明的构件引起的生硬、冷漠感，还能改善前厅这一陌生环境可能引起的宾客无所适从的压抑心理，从而调整空间尺度感，调剂人的情绪，使宾客产生亲切温暖的心理感受。另外，绿色植物还能改善前厅室内空气质量，改善室内小气候。

（2）创造文化氛围。在不同的地理、气候、历史条件下，各地区、各民族都有各自的花木传统文化，一些花草树木成为某种民俗文化的载体，具有特别的含义。饭店前厅可根据自身的文化主题，结合空间形态，选用本地植物表达本土文化或引种异域植物表现异国情调，从而创造出有一定文化氛围的绿环境，更好地体现饭店特色。

（3）组织空间。绿色植物能起到分割、组织空间的作用，以绿色植物作分隔物显得自然亲切，并给空间增添生动活泼的情趣。前厅一般选择较低的盆栽、花台等作隔离带，隔而不断、有隔有连。

2．绿化植物的布置方法

（1）点状孤植。以一棵或几株姿态优美的盆栽为主，独立布置绿化是常见的方法。点状孤植有相当的灵活性和观赏性，便于与家具、陈设组合，根据其大小、观赏特点，可布置在前厅不同的空间。

（2）线状、成片布置。成片布置的绿化可成为富有层次的视觉中心，常是前厅绿化的主题所在。线状布置主要由长条花台组合而成，常作为大堂休息区、咖啡厅等的隔离带。

（3）高低组合、突出色块。在以点状孤植为重点时，需配低矮的花木构成起伏、有层次、高低组合的有机群体；当盆栽、鲜花组合布置时，应以同种同色的鲜花组成鲜艳的色块，以便在大空间中起突出的装饰作用；若不同层次、不同部位的盆栽、鲜花分别以不同色块组合，则效果更突出。

选用何种布置方法应根据前厅的特点进行设计，以使植物融于前厅环境，相得益彰，别出心裁。

3．前厅绿化植物的选用

因为植物的生长要有适宜的光照、温度和湿度，因此要根据前厅室内的这些条件来选择适宜的植物。一般来说，应选择能长期或较长期适应室内生长的植物，主要是性喜高温多湿的观叶植物和半耐阴的开花植物。室内常用的观叶植物有铁线蕨、绿萝、常春藤、万年青、富贵竹、一叶兰、龟背竹等。常用的较大植物有南洋杉、巴西铁、散尾葵、针葵、棕竹、变叶木、马尾铁树等。常用的开花植物有鹤望兰、火鹤花、马蹄莲、八仙花、水仙、紫鹃兰等。

4．前厅绿化布置的要求

由于前厅空间的大小、形状各不相同，因此必须巧用心思，尽量利用前厅环境的特点及室内装饰的原则来进行绿化，方能井井有条，达到美化的目的。进行绿化布置需考虑以下几个原则：

（1）应根据前厅面积和陈设空间的大小来选择绿化植物。在较宽敞的大门前可放置一两盆观音竹、西洋杜鹃等，使宾客一进门就有耳目一新的感觉；在较狭小的门前，可利用墙隅和板壁摆成一片观叶植物，以小巧玲珑为佳。大堂是前厅公共活动的中心，面积较大，宜在大堂中心或角落放置大型的植物，一般以大盆观叶植物为宜。而窗边可摆设四季花卉，或在壁面悬吊小型植物作装饰。切忌绿化布置过多，要有重点，否则会显得杂乱无章、俗不可耐。

（2）绿化应考虑视线的位置。绿化装饰毕竟是以让人欣赏为目的的，为了更有效地体现绿化的价值，在布置中应更多地考虑无论在任何角度来看都让人舒服的最佳位置。一般最佳的视觉效果是在距地面约两米的视线位置，这个位置从任何角度看都有美好的视觉效果。若想集中配合几种植物来欣赏，就要从排列的位置来考虑，在前面的植物，以选择细叶而株小、颜色鲜明的为宜，而深入角落的植物，就应是大型且颜色深绿的。盆吊植物的高度，尤其是以视线仰望的，其位置和悬挂方向一定要讲究，以直接靠墙壁的吊架、盆架置放小型植物效果最佳。

（3）室内的绿化应体现出前厅室内的空间感和深度感。如果把盆栽植物胡乱摆放，那么前厅环境就显得杂乱。如果把植物按层次集中放置在前厅的角落里，就会显得井井有条并具有深度感。处理方法是把最大的植物放在最深的位置，矮的植物放在前面，或利用架台放置植物，使之变得更高，更有立体感。再者，也可用照明法来表现室内的深度感。这种室内植物照明法，是对于室内植物处于光线不充足的地方时使用的，利用部分的照明可增加光和影子的变化效果。白天一般是不采用灯光照明的，但晚间用灯光照明时，就会显出奇特的构图及剪影效果。这种利用灯光反射出的逆光照明，可使前厅变得较为宽阔。还有一种办法，就是利用镜子与植物的巧妙搭配，制造出变幻、奇妙的空间感觉。

第二节 前厅环境管理

一、前厅室内小气候管理

室内小气候管理是指通过各种设备、措施使室内热环境和空气质量保持在良好状态。良好的室内小气候应该表现为：适宜的温度、有效的通风和良好的室内空气质量。

（一）前厅温度、湿度和空气质量要求

室内温度和相对湿度关系到人体的热舒适度，热舒适度不仅是保护人体健康的重要条件，而且也是人们正常工作、生活的保证。一般情况下，人们大部分时间在室内度过，如果室内空气受到污染，新鲜空气不足，就有可能引起人体的各种疾病。所以，室内温度、湿度和空气质量是室内环境质量的重要因素。

前厅人员集中、耗氧量大，适当的温度、湿度和良好的空气质量不仅给宾客提供良好的室内环境，而且给前厅工作人员提供良好的工作环境。饭店前厅大堂的温度、湿度和空气情况可参考室内空气质量标准（见表 7-1），也可参考如下指标：夏季温度应保持在 22℃～24℃，冬季应保持在 20℃～24℃；相对湿度应保持在 40%～60%；风速应保持在 0.1～0.3m/s；新风量一般不低于 $160m^3/h \cdot p$；一氧化碳含量不超过 $5mg/m^3$；二氧化碳含量不超过 0.1%；可吸入颗粒物不超过 $0.1mg/m^3$；细菌总数不超过 3000 个/m^3。

表 7-1 室内空气质量标准（GB/T18883－2002）

序　号	参数类别	参　数	单　位	标准值	备　注
1	物理性	温度	℃	22～28	夏季空调
				16～24	冬季采暖
2		相对湿度	%	40～80	夏季空调
				30～60	冬季采暖
3		空气流速	m/s	0.3	夏季空调
				0.2	冬季采暖
4		新风量	$m^3/h \cdot p$	300	

续表

序　号	参数类别	参　数	单　位	标　准　值	备　注
5	化学性	二氧化硫（SO_2）	mg/m³	0.50	1 小时均值
6		二氧化氮（NO_2）	mg/m³	0.24	1 小时均值
7		一氧化碳（CO）	mg/m³	10	1 小时均值
8		二氧化碳（CO_2）	%	0.10	日平均值
9		氨（NH_3）	mg/m³	0.20	1 小时均值
10		臭氧（O_3）	mg/m³	0.16	1 小时均值
11		甲醛（HCHO）	mg/m³	0.10	1 小时均值
12		苯（C_6H_6）	mg/m³	0.11	1 小时均值
13		甲苯（C_7H_8）	mg/m³	0.20	1 小时均值
14		二甲苯（C_8H_{10}）	mg/m³	0.20	1 小时均值
15		苯并[a]芘 B（a）P	mg/m³	1.0	日平均值
16		可吸入颗粒（PM_{10}）	mg/m³	0.15	日平均值
17		总挥发性有机物（TVOC）	mg/m³	0.60	8 小时均值
18	生物性	细菌总数	cfu/m³	2 500	仪器测定
19	放射性	氡（222Rn）	Bq/m³	400	年平均值

（二）前厅小气候管理

为了保持前厅有适当的温度、湿度和良好的空气质量，在对前厅进行环境管理时应该注意以下几个方面：

（1）外围护结构的保温隔热性能应达到国家标准。外围护结构的保温隔热性能对室内热环境有直接的影响，所以应建立前厅外围护结构保温隔热技术体系，其保温隔热性能应符合相应区域的国家节能设计标准要求。前厅的外墙应采用外保温的复合构造；前厅若有外窗，外窗应采用中空玻璃并符合气密性的要求；建在南方的酒店还应采取有效的遮阳措施。

（2）通风换气是降低室内空气污染的有效措施。在饭店进行建造设计时应积极利用建筑迎风面和背风面的压力差进行自然通风，并积极采用风环境优化技术，确保前厅通风良好。在前厅外窗密闭的情况下宜采用可以调节的新风装置，打开风阀，引入室外新鲜空气。在冬季采暖和夏季制冷期间应考虑室内的换气，但要注意既不能显著地造成室温波动，又要确保向室内补充新鲜空气。

（3）采暖、制冷系统的运行效率和能效比应符合相应区域的国家节能设计标准要求。空调机宜隐蔽、整齐安装，避免其噪声和气流对前厅室内环境造成影响。通过对空调机进行设备控制，加强日常的维护保养、监测和校准，确保空调机组处于最佳运行状态。

（4）绿色植物具有显著的杀菌功能和抗毒能力，能吸收空气中一定浓度的有毒气体，如二氧化硫、氮氧化物、甲醛、氯化氢等。在前厅摆放适当数量的绿色盆栽，不但可以改善室内小环境，增加空气湿度，使室内空气清新洁净，还可以让前厅的环境幽雅宜人。

二、前厅声环境管理

前厅声环境管理，是指采取措施或建造设施以保证前厅室内、室外声环境符合国家声环境标准。

（一）噪声及其危害

噪声是指由人们的生产活动引起的，一种使人感到不适、烦躁、不安，甚至影响人的健康的声音。噪声对人身体健康的危害主要有以下几点：

（1）引起耳部的不适，如耳鸣、耳痛和听力损伤。据测定，超过115dB的噪声会造成耳聋。据临床医学统计，若在80dB以上的噪声环境中生活，造成耳聋的比率可达50%。

（2）损伤心血管。医学专家经人体和动物实验证明，在平均70dB的噪声中长期生活的人，其心肌梗塞的发病率增加30%左右，特别是夜间噪声会使发病率更高。

（3）引起神经系统功能紊乱、精神障碍、内分泌紊乱甚至事故率升高。

（4）噪声还可对视力造成损害。试验表明，当噪声强度达到90dB时，人的视觉细胞敏感性下降，识别弱光反应时间延长；噪声达到115dB时，多数人的眼球对光亮度的适应都有不同程度的减弱。同时，噪声还会使色觉、视野发生异常。

可见，噪声不仅会对饭店宾客造成不良影响，而且对饭店员工，尤其是长期在同一噪声环境中工作的员工影响更加严重。所以，饭店必须对噪声问题进行必要的控制。

（二）前厅噪声来源分析

1. 前厅户外噪声

前厅通常距离饭店大门外的闹市区或停车场较近，其户外噪声主要有交通运输噪声、饭店外人们社会活动所造成的噪声、饭店外置设备设施所造成的噪声等。对饭店来说，前厅户外噪声是无法由饭店解决的，只能通过采取相应的措施减少噪声对前厅环境的影响。

2. 前厅室内噪声

前厅室内噪声主要有宾客、饭店员工的说话声，电话铃声，前台机器声，商务中心机器声，服务员清洁前厅所造成的噪声等。此类噪声大部分可以由饭店采取措施来解决。

（三）前厅噪声控制

一般情况下，饭店前厅内噪声应不超过 45dB。为保证前厅有良好的声环境，可从以下几个方面进行管理。

1．活动控制

前厅员工在交谈时，声音应尽量轻些，有时可以使用一些体态语言进行沟通；要尽量提高工作效率，缩短宾客因办理入住等手续而在大堂滞留的时间；前厅员工在做清洁等操作时应注意避免制造噪声；对来店宾客，必要时可劝说其放低说话声音。

2．建筑设计

首先，饭店在选址时应尽可能选择安静地带，如果选址不当就会造成控制噪声的先天性缺陷，往往需要投入较大资金进行补救。其次，饭店外墙的建筑材料应符合饭店建筑对外墙的隔声要求。再次，前厅在装修时应尽量少用大理石、金属板材、大玻璃等坚硬光滑材料，其原因是声源在大堂内发声时，人在距声源一定距离处听到的有来自声源的直达声，还有来自顶棚、墙面、地面等坚硬光滑材料的多次反射声，直达声和反射声的叠加增加了室内的嘈杂程度，使噪声的分贝提高。为改变这一现象，唯一可行的办法是结合装修设计，在前厅的顶棚、墙面的适当部位，敷贴一定数量的吸声材料，如金属铝扣板、矿棉类吸声板、布艺装饰和软性装饰等。另外，前厅外窗应安装双层玻璃，这样可将外来噪音减低一半。

3．设施设备

前厅内设施设备如前台机器、商务中心机器、清洁用吸尘器等应选用噪声小的或有防噪声装置的；前厅外饭店的设施设备如空调机、锅炉房等除了应选用噪声小的外，还应采取相应的隔声措施，如在对锅炉房维护结构设计时，可采用双层匀质密实墙结构，从而提高隔声能力。

4．背景音乐

背景音乐是指不专心听的人就不能辨别其声源位置和是否存在的一种音乐，它常常是不被人注意的，但也是不需花费力气就能听到的一种音乐。它不是为了欣赏，而是为了创造一种环境气氛。在饭店前厅设置背景音乐，一方面可减少噪声的影响，另一方面可创造一种欢快的气氛，有利于宾客与员工之间创造一种融洽的关系，也有利于员工集中精力从而提高工作效率。

三、前厅光环境管理

饭店室内光环境主要由两部分组成：一是自然光环境，二是人工光环境。自然光采光是指利用太阳光进行采光，人工光采光是指利用各种照明灯具进行采光。与照明灯具相比，自然光无污染、成本低，且比人工光更能给人以舒适感。从节能和环保的角度来看，任何建筑都应尽可能地采用自然光。所以，饭店应尽可能地以使用自然光为主，使用人工照明为辅。

（一）光量参数

无论采用何种光，都需要用一些物理量来描述光环境质量的要求，其中最基本的参数有照度、色温、显色性等。

1．照度

照度指受照物体单位面积上的光通量，它是用来衡量被照面被照射程度的一个基本光度量，即被照面的光通量密度，其单位是勒克斯（lx）。例如，40W 的白炽灯下 1m 处的照度为 30lx，夏季阳光强烈的中午地面照度约为 5 000lx。

2．色温

当光源所发出的光的颜色与"黑体"在某一温度下辐射的颜色相同时，"黑体"的温度就称为该光源的色温。"黑体"的温度越高，光谱中蓝色的成分则越多，而红色的成分则越少。色温的单位是开尔文（K）。例如，白炽灯的光色是暖白色，其色温为 2 700K 左右，而日光色荧光灯的色温则是 6 400K 左右。

3．显色性

显色性是指光源的光照射在物体上所产生的客观效果。光源的显色指数是对光源显色性的评价，显色指数的符号是 Ra。例如，3 000K 标准荧光灯的显色指数为 50。

饭店前厅的光环境应以宁静、典雅为基调，使人倍感亲切和温暖，其光亮参数（照明标准）要求如下：照度一般取 500lx，照度太高会使人感到不舒适，太低会使人感到沉闷；色温取 3 000K 左右，色温太低，会使空间变小，色温太高，会降低客人的安逸感；显色指数 Ra＞80，较高的显色性能真正表现接待员与宾客的各种表现，给宾客留下深刻的印象。

（二）照明质量

照明质量包括一切有利于视觉功能及舒适感、易于观看和安全美观的亮度分布，如眩光控制、均匀性、稳定性等。

1．眩光

眩光是在视野内形成的干扰视觉或使视觉不舒服和疲劳的高亮度。按照形成的原因，眩光分为三种：一是直接眩光，是由过亮光源所引起的；二是反射眩光，是光源投射到光滑表面后反射至眼睛引起的；三是对比眩光，是两种光源明暗对比过大时所引起的。按照危害程度，眩光分两种：一是失能眩光，指损害视觉的眩光；二是不舒适眩光，指引起人体不舒服的眩光。不管是哪种眩光，都会使影像模糊，造成眼疲劳，都会影响人们正常的工作、娱乐、休息和身心健康，影响照明质量，所以应避免和控制。

2．亮度的均匀性

在视野内出现过大的亮度对比时，可引起眼睛的不舒适或视度下降，太小的亮度对比可引起阴暗感。太大或太小的亮度对比都会影响人们的工作效率和休息娱乐的舒适性，因此，应控制好室内各表面的亮度比，使亮度趋向均匀。亮度的均匀度是照度最小值与平均值之比，其均匀度不应小于 0.7，而邻近区的均匀度不应小于 0.5。

3．照度的稳定性

照度不稳定会使眼睛疲劳，影响工作效率和视觉健康。造成照度不稳定的原因有两个：一是光源的老化，灯具的污染，使照度下降，解决方法是更换灯具等；二是供电电压波动而使照度不稳定，解决方法是给照明变压器增设调压器等。

（三）前厅光环境管理

1．照明布局管理

（1）获得充足的日照，有利于宾客和前厅员工的身心健康，保证室内卫生，改善室内小气候，提高舒适度。所以，饭店在建筑设计时应注意使前厅能获得适量的自然光。

（2）应根据前厅不同功能区的具体要求布置照明，如大堂一般采用高照度的灯具，以形成热烈友好的气氛；前台的灯光照明应有足够的亮度，以创造一种适宜的工作环境；休息区灯光应略暗，以形成安静和优雅的格调。

（3）应结合前厅建筑结构特点和装饰要求，配备层次、类型各不相同的灯光，以配合室外照度的变化，保证在不同的时间均能达到良好的光照效果。

2．对照明的检查

对前厅照明的检查可从以下几个方面进行：

（1）适当的亮度。

（2）排除和处理刺眼现象。

（3）在调匀亮度的同时，根据需要调出适当的影子。

（4）光的颜色要适当。

（5）经济性要好。

（6）稳定性要好。

3．眩光控制的措施

（1）灯具。第一，从灯具的材料考虑，可以利用它的化学性质来降低表面亮度，如磨砂玻璃、乳白玻璃、塑料等材料；第二，从灯具的构造考虑，可以做遮光罩或格栅，并具有一定的保护角；第三，从灯具的数量考虑，灯具的数量越多，则造成眩光的可能性越小；第四，从灯具的位置考虑，灯具位置越高，则造成眩光的可能性也越小。

（2）照明方式。在照明方式的选择上，通过隐蔽光源或降低光源的亮度可以减少眩光的危害。

（3）装潢设计。在室内装修时，可调节室内色彩环境的亮度，以减少眩光的危害；各种装修表面或家具表面不宜采用有光泽的材料或涂料，以免造成镜面反射，产生反射眩光；调整有玻璃的家具、物品与光源的位置，控制它们产生的反射眩光。

第三节 客 房 设 计

饭店客房作为宾客住宿和休息的主要场所，是饭店的基础设施和主体，它不仅是宾客旅途中的家，也是饭店经济收入的重要来源。客房的功能布置、内外装修的好坏直接影响着饭店的经营效益和对客人的服务质量。

一、客房设计理念

（一）创造宾至如归的家庭气氛

一般入住饭店的宾客，无论是工作还是观光旅游，在异地劳累了一天，总希望回到饭店犹如回到家里一样温馨和舒适。创造宾至如归的家庭气氛即最大限度地满足不同宾客的物质需求和精神需求，充分考虑不同宾客的需求特点和审美趣味。针对来自不同国家、不同民族和不同地区的宾客，或来自同一国家、民族和地区中不同年龄、不同性别、不同职业和不同文化背景的宾客，由于生活习惯、文化习俗不同，应有不同的考虑。

（二）体现饭店的经营宗旨和目标

不同的饭店有其不同的经营宗旨和目标，有其不同的客源市场。因此，不同类型的饭店，其客房设计的重点与要求也各不相同。客房的平面布局、环境设计应以饭店的经营理念为出发点，如度假型饭店的客房应营造轻松愉快的度假气氛，商务型饭店的客房则应注重商务设施的完善。另外，同一饭店不同等级标准的客房应通过装潢设计体现不同的礼仪规格。

（三）体现高雅的文化品味

客房的装修风格和气氛，应传承一定的文化内涵，形成饭店的风格和特色。在客房设计中，首先应根据饭店的建筑风格确定客房主题，形成整体的装修构思，要通过整体的搭配来形成风格和特色。然后围绕主题，在室内空间的组织、家具的选用、材料的运用、饰物的质感和色彩等方面进行考虑。并且，饭店的每一间客房设计都应有所区别，各具特色。宾客每次来饭店，入住的房间都不一样，这就能引起宾客极大的兴趣，吸引其重复入住，在满足客人物质与精神需求的同时，也稳定了饭店的客源。

二、客房楼层功能设计

（一）客房的基本类型

饭店客房大致可分为单间客房和套房两种类型。

1. 单间客房

由一间客房构成的"客房出租单元"称为单间客房。根据客房内床位的配置情况，又可细分为下列几种：

（1）单人间（Single Room），配备一张单人床。

（2）大床间（Double Room），配备一张双人床。

（3）双床间（Twin Room），配备两张单人床，也称为标准间。

（4）三人间（Triple Room），配备三张单人床。

2. 套房

由两间或两间以上客房所构成的"客房出租单元"称为套房。根据其使用功能和室内装饰标准主要可分为以下几种：

（1）普通套房（Junior Suite）。此类套房一般为两套间，一间为卧室，与卫生间相连；另一间为起居室。

（2）商务套房（Business Suite）。此类套房是为从事商务活动的客人设计的，应配备办公室和办公用品。

（3）豪华套房（Deluxe Suite）。此类套房为两套间以上的设计，三套间除卧室、起居室外还有一间餐室或会议室，其装饰布置及用品配备都以彰显豪华为目的。

（4）总统套房（President Suite）。此类套房一般由五间以上的房间组成，包括男主人房、女主人房、起居室、会客室、书室、餐室、随从房等，其装饰布置极为讲究，造价昂贵。

（二）客房楼层功能的设计

1. 公共走廊

公共走廊的宽度应满足停放服务车时人可通过的要求，一般为 1.4～2m，从电梯厅或主楼梯到最远客房的距离最好小于 60m。走廊的色调要柔和，灯光要柔和并且没有眩光，在照明上可重点关照客房门（目的性照明），以营造一种安静、安全的气氛。走廊地面和墙面的材料要考虑易于维护和使用寿命，如不要选用浅色的地毯，而要选择耐脏、耐用的地毯。墙边的踢脚板可以适当地做高一些，可以做到 0.2m 左右，以免行李推车、服务车的边撞到墙纸。有的酒店客房走道甚至还设计了防撞的护墙板，也起到扶手的作用，如此设计，既防止使用过程中的无意损坏，也为老年人提供了行走上的方便。

2. 客房服务区

我国饭店的客房服务工作区一般设置服务台、工作室（供应开水或兼作小备餐间）、清洁工作室、布件备品仓库、配电室、机房等。客房服务区的设计既要保证工作效率，又要不干扰客人休息，服务的流线宜与客人的人流路线分开。

3. 电梯厅

电梯厅是高层客房的交通枢纽，要求能方便、快捷地集散宾客，应集中布置在客房层走廊的中间部位，以达到能均匀分散的功能。电梯厅的电梯排列与厅的宽度应以面积紧凑、使用方便为原则。另外，电梯厅应保证人流畅通，不宜兼作休息室。

4. 疏散通道

疏散通道是发生火灾时供人员逃生用的，一般指疏散楼梯，但高层饭店的客房层还须设置有排烟前室的消防电梯。疏散楼梯的位置应考虑在火灾发生时人员可能的疏散方向。常见的位置有两种：一种是宾客习惯的、常用的交通线路，靠近交通枢纽；另一种是使宾客有双向疏散选择，布置在客房层的两端。

三、客房的功能布局

（一）客房门及门廊区

门扇的宽度以 0.88～0.9m 为宜，如果无法达到，那么在设计家具时一定要把握好尺寸。门框及门边墙的角是容易损坏的部位，设计上须考虑保护措施，钢制门框是个好选择，它具有不变形、耐撞击的特点。

常规的客房建筑设计会形成入口处的一个 1.0～1.2m 宽的小走廊，房门后一侧是入墙式衣柜。一些投资小的经济型客房甚至连衣柜门都省去不装，只留出一个使用"空腔"，行李可直接放入，方便、经济。如果有条件，应尽可能将衣柜安排在就寝区的一侧，这样，客人会感到极为方便，同时也解决了门内狭长的空间容纳过多所造成的使用不便的问题。

（二）就寝区

这是客房中最基本的空间，也是面积最大的功能区域。床是就寝区最主要的家具，床要有优美的造型且方便移动，其高度以床垫离地面 0.5～0.6m 为宜；床垫要软硬适中，使用时不发出响声；床头柜可设立在床两侧，因为它功能很单纯，方便使用最重要，所以设计时不要太复杂；床头背屏与墙是房间中相对完整的区域，可以着重刻画，但要注意床水平面以上 0.7m 左右的区域（客人的头部位置）易脏，须考虑应用防污性的材料；可调光的床头灯对就寝区的光环境塑造至关重要，使用频率及损坏率高，其选择要精心，既要防眩光，也要耐用。

（三）盥洗区

盥洗区即客房卫生间。客人在卫生间通过盥洗消除一天旅途的疲劳，以恢复体力，其设计应处处遵循人体工学原理，做人性化设计。在这方面，干湿区分离、坐厕区分离是国际趋势，可以避免功能交叉、互扰。

1．面盆区

面盆区主要包括台面与化妆镜。洗脸盆水龙头的水冲力不要太大，要选用轻柔出水、出水面较宽的水龙头，水流太猛会溅到客人的身上，造成客人的不便和不悦；镜子要防雾，并且镜面要大，因为卫生间一般较小，所以可以利用镜面反射原理而使空间在视觉上和心理上显得宽敞，卫生间巧用镜子会起到意想不到的效果。

2．坐便区

应选用抽水力大的静音恭桶；电话和厕纸架应安放在恭桶与洗手台之间，一可方便使用，二可避免在客人淋浴时溅上水；另外，烟灰缸与小书架的设计也要显示出饭店的细心、周到。

3．洗浴区

淋浴设施不要选用太复杂的，而要选用客人常用的和易于操作的，有的因为太复杂或太新奇，客人会因不会使用或使用不当而造成伤害。浴缸的选用要以表面耐冲击、易清洁、保温性良好以及有防滑设计的为佳。由于浴缸所占空间大，带来造房时间延长等诸多不利因素，近年来淋浴房渐受青睐。设有淋浴玻璃房的卫生间，一定要选用安全玻璃，玻璃门边最好设有胶条，既能防止水渗出，也能使玻璃门开启时更轻柔舒适；淋浴房的地面要做防滑设计，配备防滑垫。另外，无论是否使用浴缸，淋浴区的墙面都要避免使用不易清洁的材料，像磨砂或亚光质地材料都要慎用。

4．其他设备

卫生间一般没有窗户，高湿高温，良好的排风设备是很重要的，可选用排风面罩与机身分离安装的方式（面板在吊顶上，机身在墙体上），这样可大大减少运行噪音，同时也延长了排风设备的使用寿命。卫生间的门及门套离地 0.2m 左右的地方要做防水设计，可以设计为石材或砂钢饰面材料等。进入卫生间的门下地面设一防水石材板，以免卫生间的水流入房间通道。卫生间的地砖要防滑耐污，地砖与墙砖的收边处应打上白色或其他颜色的防水胶，从而让污物无处藏身。

（四）起居区

起居区是宾客起居、休息、会客的地方，一般放置沙发、茶几等。饭店的等级不同，客房的起居休息空间也不同。套间中有独立的起居室，家具数量较多，并设有微型酒吧等。以往商务标准客房设计中起居区的会客功能正在渐渐弱化。从住房客人的角度讲，他希望客房是私人的、完全随意的空间，将来访客人带进房间存在种种不便。从酒店经营者的角度考虑，宾客在客房中会客当然不如到酒店里的经营场所会客。这一转变为客房向着更舒适、愉快的功能发展创造了空间条件。设计中可将诸如阅读、音乐欣赏等很多功能增加进去，改变以往的客人在房间就只能躺在床上看电视的单一局面。

（五）工作区

工作区以书写台为中心。书写台位置的安排不一定要像传统的客房那样安放在床的对面，面壁而坐，而应依空间仔细考虑，良好的采光与视线是很重要的。商务客房强大而完善的商务功能应在书写台上体现出来。宽带、传真、电话以及各种插口要一一安排整齐，杂乱的电线也要收纳干净。书写台也可兼作化妆台，这时墙面上应添加镜子，镜子上沿离地面高度不小于 1.7m。

四、客房的装潢设计

（一）客房家具的选择与布置

家具陈设是客房室内布置的主要内容，对客房的美化装饰影响极大。家具摆设不合理不仅影响美观而且不实用，甚至会给宾客生活带来种种不便。

1．家具的选择

选择家具是客房家具布置的准备工作。选择家具既要考虑功能，又要考虑美观。

家具功能选择的原则是实用舒适、比例协调、用料考究、易于清洁。实用舒适是指客房家具要根据客房的等级规格来选用，不同规格的客房对家具的数量、类型等要求都是不一样的，应使每一种家具都是有用的而不是闲置的，使用起来让人感觉舒适舒服；比例协调是指各种家具要在大小方面彼此协调，家具的总体大小要与所置空间大小成比例，而且各种家具的形状也要与所置空间协调；用料考究是指家具质料的选用首先要以客房设计风格为准则，其次是家具的质地应坚实耐用；易于清洁是指家具的表面质料要耐脏且便于清洁。

家具美观选择的原则是格调统一、样式美观。格调统一是指家具的造型、颜色、质料等既要彼此协调统一，又要与客房整体风格协调统一；样式美观是指家具造型设计要优美，能给人的视觉带来美的享受。

2. 家具的布置

客房家具陈设布置要根据客房面积、朝向、门窗位置、家具数量等进行整体设计，并遵循一定布置设计的原则。

（1）按室内功能分区布置。一般习惯把一间客房（单间）分为三个区。一是安静区。离窗户较远，光线比较弱，噪声也比较小，以放置床铺、衣柜等较为适宜。二是明亮区。靠近窗户，光线明亮，适合于看书写字，以放置书写台为好（传统客房一般把书写台放置在床的对面），还可放置沙发、桌椅等。三是行动区。此为进门的过道，除留一定的行走活动空间外，可在这一区放置入墙式壁柜、小酒吧等。家具按区放置，房间就能得到合理利用，并给人以舒适、清爽的感觉。

（2）疏密有致。家具布置的疏与密是根据客房功能分区的不同而变化的。疏者，留给可供宾客出入的活动空间；密者，以家具组成人的休息、使用空间。客房主要用于睡眠和休息，床所占面积最大，所以一般床铺、床头柜等放置要相对集中，其他家具如沙发、书写台、行李架等则可分散放置。

（3）高低起伏。高大家具与低矮家具还应互相搭配布置，高度一致的组合柜严谨有余而变化不足，家具的起伏过大，又易造成凌乱的感觉，所以不要把床、沙发等低矮家具紧挨大衣橱放置，以免产生大起大落的不平衡感。最好把书写台、电视柜等家具作为过渡家具，给人视觉形成由低向高的逐步伸展趋势，以获取生动而有韵律的视觉效果。如果室内缺乏高低起伏变化，也可以利用落地灯、盆景或其他设备来弥补。

（4）掌握通道尺度。客房家具有高有低，要保证宾客走动和使用方便，就要掌握好家具之间的通道尺度。一般家具之间的最小通道尺度在 0.55～0.65m 之间，高家具在 0.75～0.85m 之间。如果一边是家具，一边是墙，其通道尺度可在 0.9～1.05m 之间。

（二）客房色彩的运用

色彩是客房装饰诸要素中最重要的因素，它是一种对观察者有强烈情绪影响和心理暗示作用的视觉因素，它不仅决定客房气氛，还能修饰或夸张客房的大小、形态。据调查，人进入某个空间最初几秒钟内得到的印象 75%是对色彩的感觉，然后才会去理解形体。所以，色彩对人们产生的第一印象是客房装饰设计中不能忽视的重要因素。

1. 客房色彩运用的基本原则

（1）基本色调的统一。客房设计要确定一个主色调，其他饰物的颜色都要服从这一主色调，从而使客房有整体感。另外，客房色彩处理中不要采用过多不同的色彩，通常不超过三色；彩度宜淡不宜浓，即颜色的纯度应低，不要过于鲜艳，应适当降低纯度，采用添加灰度的颜色；明度宜明不宜暗，即采用视觉效果好的明度色，如橙色。若色彩过多，对比强烈，大红大绿，则给人一种凌乱、低俗的印象，同时也会给宾客视觉造成沉重的负担。

（2）色彩运用的情感化。前面提到，不同的色彩会给人们心理带来不同的感觉。所以，在确定客房色彩时，要考虑人们的感情色彩。例如，黑色一般只用来作点缀色。试想，如果客房大面积运用黑色，人们在感情上恐怕难以接受，居住在这样的环境里，人的感觉也不舒服。20 世纪 30 年代，美国一家土耳其蒸汽浴室，顾客一致反映浴室很冷，老板通过增添蒸气量来提高实际温度。温度的增加使顾客出汗，但顾客仍觉得冷。一位叫盖斯的设计师指出浴室寒冷是由于墙围呈绿色造成的。于是老板只是将浴室墙壁改成奶黄色，并加上几条红线条，结果客人就感觉浴室变暖和了。可见色彩情感规律在客房设计运用中的重要性。

2. 客房色彩的具体运用

室内色彩的构成因素繁多，一般有家具、纺织品、墙壁、地面、顶棚等。为了平衡室内错综复杂的色彩关系和保持总体协调，可以从同类色、邻近色、对比色及有彩色系和无彩色系的协调配置方式上寻求其组合规律。

（1）家具色彩。客房家具色彩力求单纯，最好选择一色或者两色，既强调本身造型的整体感，又易和室内色彩环境相协调。如果在家具的同一部位上采取对比强烈的不同色彩，可以用无彩色系中的黑、白或金银等光泽色作为间隔装饰，使家具过渡自然，对比协调，既醒目鲜艳，又柔和优雅。

（2）纺织品色彩。床上用品、窗帘、地毯等纺织品一般采取明度、纯度较高的鲜艳色，以此渲染客房浓烈、明丽、活泼的情感气氛。在与家具等物进行色彩搭配时，可以采用色相协调，如淡黄的家具、米黄的墙壁配上橙黄的床罩，构成温暖、艳丽的色调；也可以采用相距较远的邻近色作对比，起到点缀装饰的作用，获得绚丽悦目的效果。纺织品的色彩选择还应考虑到环境及季节等因素。对于光线充足的房间或是在夏季，宜采用蓝色系的窗帘；如在冬季或光线暗淡的房间，宜采用红色系的窗帘。

（3）墙壁、地面、屋顶色彩。这些色彩通常充当室内的背景色、基调色，以衬托家具等物的主色调。

① 墙壁色彩。一般光线充足的客房，墙壁以苹果绿、粉绿、湖蓝等偏冷色彩装饰。对于光线较暗的客房，墙壁多用米黄、奶黄、浅紫等偏暖色彩装饰。当室内色彩繁多时，墙面最好采用灰、白素色作为背景色，它能起到中和、平衡、过渡、转化等效果。

② 地面色彩。地面色彩有衬托家具和墙壁的作用，宜采用同类色或邻近色的对比，使家具轮廓突出，线条清晰，富有立体感。如黄、橙色的家具，地面可以为红棕色；红色的家具，地面可以为土黄色。

③ 屋顶色彩。屋顶可以采取彩色系，一般与墙壁为同一色相，明度不同，自下而上产生浓淡、暗明、重轻的变化，有扩大空间高度的视觉作用。一般多采用白色，这样不仅可以扩大视觉空间，而且能增加光线的反射和亮度。

3. 用色彩弥补客房缺陷

对不同的色彩，人们的视觉感受是不同的。利用色彩可以起到调节喜好的作用，也可以重新"塑造"客房空间，使客房的某些缺陷在色彩的作用下得到修正。

（1）房间太狭长。要弥补这一缺陷，不妨在两面短墙上用暖色，两面长墙上用冷色，因为暖色具有向内移动感。另一种方法是至少一面短墙上的墙纸颜色要深于一堵长墙上的墙纸颜色，而且墙纸要呈鲜明的水平排列的图案。这样的处理将会产生将墙面向两边推移的效果，从而增加房间的视觉空间。

（2）顶棚太高。要降低顶棚的视觉高度，可用较墙面温暖、深浓的色彩来装饰顶棚。但必须注意色彩不要太暗，以免使顶棚与墙面形成太强烈的对比，使人产生塌顶的错觉。

（3）顶棚太低。在这种情况下，顶棚的颜色最好用白色或比墙面淡的色彩，以"提升"墙顶。也可用条木装饰墙顶，重复的一根根的条木能给墙顶带来一种动感。

（4）客房太小，太方正。生活在这种空间里，总体感觉不好。要改变这种状况，扩大视觉空间，采用以下方法可能会有好的效果：可满地铺设色调较单一的中性色地毯，色彩不能太深，也不能太浅，墙面至少用两种较地毯淡的色彩。墙顶用白色，而门框及窗框采用与墙面相同的色彩。铺满地面的地毯，其本身亦能扩大视觉空间。墙面用较地毯淡的色彩，又可产生一种空间外移感。窗帘要用与墙面颜色相协调的色彩，而家具和装饰织物的色彩必须淡雅柔和。对比色会使房间显得较小及缺乏整体感，这样的客房用单纯的各种淡色装饰是最理想的。

（5）房间太大而无个性。可用暖色来营造一间较为温馨惬意的客房，因为暖色有向内"移动"感，房间似乎更贴近；也可随意用色彩鲜艳的大图案窗帘及装饰织物。房间里铺上色暖、质地疏松的大地毯会增强其个性。墙面用各种桃红色、杏黄色及珊瑚色会显得温暖，并与木器、门及窗形成对比，可以有效分割空间，营造一种温馨的气氛。

（三）客房照明的布置

没有光就不存在空间，客房空间的艺术效果与客房照明处理存在着很大的关系。不同的功能、不同的空间应有不同的灯具布置与照明方式。

1．客房照明布置的原则

（1）前与后。客房装修之前要贯彻"宁多勿少"的原则，对布线、开关和灯头设置要有个总体上的把握，保证照明系统能满足宾客活动的需求。装修结束后，可根据空间大小、家具位置、客人爱好等因素，选择灯具造型、光色、光亮及射线方式等，以获得整体美感。

（2）藏与露。灯具过多露在外面，既不美观，也不容易取得理想的灯光效应，可借用壁面、玻璃、油漆地板等介质，将"藏而不露"的灯光的反射性、折射性、扩散性发挥到极致。

（3）用与赏。灯光的功能，一在实用，二在欣赏。客房照明首先要满足宾客活动的需要，其次是兼顾美观。要取得良好的灯光效应，还必须注意最大限度地利用自然光，与灯光浑然天成，可取得意想不到的效果。

2．客房照明布置的要求

（1）照明要有利于宾客活动安全、舒适和正确识别周围环境，防止人与光环境之间失去协调性。

（2）照明要重视空间清晰度，消除不必要的阴影，控制光热和紫外线辐射对人和物产生的不利影响。

（3）照明要创造适宜的亮度分布和照度水平，限制眩光，减轻人的烦躁不安情绪。

（4）应有效利用自然光，合理地选择照明方式，控制照明区域，降低电能消耗。

（5）应处理好照度、色温、显色性、立体感、质感、闪光、眩光限制等各项指标要求。

3．灯具选择

客房中不同功能区的灯具选择具体要求如下：

（1）门廊。门廊的灯具可以采用吸顶灯或嵌入式筒灯，光源宜选白炽灯。

（2）就寝区。灯饰以宁静为主，灯点布置以简洁明快为主。房间照明有多种方式，可以用吸顶灯，也可以用壁灯、台灯。通常在有感烟探测器的客房内不考虑吸顶灯，应将感烟探测器装在起居室中间，而将落地灯作为起居室主灯具照明。没有感烟探测器的客房可以安装吸顶灯作为房间的主照明灯具，吸顶灯一般选用白炽灯。床头壁灯一般选用可以旋转的、有花色灯罩的灯具，使枕头附近有明亮的感觉而不影响另一床上的宾客睡眠。台灯通常作为辅助照明用，一般选用带罩的灯具，光源采用白炽灯。在靠近卫生间处设置地脚灯作通宵照明。

（3）卫生间。卫生间内脸盆、台面常有水，洗澡时有水蒸汽，其主照明灯具通常选用吸顶灯，且最好选用有磨砂玻璃罩的，可防水。另外可在梳妆台上设置镜前灯，镜前灯选用防水、防眩光的壁灯。

（4）起居区。沙发、软椅旁采用落地灯，方便住客会客、阅读。

（5）工作区。书写台照明一般采用台灯，对照度的要求较高，以便满足宾客阅读的需要。

（四）客房观赏品的陈设布置

观赏品的陈设可以起到点缀的作用，或弥补空间和色彩设计中的缺陷，或锦上添花烘托气氛。观赏品的陈设应构成一个视觉中心，体现饭店的文化主题。

1. 观赏品的分类

（1）按摆放位置分，可分为在几案、橱架或地面上摆放和在墙壁上悬挂两大类。

（2）按质料分，可分为玻璃、景泰蓝、陶瓷、水晶、金属、竹木、石料观赏品等。

（3）按制作方法分，可分为雕刻、编织、绘画、烧制、镶嵌观赏品等。

2. 观赏品的陈设布置要求

（1）观赏品的选择要根据饭店的等级档次来考虑其材质和加工质量，应体现饭店的特色，突出饭店的文化主题。

（2）客房观赏品的陈设布置要与客房整体装饰风格和谐，使它们的造型、色彩、质感、视觉感等美感作用能和墙面、家具相呼应。

（3）要掌握摆设或悬挂的位置，使其尺度与客房其他陈设的尺度相适应，不要造成宾客观赏时仰头、曲背等不自然的观赏姿势。

3. 绿色植物的布置

将绿色植物引进客房，可起到画龙点睛的作用。当人们看到绿色植物时，植物的绿色对人体大脑皮层有良好的刺激作用，它可使疲劳的神经系统在紧张的工作之余得以放松和恢复。同时，绿色植物对客房空间的过渡起到了良好的作用，使环境的内外空间得到自然过渡与融合，并且增强了空间的开阔感和变化，使客房内的有限空间得到延伸与扩大。绿色植物作为限定和分隔空间的媒介物所起到的作用不仅能保持客房部分的独立功能，而且使客房不失整体空间的敞开与完整，使植物所特有的柔软感得以充分显示。而绿色植物生动的形态以及悦目的色彩也改变了人造空间材质上的生硬，会使客人视觉神经感到舒服，从而产生温馨感。

在客房室内装饰中，大型的植物一般多盆栽于靠近空间实体的墙、柱等较为安定的空间，与交通空间保持一定的距离，让人观赏到植物的干、枝、叶的整体效果；中型的植物可放在窗、桌、柜等低于人视平线的位置，便于客人观赏植物的叶、花、果；小型的植物往往以小巧而出奇制胜，其盆栽容器的选配也需独具匠心，一般置于橱柜之顶、隔板之上或悬吊空中，让客人可以从全方位观赏。

第四节 客房环境管理

一、客房室内小气候管理

饭店客房温度、湿度与空气质量要求如表 7-2 所示。

表 7-2 饭店客房卫生标准值（GB9663—1996）

项 目		3～5 星级饭店、宾馆	1～2 星级饭店、宾馆和非星级带空调的饭店、宾馆	普通旅店、招待所
温度/℃	冬季	>20	>20	≥16（采暖地区）
	夏季	<26	<26	
相对湿度/%		40～65		
风速/m/s		≤0.3	≤0.3	
二氧化碳/%		≤0.07	≤0.10	≤0.10
一氧化碳/mg/m³		≤5	≤5	≤10
甲醛/mg/m³		≤0.12	≤0.12	≤0.12
可吸入颗粒物/mg/m³		≤0.15	≤0.15	≤0.20
空气细菌总数	浮游菌/cfu/m³	≤1 000	≤1 500	≤2 500
	沉降菌/个/皿	≤10	≤10	≤30
台面照度/lx		≥100	≥100	≥100
噪声/dB（A）		≤45	≤55	
新风量/m³/（h·p）		≥30	≥20	
床位占地面积/m²/人		≥7	≥7	≥4

现代饭店多数采用人工气候以使客房具有适当温度、湿度和空气质量。国际上的饭店普遍采用风机盘管系统来调节客房人工气候。风机盘管空调机主要由通风机、换热器、

空气过滤器和电器装置等组成，它是空调系统的末端装置，空气调节是借助空调器或末端装置向房间连续或断续输送具有一定温差的风来保持房间的热湿平衡和温、湿度要求，具有重量轻、噪声低、调节方便、外形美观等特点。风机盘管的管线标准也因饭店等级而异。豪华饭店的客房可采用四管制风机盘，可随时自由选择冷风或暖风。经济型饭店可采用二管制风机盘。

饭店客房在使用风机盘管系统时应注意以下几点：

（1）当空调机组为单风机时（只有送风机），应封闭空调机组的回风口，保证空调机组按全新风方式运行。

（2）当空调机组为双风机时（有一台送风机和一台回风机），应关闭空调回风机至送风通道的混风阀，保证系统按全新风方式运行。

（3）如果室温达不到要求，可采用加大冷冻水循环量、降低供水温度等措施，改善空调效果。

（4）注意新风采气口应远离排风口，避免新风与排风交叉短路。

（5）对风机盘管空调机每年至少进行一次彻底清洗，对排风装置的过滤器网罩视情况不定期清洗，确保送风质量。

（6）可在回风过滤器和表冷器附近设置适量的紫外线灯，对回风过滤器和表冷器进行消毒，紫外线消毒灯应采用 C 波段无臭氧的紫外线灯管。

如今很多饭店除了采用风机盘管系统，还增加新风系统，以解决二氧化碳浓度问题。在使用新风系统时应注意以下问题：

（1）应确保新风直接取自室外，新风采气口及其周围环境必须清洁，禁止从机房、楼道和天棚吊顶内取风。

（2）新风应直接送入室内各部位。

（3）确保风机盘管凝结水及水盘的清洁。

另外，客房的自然进风设计应使窗扇的开启朝向和开启方式有利于向房间导入室外风。自然排风设计应能保证常开的房门、户门、外窗、专用通风口等直接或间接地向室外顺畅地排风。在冬季采暖和夏季制冷期间，由于外窗密闭，宜开发推广无动力和有动力的窗用自然通风器。

二、客房声环境管理

（一）客房噪声来源的分析

（1）室内噪声源：主要有空调机、冰箱、排风机、水流等所造成的噪声。

（2）室外噪声源：主要有饭店外交通运输、人们社会活动、饭店外置设施设备等所造成的噪声。

（3）相邻客房噪声源：主要有电视机、音乐、电话、宾客的交谈、门扇开关等所造成的噪声。

（4）顶棚噪声源：主要指由楼板传来的撞击声。

（5）走廊噪声源：主要有服务员清洁、其他公众活动、排风机等所造成的噪声。

（二）客房噪声控制

一个宁静的客房环境是宾客得到充分休息的必要条件，因此饭店对客房噪声的控制是十分必要和重要的。不同等级饭店客房与起居室的噪声容许标准与隔声标准如表 7-3 和表 7-4 所示。

表 7-3　不同等级饭店客房与起居室的噪声容许标准参考值

等级 噪声容许值	经济级		舒适级		豪华级	
	客　房	起居室	客　房	起居室	客　房	起居室
NR 值	35	40	30	35	25	30

表 7-4　不同等级饭店的隔声标准（平均 dB 降低值）参考值

等级 房间关系	经济级	舒适级	豪华级
客房与客房、公共走廊	35～40	40～45	45～50
客房与机械设备用房	45～50	50～55	55～60
客房与室外	30～35	35～40	40～45

1．活动控制

员工在客房进行服务时要做到三轻——走路轻、谈话轻和操作轻，在无法避免噪声的情况下应避免在宾客需要安静时工作，如避免在午休时对客房走廊进行吸尘等。当宾客大声喧哗、电视或音响音量过大等情况下，饭店员工应以友善的方式提醒宾客注意。

2．建筑设计

（1）客房隔声设计。

① 间隔墙隔声。通常，客房间隔墙的隔声量是客房内的生活噪声级和客房内的允许噪声级的差值再加 4～5dB。通常饭店客房间隔墙的隔声量应大于 50dB，标准稍低的客房，应为 40～50dB。采用砖墙或轻质隔墙一般都能达到隔声目的，砖混建筑中砖墙的隔声量在 50dB 以上；半砖墙为 47dB；140～180mm 厚的钢筋混凝土墙为 47～48dB；加气混凝土

砌块墙中空 75mm 厚的隔声量为 50～51dB。

② 楼板隔声。楼板的撞击声应控制在 60dB 以下。现有的常用楼板，其撞击声级约在 70～75dB，95mm 的空心楼板，其撞击声级达到 85dB，达不到小于 60dB 的要求。解决办法有：第一，面层处理，如铺 6～10mm 厚的羊毛或尼龙地毯，可减弱撞击声级 20～25dB；第二，在楼板与地面饰面层之间增加一层弹性垫层，如选用 25mm 厚的玻璃棉毡，约可减弱撞击声 10dB；第三，在楼板下加设天花板，可减弱 10dB 左右。

③ 窗扇隔声。客房的窗户可采用双层玻璃或隔声玻璃，以提高隔声能力；客房的窗户也可以设计成完全密闭式的或缩小面积，只作采光用，这样可以提高维护结构的隔声能力。

④ 门扇隔声。门是客房隔声的薄弱环节，普通双层夹板门的隔声量仅约 20dB，不能满足客房隔声的要求。可采用多层复合隔声门，并将门套与门改为软性连接，同时门缝应加密封条，门的下部最好有地毯，以缩小门缝。

（2）卫生间的隔声。卫生间是客房的一个主要噪声源，其噪声主要来自盥洗时的水流声和恭桶的冲水声。控制卫生间的噪声可采取如下措施：首先，应选用低噪声的恭桶，如果恭桶噪声很大，即使采取各种措施，也达不到良好的效果；其次，恭桶不应安装在与客房连接的墙上，也不能直接安装在混凝土楼板上，卫生间地板应采取浮筑结构，这样可降低恭桶的震动和噪声；再次，卫生间给水管应尽量避免安装在与房间连接的墙上，不得已时，墙上的金属构件与管道之间应有隔震措施；最后，管道井应有适当的隔声措施，以防排水噪声传入房间。

（3）公共走廊设计。走廊是一个传声通道，在其内部的噪声会影响布置在两侧的客房，所以，客房公共走廊的设计对于降低客房噪声干扰有重要意义。L 形走廊，可以清除长而窄的走廊产生的颤动回声所引起的干扰。采用葫芦形设计也可以避免产生颤动的回声。客房公共走廊铺地毯、顶棚作吸声处理也可以减少噪声的影响。

3．空调噪声控制

（1）选择效果好、噪声低的空调设备。

（2）风道设计时要注意风速，考虑风道自然消音，在设计弯头时应加设导流叶片，尽可能减少空气涡流现象。

（3）在送回风口处加贴软性吸音材料。

（4）注意风道的连接方法，防止串音事故发生。

（5）避免外界噪声传入风道内。

（6）空调系统中增设消音节。

三、客房光环境管理

（一）照明标准

客房光环境应营造宁静、亲切和温暖的氛围，其照明标准要求如下：照度一般取100～300lx，不同的客房功能区域，照度要求不同，一般选用表7-5里的中度标准；色温要求为3 000K左右，在就寝区用3 500K以下的光源，而在洗手间则用3 500K以上的光源；显色性指数Ra＞80，较高的显色性能使人的感觉舒适。

表7-5　客房照度参考标准

类　别		参考平面及其高度	照度标准/lx		
			低	中	高
客房	一般活动区	0.75m 水平面	20	30	50
	床头	0.75m 水平面	50	75	100
	写字台	0.75m 水平面	100	150	200
	卫生间	0.75m 水平面	50	75	100
	会客室	0.75m 水平面	30	50	75

（二）客房光环境管理

1．利用自然光

在照明系统设计时应注意充分利用自然光，合理确定开窗面积和室内表面反射系数，要定期擦洗窗户和维护窗扇。

2．稳定照明电压

电压升高会缩短电光源的寿命，电压降低则使电光源的功率下降，从而使光通量减少。所以，应保证客房照明电器的电压不高于其额定电压的5%，不低于额定电压的2.5%。

3．加强照明设备的检查维修

应定期进行灯具清扫，更换发光效率劣化的电光源。加强照明设备的维护检查，可以提高照明质量。

本章小结

本章主要讲述了前厅与客房设计的理念、功能布局和装潢设计，探讨前厅与客房的小气候、光环境和声环境的管理，其中重点讲述了前厅设计中的色彩运用、照明布置和绿化布置以及客房设计中的家具布置、色彩运用、照明布置和观赏品陈设等内容。

关键概念

功能布局　装潢设计　环境管理

课堂讨论题

1. 实地参观某饭店大堂，返校后讨论：饭店给你的第一印象是什么？是布局、色彩、灯光、家具、服务员还是其他？为什么？

2. 有人说，只要服务质量足够好就可以弥补饭店室内设计的缺陷。你认为这种说法对吗？为什么？

案例分析题

（一）案例

美国的原始森林酒店位于南肯塔基州，横穿俄亥俄河。该酒店的风格以热带雨林风情为主，共有116间客房。不过，其中最吸引人的是有趣而奇特的26间主题套房和席阿维拉非洲村里的12间圆顶屋。

该酒店的每个主题套房都有不同的主题，每个主题都独树一帜，而且每间套房里都有一个因主题不同而风格各异的 SPA 泡池，有的主题套房还是复式格局。如 Speedway 主题，即以赛车为主题的套房。房间里摆着两辆真正的赛车，客人可以坐在赛车的座位里，看着前面大屏幕电视里的赛车纪录片。壁柜里有 50 辆以上的赛车模型，墙上挂着赛车海报、赛车大事记、赛事通知、赛车明星，还有赛车时用的彩色旗等，被单上也印着赛车的图案，房间里零零散散摆放着赛车零配件等相关用品，甚至椅子也是车座，赛车影子无处不在。Venetian 主题：以威尼斯为主题，墙上绘着威尼斯的壁画，有运河，有楼宇，还有小船。床是由两张狭长的、具有威尼斯特色的小船并排起来构成的，船尾高高地翘着，与壁画中的船只并排停泊在码头上，使客人感到"犹如画中游"的意境。Victorian Floral 主题：以维多利亚为主题，带客人回到久远的维多利亚时代。墙上的古董画、华丽的地毯、被单、红林家具等，无不透露出奢华、庄严、精致、高雅的设计格调，让客人流连忘返。Arctic Cave 主题：以北极为主题，整个房间就像冰溶洞，四周的墙像是用固体冰做的，整个房间透着一种蓝白色混杂的迷彩色调，客人可以在"溶洞"里流动的热水里做 SPA。Arizona Cave 主题：以亚历那州（Arizona）的羚羊谷（Antelope Canyon）为主题，四周墙壁及天花板都模仿被自然的风与水日月洗刷而成的独特地形地貌，整个房间都是红褐色的色调，身在其中，恍如正在 Arizona 大峡谷里。Nautical 主题：以航海为主题，房间模仿一个码头渡口来摆设，四周的墙壁上是手绘的生动、宽阔的南太平洋海景的壁画：阳光、白云、沙滩、海浪，让客人心旷神怡，心胸豁然开朗。SPA 池前有一面硕大的镜子，映射着墙壁的大海，泡在池里，让客人感觉自己像是泡在大海里，享受大海的抚摸。New York Central Park 主题：以纽约中央公园为主题，墙壁模拟纽约中央公园的场景，画满了逼真的纽约繁荣都市的壁画，使客人感到仿佛身临其境，享受着难得的平静与安宁。坐在"公园"（房里）的长凳上，静观时光流逝，世事变迁（观看大屏幕电视），在泡 SPA 池的时候，从（画里的）阳台上，可以向外观赏（画里）窗外的风景。Oriental 主题：以东方（主要是中国）文化为主题，房间墙上的两面大扇画、床头的巨幅山水画、陶瓷装饰、中式家具，甚至黄色被单上印有黑色的中国字与红色的印章，处处都渗透着东方文化神秘的异国情调。甚至中国人走进房间，还以为梦回故里。

此外，位于酒店独立、隐秘的棚屋区里，共有 12 间以非洲狩猎棚屋为主题的圆顶屋客房，组成了一个狩猎部落。一间客房就是一个独立的棚屋，每个棚屋的门前都有一个泊车位。圆锥体的棚屋分布在一个小礁湖边上，环湖而立，屋顶是用一层层的茅草一圈圈地堆搭成圆锥的顶部，而圆柱形的墙体则是用红泥砌成。非洲树的四周都是绿意葱葱的非洲灌木矮树，衬上茂盛的草地皮，更显自然、独特。房屋里也是按非洲原始住民的风格布置，虎皮花纹被单、墙上垂挂的狩猎工具、竹制家具，甚至房里地上也铺着整张的动物皮，无不渗透着非洲原始风情。

请分析：美国原始森林酒店体现了什么设计风格？对我国主题酒店的设计有哪些借鉴意义？

（二）案例分析提示

主题酒店是以某一特定的主题，如历史、文化、城市、自然、神话等，来体现酒店的建筑风格和装饰艺术，以及特定的文化氛围，同时以融入主题的个性化服务让顾客获得娱乐、知识和刺激。美国的原始森林酒店属于比较典型和成功的主题酒店，它在设计上融入众多的美国及世界的文化元素和主题，将建筑、环境、文化和人融为一体，使客人"足不出户"就能体验到各类文化。此外，它的非洲狩猎棚屋完整地体现了原始的非洲捕猎文化，符合现代原生态的设计理念。案例中的主题酒店创意独特、新颖，注重体验类产品的设计和开发，大胆地尝试了各类文化主题与酒店客房设计的融合。给予我国主题酒店的设计启示就是，在酒店设计上，不要过分强调客房的奢华，要重视文化，特别是民族文化特色与现代风格的结合，开发出具有中国民族文化特色的主题酒店。

复习思考题

1. 前厅功能布局的原则有哪些？
2. 前厅功能布局主要有哪些内容？
3. 前厅照明布置的原则有哪些？
4. 前厅的噪声来源主要有什么？
5. 前厅噪声控制可从哪些方面进行？
6. 客房的功能布局主要有哪些内容？
7. 客房照明布置有哪些要求？
8. 客房噪声控制可从哪些方面进行？

下 篇

饭店客房房价与收益管理

第八章　饭店客房价格管理

引言

客房收入是饭店的主要收入。制定既能够保证饭店盈利又能够让客人接受的房价是一项专业性很强的饭店经营策略。通过学习制定客房价格的基本原理、客房定价实际操作的基本方法，了解客房价格管理的基本思路，掌握客房定价的策略与技巧，为饭店经营决策提供分析依据。

学习目标

① 明确构成房价的内容及影响客房定价的内外因素。

② 了解客房定价的基本原理、方法和客房价格基本类型分布。

③ 掌握房价制定的策略与技巧。

④ 熟悉房价调整和控制的办法。

教学建议

① 重点是明确客房价格构成的基本内容。

② 难点在于客房价格管理中的控制与调整。

③ 了解客房定价的基本原理、方法和客房价格基本类型分布。

第一节　客　房　价　格

房价是指客人住宿所应支付的住宿费用，它是客房商品价值的货币表现。客房收入作为饭店经济收入的主要部分，它决定于一定时间内客房出租率和每间客房以间/天计算的房费的乘积。

一、客房价格特点

1. 时间与空间上的补偿性

客房作为一种特殊商品，其使用价值在于为消费者提供住宿环境，满足客人物质和精神享受的需要，并通过在一个特定的时间和空间内出租客房的使用权，从而实现其价值。客人要想重复消费就必须重新购买时间和空间的使用权。

2. 客房商品的不可储存性

客房商品的服务价值在规定的时间内不能实现有效售出，当天的效用就自然失去，客房当天的服务价值也永远不会实现。客人消费与饭店利用客房设备为住客服务的过程是同一的，在时间上是不可分离的，客房商品的价值随时间而消逝。

3. 使用价值的共享性

人们外出旅行就要住宿，就要购买客房商品，从这一意义上讲，客房是人们投宿活动的物质承担者，是满足其生存的基本条件。如果客人要求有舒适感或豪华感，就可购买更高价格的高档次客房，它可以满足客人更高层次的精神上的享受需要。客房产品具有满足客人生存需要、享受需要和发展需要的共同性，这一特点决定了客房商品价格应具有多样性。

4. 客房价格的易受影响性

客房出租受季节、气候、环境与疾病、战争与恐怖活动及节假日等众多因素的影响，表现为出租率在时间上具有明显的阶段性差异。

5. 高比例的固定成本

饭店客房建筑成本高，一次性投入很大，经营过程中的阶段性服务耗费相对较少，客房经营中的固定成本比重大。考虑到客房固定成本的负担，在确定客房价格时，必须衡量所定房价能够实现保本点的最低出租率，从而决定客房价格要有一个最低价格限度。

二、客房价格构成

在商品经济中，任何商品和劳务都有价格。饭店客房产品定价，是饭店经营活动中的重要内容。饭店应根据产品特点、成本和市场状况，制定合理的客房价格，客房价格是由客房的成本和利润构成的，如图 8-1 所示。

（一）客房成本

1. 固定成本

固定成本是在一定业务范围内不随业务量增减而增减的成本。无论销售量上升还是下降，固定成本总是不变的，如饭店建筑费用、设备折旧、贷款利息、企业管理费、办公费、差旅费、管理人员工资等都是固定成本。

客房价格

客房成本　　　　　　　　客房利润

建筑投资　　　　贷款利息　　　　所得税　　　　利润
客房设备　　　　修缮费用
物资用品　　　　土地使用费
管理人员工资　　经营管理费
保险费　　　　　营业税

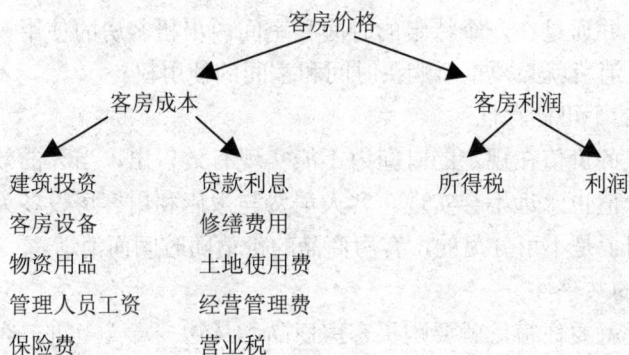

图 8-1　客房价格构成

2．变动成本

变动成本是在一定范围内随销售量的增减而成正比例增减的那部分成本，如原材料、工人的计件工资、食品成本、客房低值易耗品等。

3．半变动成本

除了固定成本和变动成本外，饭店还有一种兼有固定成本和变动成本性质的半变动成本。这类成本虽然也随着销售量的升降而增减，但该增减与销售量的增减不完全成比例，如燃料和动力费。

（二）客房利润

客房利润=营业收入-（成本+费用+各种税收）

所谓饭店的营业收入，是指饭店在某一时期内，通过提供服务、出售商品或从事其他经营活动所取得的货币收入，它包括出租客房、提供餐饮、出售商品、代办手续，及其他服务项目所得的全部收入。对于饭店企业而言，客房和餐饮是其主营业务收入。

三、影响客房价格构成的内外部因素

制定房价是饭店自主的经营活动，但是由于市场环境和饭店内部条件的制约，使得定价自由度受到一定的限制。饭店要合理制定价格应综合考虑影响房价的各种内外部因素。

1．投资成本

投资成本是影响客房定价的基本要素。饭店必须在一定时期内，用营业收入抵偿投资成本。尽管饭店的营业项目很多，如餐饮、娱乐、商场等，但是客房营业收入通常占到饭店总收入的一半以上，投资成本的抵偿主要依靠客房营业收入。所以，房价的制定要考虑对投资成本的偿付问题。

2．非营业部门费用分摊

非营业部门主要指饭店的财务部、人力资源部、工程部、公共安全及其他行政管理保障部门。这些部门在正常的运转中要消耗一定费用，这部分费用支出也要分摊到包括客房在内的各盈利部门的商品销售价格中去。为此，客房价格也要能够抵偿非营业部门的部分费用支出。

3．非营利性服务的支出

饭店的一些服务项目不是直接盈利的，如楼层卫生、客房设备维修等。但这些服务是饭店维持服务水平和经营活动顺利进行所必不可少的，需要投入一定的人力、物力，这些也需要客房收入予以偿付。

另外，饭店要为一些特殊客人提供优惠甚至免费住宿，由此导致的客房服务成本增加也要由正常房价来补偿。

4．服务等级标准

饭店服务等级标准不同，客房销售价格水平也明显不同，一般来说，等级越高，建筑造价越高，设备越先进，服务项目越齐全，即服务质量高，饭店客房价格也要高些，反之亦然。客人对服务质量的看法往往和价格有一定联系，客人愿意支付的价格是根据他们对某项服务的价值来判断的。对一定质量水准的服务，客人愿意支付的价格是有限度的，如果过高，客人就不会购买；如果过低，饭店就无法盈利。

5．饭店所处区位

饭店的地理位置不同，交通条件不同，能够满足客人的精神和物质需要的程度也就不同。"商业饭店之父"斯塔特勒说："对任何饭店来说，取得成功的三个根本因素是：地点、地点、地点。"可见，地理位置对于饭店经营非常重要。位于市中心区、繁华商业区，距离机场、火车站比较近，交通便利的饭店，其房价的制定或调整的条件就会有利一些，而位于市郊，远离繁华商业区，交通条件、地理位置等较差的饭店，虽然地价便宜，经营成本低，但由于其对客人的吸引力差，因此房价会相应低一些。

6．市场环境

竞争对手价格影响。竞争对手的价格是饭店制定房价时的重要参考依据。因为在定价过程中，首先要调查本地区同等级、同档次具有同等竞争力的饭店的房价，做到"知己知彼"。

7．国际形势和国家政策

国际、国内形势对制定房价的影响，如全球或区域经济的发展速度减缓、政治局势的动荡、国家或地区间的战争等都会导致旅游业大幅度滑坡，引起饭店客房价格的波动。

当然，制定房价虽然是饭店的自主经营活动，但没有任何国家允许本国饭店100%地自由定价和自由竞争，政府总要以各种方式来干预企业价格的制定，以维护国家的利益，保护本地市场。我国为保护旅游业的正常发展，防止不正当竞争，对各等级饭店规定了最高和最低限价。

8. 汇率变动

汇率是指两国货币之间的比价，即用一国货币单位来表示另一国货币单位的价格。这一变动会直接影响饭店房费的外汇收入水平，在其他因素不变时，如人民币汇率升值趋势明显，则房价不宜定得过高；反之，人民币汇率处于贬值状态并且幅度较大时，则要相应提高房价水平。

此外，投资成本回收期的长短，以及目标利润率的高低，都会对房价的制定产生影响，在进行客房定价时，应考虑成本水平。

总之，制定房价要综合考虑各种因素，并根据这些因素的变化及时进行调整。而房价的制定与调整应有一个合理的区间范围，最优化的房价应该是在这个区间合理变动，既要满足饭店收入最大化，又能最大限度地吸引客人。

四、客房价格表现方式

饭店客房的市场交易价格，可以分为以下四种基本类型。

（一）公布价

公布价就是在饭店价目表上公布的各种类型客房的现行价格，也称基本价格、门市价或散客价。根据不同的计价方式，公布房价又可分为以下五种类型。

1. 欧式计价（EP）

欧式计价指饭店的客房价格仅包括房租，不含餐费。国际上大多数饭店都采用这一形式，中国的饭店一般也都采用欧式计价。在通常情况下，只要饭店未向客人作特别说明的报价，均为欧式计价形式。

2. 美式计价（AP）

美式计价指饭店的客房价格包括房租以及一日早、午、晚三餐的费用。美式计价形式曾一度被几乎所有的度假饭店采用，但随着交通的发展，旅客的流动性增强，美式计价形式逐渐被淘汰，目前只有少数地处偏远的度假饭店沿用此种形式。

3. 修正美式计价（MP）

修正美式计价指饭店的客房价格包括房租和早餐以及午餐或晚餐的费用。修正美式计价形式也称"半包餐"计价，它既可使客人有较大的自由来安排白天的活动，又能为饭店带来一定的效益。

4．欧陆式计价（CP）

欧陆式计价指饭店的客房价格包括房租及一份简单的早餐——咖啡、面包及果汁。欧陆式计价形式也称"床位连早餐"报价，此类报价形式较多地被不设餐厅的汽车旅馆所采用。

5．百慕大计价（BP）

百慕大计价指饭店的客房价格包括房租及一顿丰盛的西式早餐。这种计价形式，对商务旅客具有较大吸引力。

（二）追加房价

追加房价是在公布价的基础上，根据客人的住宿情况，另外加收的房费。通常有以下几种情况。

1．白天租用价（Day Charge）

客人退房超过了规定时间，饭店将向客人收取白天租用费。许多饭店规定，客人在14:00 以后，18:00 以前退房，加收半天房费；在 18:00 以后退房，加收一天房费。

2．加床费（Rate For Extra Bed）

饭店对需要在房内临时加床的客人加收的一种房费。

3．深夜房价（Midnight Charge）

客人在凌晨抵店，饭店将向客人加收一天或半天房费。

4．保留房价（Hold Room Charge）

住客短期外出旅行，但需继续保留所住客房的，或预订客人因特殊情况未能及时抵店的，饭店通常要求客人支付为其保留客房的房费，但一般不再加收服务费。

（三）特别房价

特别房价是根据饭店的经营方针或其他理由，对公布价格作出各种折让的价格。饭店日常采用的折让价格主要有以下几种。

1．团队价（Group Rate）

团队价是饭店为团队客人提供的数量折扣，该项目在于吸引大批量的客人。

2．家庭租用价（Family Plan Rate）

饭店为携带孩子的父母所提供的折扣价格，如给予未满六周儿童免费提供婴儿小床等，以刺激家庭旅游者。

3．小包价（Package Plan Rate）

饭店为有特殊要求的客人提供的一揽子报价，通常包括房租费及餐费、游览费、交通费等项目的费用，以方便客人做好预算。

4．折扣价（Discount Rate）

饭店向常客（Regular Guest）或长住客（Long Stay Guest）或有特殊身份的客人提供的优惠价格。

5．免费（Complimentary Rate）

饭店在互惠互利原则下，给予与饭店有双边关系的客人免费招待待遇。免费的范围可以包括餐费，也可以仅限房费。

（四）合同房价

合同价格或称批发价格，是饭店给予中间商的优惠价。中间商销售饭店的客房要获取销售利润，为此与饭店确定散客和团队的优惠价，使他们在销售饭店产品后有足够的毛利支付销售费用并获得利润。根据中间商的批发量和付款条件，饭店给予不同的数量折扣和付款条件折扣。目前，此类中间商涉及旅行社、饭店预订网和大型会议组织者，以及大客户等。

第二节　客房定价方法与价格策略

一、客房定价的基本原理

饭店客房定价的基本原理可以描述为：客房价格一般以供给价格（客房产品成本价格）为下限，以需求价格（客人购买能力和对客房产品价值的认识）为上限，实际市场成交价格受市场竞争的影响在上下限之间波动，某些特殊时期市场成交价格可能会低于客房产品成本价格。具体描述关系如图 8-2 所示。

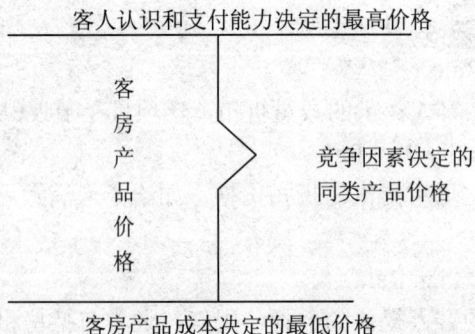

图 8-2　客房定价基本原理的描述关系

1. 客房产品的价值决定供给价格

客房产品的价值决定客房的供给价格，这是客房价格的下限。饭店经营者创造的客房产品价值体现在客房产品的设计、建造、装潢、布置和日常服务的过程中。豪华饭店与一般饭店的客房，在其设计和设施设备配套的完善程度、舒适与先进程度上差别很大，所花费的时间和精力具有明显差异，因而客房价格有较大的差别。客房的价格水平还体现在饭店服务人员所提供的服务劳动的质量水平上。热情周到的高质量客房服务反映了服务员业务素质较高，付出了更复杂的劳动，理应得到较高的报酬。倘若饭店经营者所付出的劳动得不到合理的补偿，饭店产品的再生产就难以继续，当然，客房价格反映出不同饭店经营者的经营状况和经营水平。

2. 客人的支付能力决定需求价格

需求价格是指在一定时期内消费者对一定量的客房产品愿意和能够支付的价格，它表现为消费者的需求程度和支付能力。需求价格是客房价格的上限，超过上限即超过客人的意愿和支付能力，再有特色的客房产品也将失去吸引力。

3. 市场竞争决定市场成交价格

客房产品的市场成交价格，是指饭店客房的经营者和饭店客房的需求者都能接受的实际的交易价格，这是由市场竞争状况决定的。客房供给者之间的竞争结果，使市场成交价格在较低价位上得以实现。因此，当饭店客房供大于求时，客房价格只能体现饭店经营者的生存目标即较低的供给价格；当饭店客房供不应求时，客房价格可以体现饭店经营者的利润最大化。

二、客房定价的基本方法

影响饭店客房定价的主要因素是产品成本、市场需求与市场竞争状况。饭店在定价时，通常考虑其中至少一个以上因素。因此，饭店客房定价的基本方法主要为以成本为中心的定价、以需求为中心的定价和以竞争为中心的定价三种类型。

（一）以成本为中心的定价方法

以成本为中心的定价方法是以饭店经营成本为基础制定客房产品价格的一种方法，它是以产品成本加企业盈利的产品价格。从饭店财务管理的角度来看，客房产品价格的确定应以成本为基础，如果价格不能保证成本的回收，则饭店的经营活动将无法长期维持。成本定价的具体方法有以下几种。

1. 建筑成本定价法

建筑成本定价法也称"千分之一定价法"，是国际上比较通用的一种客房定价方法，是根据饭店建筑总成本来制定客房价格的方法。

其计算公式为：

$$客房价格 = \frac{饭店建造总成本}{饭店客房数} \times \frac{1}{1\,000}$$

饭店建造总成本包括建筑材料费、各种设施设备费、室内装修及各种用具费用，所需各种技术费用及人员培训费、建造中的资金利息等。使用此定价法必须明确此定价法的假设条件及其局限性：

（1）千分之一定价法计算出来的房价是客房平均价格，每间客房的实际价格可以有差别。

（2）千分之一定价法假定饭店的食品、饮料等营业部门能够提供一定数额的利润，这些利润能够支付饭店的日常营业费用。

（3）千分之一定价法假定饭店的客房出租率应维持在60%左右，千分之一定价法的实际经济含义是：如果各种假设成立，则经过五年左右经营，饭店建造总成本可以通过客房销售得到回收。

2．客房面积定价法

客房面积定价法是通过确定客房预算总收入来计算单位面积的客房应取得的收入，进而确定每间客房应取得的收入来进行定价的一种方法。

$$客房价格 = \frac{预期总收入}{总面积 \times 客房出租率 \times 预期天数} \times 该客房的面积$$

例如：某饭店客房总面积为8\,000平方米，预计明年客房总收入为450万美元，客房出租率为80%，那么面积为25平方米的客房价格应为多少？

$$客房价格 = \frac{4\,500\,000}{5\,000 \times 80\% \times 365} \times 25 = 77 \text{（美元）}$$

这种定价方法主要受预计收入的影响，如果收入预测较高，则价格较高；如果市场不接受或预算收入较低，那么价格也会较低，利润将受到影响。因此，客房价格制定是否合理，在很大程度上受收入预测的准确度影响。

3．平衡定价法

平衡定价法是指饭店在既定的固定成本、变动成本和客房产品估计销量的条件下，实现销售收入与总成本相等的客房价格，也就是饭店不赔不赚时的客房产品价格。其计算公式为：

$$客房价格 = \frac{每间客房日费用额}{1 - 税率}$$

其中，每间客房日费用额包括客房固定费用分摊额和变动费用部分。客房固定费用日分摊额可依据不同类型客房的使用面积进行分摊：

$$每平方米使用面积日固定费用 = \frac{全年客房固定费用总额}{客房总使用面积 \times 年日历天数 \times 出租率}$$

客房变动费用总额可以按客房间数进行分摊：

$$每间客房日变动费用 = \frac{全年客房变动费用总额}{客房数 \times 年日历天数 \times 出租率}$$

每间客房日费用额=客房使用面积×每平方米使用面积日固定费用+每间客房日变动费用

4．成本加成定价法

成本加成定价法也称成本基数法，是按客房产品的成本加上若干百分比的加成额进行定价。其计算公式为：

$$客房价格=每间客房总成本 \times (1+加成率)$$

按照这种定价方法，饭店客房价格可分三步确定：① 估算单位客房产品每天的变动成本；② 估算单位客房产品的全部成本；③ 全部成本加上成本加成额，就可获得客房价格。

$$客房价格 = \frac{单位变动成本 + 单位固定成本 \times (1+加成率)}{1-营业税率}$$

成本加成定价法的缺陷在于没有充分考虑市场需求与市场竞争状况。固定成本的分摊不仅与固定成本总额有关，而且与预期的销售数量有关。一般销售量越少，分摊到单位产品的固定成本就越多。倘若竞争对手以更低的价格吸引消费者，那么，以成本加成定价法所定的产品价格就会失去竞争力。

这种方法的优点在于：① 获取产品成本信息比较方便，可简化定价过程；② 这种定价使消费者感到比较公平；③ 可以保证经营者通过产品的出售获得预期利润。

5．目标收益定价法

这是另一种以成本为中心的定价法，其出发点是通过定价来达到一定的目标利润，以期在一定时期全部收回投资，其基本步骤如下：

（1）确定目标收益额（或投资报酬率）。

（2）确定目标利润额，计算公式为：

$$目标利润=总投资额 \times 目标收益率$$

（3）预测总成本，包括固定成本和变动成本。

（4）确定预期销售量。

（5）确定产品价格，计算公式为：

$$产品单位售价 = \frac{总成本 + 目标利润}{预期销售量}$$

（二）以需求为中心的定价法

以成本为中心的定价方法有一个共同缺点，即忽视了市场需求和竞争因素，完全站在企业角度去考虑问题。以需求为中心的定价方法是以市场为导向，从客人的需要出发，认为商品的价格主要应根据客人对商品的需求程度和对商品价值的认同程度来决定。

这种定价方法认为，一种商品的价格、质量及服务水平等在客人心目中都有一个特定的位置。当商品价格和客人的认识理解水平大体一致时，客人才会接受这个价格；反之，如果定价超过了客人对商品价格的认识，客人是不会接受这个价格的。饭店客房商品的价值，不仅取决于该商品对满足客人某种欲望的客观物质属性，而且还取决于客人的主观感受和评价。通常采用以下三种方法确定价格。

1．直觉评定法

邀请客人或中间商等，对饭店的客房产品进行直觉价值评价，以决定产品价格。

2．相对评分法

这种定价法要首先对多家饭店的客房产品进行评分，再按分数的相对比例和现行平均市场价格对比，计算出客房产品的理解价格。

3．特征评分法

这种方法要求消费者按各家饭店客房产品的可感知性、可靠性、反应性、保证性及移情性五个特征，对自己的饭店产品进行直觉的等级评价。

（三）以竞争为中心的定价法

如果饭店行业的竞争异常激烈，饭店在定价时就会把竞争因素放在首位，这样就形成了不同的以竞争为中心的定价法。

1．随行就市定价法

这种定价法主要有两种形式：一是以饭店业的平均价格或现行价格水平作为饭店的定价标准。在饭店成本难以估算，竞争者的反映难以确定时，饭店会感到随行就市是唯一的也是最明智的选择。因为这种定价反映了行业中所有企业的集体智慧，这样定价既能获得合理的收益，也能减少因价格竞争带来的风险。二是追随"领袖企业"价格，饭店定价不依据自己的成本和需求状况，而是与"领袖企业"保持相应的价格水准，目的是保证收益和减少风险。

2．边际效益定价法，即保本销售定价法

根据盈亏平衡原理，以一定的价格销售客房产品时，销售收入正好能够补偿固定成本和变动成本时的销售量即为保本销售量。边际效益，又称为边际收入，是指每间客房的单价减去每间客房变动成本的余额。采取边际效益定价法，可减少损失，保住市场，争取扭转局势的时机。边际效益定价法也规定了客房价格的最低限度，即房价不能低于单位产品的变动成本。例如，某饭店客房单位固定成本为 400 元，单位变动成本为 100 元，饭店公布价格为 720 元/间·天。现在正处于销售淡季，客房出租率只有 35%。某客户要求以公布价格的 50%折扣预订客房，饭店是否应该接受预订呢？从表面上看，客房单位总成本为：400（元）+100（元）=500（元），如果按公布价格 50%来算，即以 360 元出售，饭店要亏损 140 元。但进一步分析成本结构，就会发现每间客房每天的变动成本仅为 100 元，如果按 360 元出售，饭店可获得 260 元边际效益。在客房出租率较低时，按 P（价格）－C（变动成本）定价原则进行分析，接受客人的要求比不接受更有利。

三、客房定价的策略与技巧

定价策略是饭店在特定的经营环境下，为实现其定价目标所采取的定价方针和价格竞争方式，具体表现在对各种定价方法的有效选择上，定价策略和定价方法二者相辅相成，共同为实现定价目标服务。定价策略决定定价方法的选择，定价方法影响定价策略的实施。没有明确的定价策略，定价方法的选择和调整会变得僵化，从而难以准确把握竞争时机，实现定价目标。

价格是饭店经营的重要组成部分，它能调节需求，有利于市场竞争，反映饭店形象。有效的价格策略能使饭店提高收入、增加利润。制定饭店价格要服从国家价格政策的规定，在国家价格政策允许的范围内制定相应的价格。饭店的价格要符合市场需求，分析饭店市场需求的变化状况，了解宾客对饭店产品价格的评估，研究不同类别宾客的需求，针对不同类别的宾客确定不同的价格。饭店的价格制定，还要根据同档次饭店的市场竞争状况来确定，饭店竞争越激烈，宾客对价格的敏感度越大，企业越应关注竞争者的价格，以饭店自身所处的竞争形势来定价。饭店的价格制定，还需考虑饭店经营状况，要使饭店在经营上和经济上都切实可行。

饭店的价格一般都是以基本价格为基础，在基本价格的基础上再采取灵活多样的价格策略。具体有以下几种策略。

（一）价格策略

1. 优惠价格策略

（1）数量折扣价格：对会议、协议单位和长住人员给予数量折扣。例如，一次性入住达 20 间以上的会议价格一般为门市价的 60%，协议单位价格一般为门市价的 55%，累计入住达 100 间以上的会议价格一般为门市价的 50%，协议单位价格一般为门市价的 55%。累计入住达 10 间以上或一次入住达一个月以上的长住顾客价格一般为门市价的

60%。

（2）现金折扣价格：对在约定付款期内（一般协议单位不超过一个月，会议单位不超过会议结束后半个月）或提前以现金付款的顾客给予95%的折扣率。

（3）赊销价格：通过给予顾客（主要是协议单位）一定的赊销优惠，隔月集中结算账款。

（4）季节折扣：在淡季采取季节折扣以提高客房出租率，通常为正常情况价格的80%。

（5）附赠价格：在顾客消费时，以送积分或不同时段促销产品的形式给予顾客一定的馈赠。

（6）促销定价：采用优惠价、酬宾价等方法招徕顾客。

（7）其他优惠价格：对特殊顾客如新闻媒体、旅游业同行等在门市价的基础上提供特别折扣。

2．心理价格策略

（1）尾数定价：如针对饭店的消费群体大部分属于价格敏感性的商务客和公司群体，采用尾数价格策略一般可以给顾客价格较低的印象，尤其是以"5"结尾的房价更受欢迎。

（2）声望定价：对部分具有尊贵地位等心理需求的顾客，可制定较高的豪华套房整数价。

（二）系列产品差别定价技巧

饭店提供的不同类型的客房及其配套的服务设施可以被看作是系列产品，这是定价的另一种思路，主要有以下几种定价方法。

1．分级定价法

分级定价法是指把饭店所有的客房分为几个档次，每个档次确定一个价格，这样标价可以使客人感到各种价格反映了客房质量的差别，并可简化他们选购客房的过程。饭店常采用这种方法来确定价格，以吸引对房价有不同需求的客人。

2．区分需求定价法

区分需求定价法是指在客房产品成本相同或相差不大的情况下，根据不同客人对同一客房产品的不同需求来制定差别价格。同一客房产品针对不同类型客人的差别定价，如客房对散客、团队客人、家庭客人采用不同价格；同一客房在不同位置价格不同；同一客房在不同的销售时间也有差别；还有同一客房在增加微小服务时也有价格差别。需要注意的是，实施区分需求定价法，价格水平不应低于成本加成制定的价格水平；需求市场能够被细分，并能够在不同的细分市场上反映出不同的需求程度；差别定价不能引起客人的反感，要迎合客人的心理效用价值。

典型案例

损坏客房物品，应该赔多少钱?

李先生到某市旅游，入住某大饭店。一天，李先生在开窗时，不慎碰倒了窗边的落地灯，没想到这盏灯应声断成两截。原来这种落地灯是用两段空心管连成的，中间由两只螺栓固定，断裂的原因是螺帽坏了，但其他部位包括灯泡均未破损。李先生马上通知了饭店的服务台。饭店的值班经理、主任立即赶到现场，当场请饭店的检修人员检查。经查，落地灯无法修复。于是，他们拿出饭店制定的《客房物品价目表》，要求按价目表上规定的 500 元价格赔偿。李先生认为这盏灯并不高档，而且已使用了两年，应当有折旧。后来，经理以李先生态度好为由减去 50 元。李先生还认为饭店索赔过高，拒不赔付。最后饭店决定：减到 400 元，一分都不能少。

李先生力争未果，只好自认倒霉，如数交了赔偿费。

案例点评：李先生损坏饭店落地灯，应当赔多少钱呢?《民法通则》第一百一十七条规定："损坏国家的、集体的财产或他人财产的，应当恢复原状或者折价赔偿。受害人因此遭受其他重大损失的，侵害人应当赔偿损失。"李先生损坏了饭店的落地灯，依法应当承担民事赔偿责任。该落地灯无法修复，应当折价赔偿。赔偿数额应当是：落地灯重置价格及为重置而支付的必要费用（如差旅费）并扣除落地灯的折旧费的余额。经查，该落地灯是饭店两年前从某城市以批发价 220 元购买的，目前库房还有存货。因此，饭店没有必要再从外地重新购置该落地灯，其赔偿数额应是 220 元再扣除落地灯的折旧费的余额。

从维护顾客的权益出发，顾客损坏了财产，在对方要求赔偿时，应让对方予以说明并提供必要的凭证。如果对方拒不说明也不提供必要的凭证，有权拒付赔偿。

第三节　客房价格管理

一、客房价格管理的基本原则

（一）基础收益原则

基础收益是指客房价格必须能够满足客房成本与计划投资回收率的要求，目的是为了保障客房在出租过程中能够实现客房经营最基本的收益要求。这是通常情况下客房管理最基本的原则。当然，房价与市场变化是相适应的，还应在变化的市场环境下保持一定的灵活性。

（二）实现最佳收益原则

实现最佳收益原则实际上就是减损最少原则，在市场处于萧条时期，饭店客房的销售量会下降，大量的客房闲置，不仅客房资源大量浪费，更会影响员工的收入和工作情绪。在这种情况下，为了减少资源浪费和维护员工的工作热情，饭店可根据具体的市场行情合理地调整价格，以吸引消费者。这是一种权宜之计，不得已而为之，应慎重使用。

（三）形象战略原则

在市场萧条或竞争加剧的情况下，有些饭店会采用简单降价的做法，由此引发饭店之间的恶性削价竞争，这不仅会对个别饭店造成巨大的经济损失，更令人痛心的是这也会对饭店形象造成莫大的损害。形象战略原则是指在市场竞争激烈的形势下，饭店以"一分价格，一份质量"为基本思想，大力宣传自己的质量形象，突出自己真正为消费者负责的优质服务。这是一种积极竞争战略，而不是简单保全"面子"的做法。

（四）价后增效原则

价后增效原则是指在保持价格不变的前提下，增加同一价格下的服务项目，从而使客人能够享受到更多的服务项目。这一原则表面上看起来没有降价，但同一价格下的服务价值增加了，是一种"隐形降价"。与实际降价不同的是，它既保护了饭店形象战略的实施，又有利于客人享受真正物有所值的服务，并增强了饭店的实际竞争能力。

（五）投资未来原则

投资未来原则是指对那些看起来现在还不是饭店消费者但未来有可能成为重要消费者的潜在客户或对饭店未来经营发展可能有重要作用的客户，主动从房价上给予优惠，并以各种方式联络感情，将其作为未来潜在市场的客源进行先期投资。这一原则要求饭店经营者具有长远眼光并能及时掌握有关信息，灵活运用经营策略，从而使饭店在市场上的占有率保持不断扩大的势头。

二、客房价格管理的目标

（一）追求利润最大化

追求利润最大化是制定客房价格最基本的目标。利润最大化可分为短期利润最大化和长期利润最大化。饭店经营者必须在不同时期确定不同的价格水平。严格来讲，应以长期利润最大化为追求目标，避免盲目调价和相互杀价。客房需求受价格以外很多不确定因素的影响，因而需求量和成本的测算往往因受市场影响而变动。实践证明，高房价并不能保证实现利润最大化，而低房价也未必意味着客房利润的减少，只有适当的价位才能实现客房商品利润最大化。

（二）提高市场占有率

饭店要提高市场占有率，就要增加客房销售量，还要提高其他设施设备的利用率，降低经营成本。就价格因素来讲，要达到提高市场占有率的目的，就要采取价格策略，但要警惕价格策略带来的不利影响。低价位并不一定能够增加客源、提高市场占有率，因为客房商品需求量要受到其他诸如政治、经济、交通、季节等多方面因素的影响。低价位可能有损饭店自身的形象和声誉，影响服务质量。更不应忽视低价位对管理人员和服务人员的误导，出现"低价位、低水平服务"的现象。

（三）提高竞争力

价格是竞争的手段，但具有竞争力的价格应有以下几个特征。

1. 与竞争对手同价

在少数卖方市场条件下，饭店客房商品与竞争对手的客房如有明显的差别，而且消费者了解本地区产品价格水平，就可以采取跟随行业领头人定价的方法。

2. 高于竞争对手

饭店的硬件设施水平，包括客房在内的产品以及服务质量等方面，如果超出竞争对手的水平，则可确定较高的价位。

3. 低于竞争对手

在一定条件下，采用低价进入市场，可以很快扩大市场份额，提高市场占有率，达到提高竞争力的目的。

（四）实现预期投资收益

预期投资收益是饭店经营的重要指标之一，也是必须予以考虑的客房商品定价目标之一。

三、客房价格的调整控制

（一）客房价格的调整原因

饭店在经营过程中，要根据市场变化适时调整产品和服务价格，一般采用降价和提价两种方法。

（1）降价，通常是在产品供大于求，非促销不能改变现状以及竞争对手制定低价格时，为了适应竞争需要，增加市场份额而调低价格，但降价前要认真调查分析，慎重行事，以免降后与竞争对手两败俱伤，或降价后难以调高价格。

（2）提价，一般是在产品供不应求或通货膨胀等特定条件下采用。饭店在调高价格时，应通过各种信息渠道，了解市场行情，积极向宾客说明提价理由。但提价也会引起宾客和旅行社的不满，导致需求量的下降，不小心反而会被迫再次降价，倘如此，则达不到提价目的，故应慎重实施。

实际上，在客房经营过程中，通货膨胀与汇率的升降都将导致客房经营成本的增加，并引起客房价格上涨。但是过分地涨价可能引起客人的抱怨，尤其是当前激烈市场竞争下，涨价会使客人流向竞争对手的饭店。因此，饭店对通货膨胀与汇率变动下的价格调整应有正确的对策。

（二）客房价格控制依据

低价薄利多销和高价厚利少销是饭店的两种定价方法。在不同的市场需求下，两者都能帮助饭店实现客房经营利润最大化的目标。在既定的市场需求情况下，哪一种手段能使饭店客房经营利润最大化，需要根据需求价格弹性来进行客房价格的控制。需求价格弹性是用来表示饭店客房产品的需求量对价格变化所作出的反应大小的一个指数，它通常用价格变动的百分率、需求量变动的百分率来表示，这两个百分率的比值，称为弹性导数。

$$Ed = \frac{(Q_2 - Q_1) \times (P_2 + P_1)}{(Q_2 + Q_1) \times (P_2 - P_1)}$$

其中，P_1 为原来的价格；Q_1 为与 P_1 相应的需求量；P_2 为变动后的价格；Q_2 为与 P_2 相应的需求量；Ed 为需求价格弹性，如果：

（1）$|Ed| > 1$，即价格变动 1%，需求量的变动大于 1%，称为需求富余弹性。这时饭店可采取低价策略和调低价格策略，因为客房价格的下调将引起需求的明显增多，从

而实现薄利多销，获取最大化利润；如果提价，将会减少销售总收入，从而减少利润。

（2）$|Ed|=1$，即价格每提高（或降低）1%，需求量相应减少（或增加）1%，称为需求单元弹性。这时销售总收入不受价格变动的影响，因为价格变化对销售收入的影响刚好被需求量的变化对销售收入的影响所抵消，产品的价格与需求量的乘积保持不变。

（3）$|Ed|<1$，即价格变动 1%所引起的需求量变动的百分率小于 1%，称为需求缺乏弹性。这时饭店可采取高价策略和抬高价格策略，因为较高的价格并不对需求产品产生明显的影响，客房产品的销量基本不变，而高价则有厚利，可实现利润最大化，反之，降价则会使销售总收入减少。

由此可见，价格管理直接与饭店的经营管理联系在一起，价格管理的水平高低，直接影响饭店产品的市场占有率和经济收益。客房作为饭店主要产品之一，客房价格管理直接影响饭店在市场中的竞争力，并对饭店整体经济效益产生重大影响。因此，饭店客房价格管理成为饭店经营过程中一个十分重要的问题。饭店客房价格管理也是一个专业性很强的问题，应当遵循科学的原则进行。

四、饭店营收管理

加强对饭店营业收入的控制，使其及时得到回收，对于保证饭店资金的正常循环与周转，促进经营水平的提高，具有极其重要的意义。饭店营业收入控制要点主要在于以下方面。

1. 营业收入的时间确认

营业收入是饭店企业的主要追求目标，它在很大程度上反映了一家饭店在某一时期内经营成果的好坏，影响着投资者、管理者和全体员工的利益。营业收入也是确定当期收益的依据，当期费用的大小只有在营业收入确定的基础上才能予以确定。因此，营业收入确认的时间是否合理，直接关系到盈利的准确性。按照规定，饭店应采用权责发生制来核算营业收入：凡是在本期取得的收入，不论其款项是否已收回，都被视为本期收入；凡是不属于本期形成的收入，即使款项在本期收到，也不能作为本期收入。所以，饭店应当在劳务已提供、商品已发出，同时价款已收讫或已取得收取价款权利的凭证时，才能确认营业收入的实现。当期发生的销售折扣及销售退回，应冲减当期的营业收入。

2. 营业收入的数额确认

构成和影响饭店营业收入的因素较多，因而确认营业收入的正确数额则显得较为复杂。一般来说，影响营业收入的相关因素有以下几个方面：

（1）价格。在营业量一定的条件下，饭店营业收入的高低取决于价格的高低。在定价时，既要坚持按质论价的原则，又要符合市场供求规律。除了为提供服务而支出的成本费用及应得的利润外，饭店产品的价格还可以包括某些税金。

（2）折扣。折扣属于销售调整的项目，它对营业收入数额的准确性影响最大。销售的入账金额是发票价格减除商业折扣后的净额。为了鼓励客户及时付款，饭店通常会给予一定的现金折扣。一种处理方法是以现金净收入额作为营业收入，如果将来没有发生折扣，则将现金折扣作为追加收入记入营业收入。另一种处理方法是以发票价格作为营业收入，当将来现金折扣实际发生时，再冲销营业收入。

（3）坏账。当客户无力支付其所欠的应付账款时，就会产生坏账，它是饭店企业在营业收入环节中发生的损失费。坏账实际发生时，应对收益进行调整，这种调整往往不是直接减少销售收入，而是以费用的形式来冲销当期收益。

（4）退赔。在经营过程中，由于饭店自身的过错，未达到国家或行业规定的服务质量标准，而造成宾客权益的损失，消费者有权要求退赔。当退赔或折让实际发生时，原来记入的营业收入就应全部或部分地冲销。

3．应计收入和实际收入的确认

随着市场经济体制的建立，饭店企业的销售方法亦趋向于多样化。尤其在采用事后结算的赊销方式时，实际收入往往会受到客户是否真正享受折扣、是否具有支付能力、是否符合双方的合同要求等多种因素的影响。所以，应计收入和实际收入很难完全一致，对营业收入和应收账款的调整工作常会发生。饭店必须加强管理，及时办理结算，对结算期过长的款项，要设专人催收，以减少资金占用。

4．销售折扣和过失退赔的确认

饭店高固定成本的特点决定了增加销售量的重要性，如果没有宾客前来消费，营业收入就无法实现。增加销售量的有效手段就是针对不同的情况给予销售折扣。需要指出的是，销售折扣必须根据客源结构而定，不能将其变为恶性竞争的工具。另一方面，由于种种原因，饭店所提供的服务可能达不到消费者的要求，从而产生了部分折让或全额退赔的发生。虽然折让的原因各不相同，折让的要求也因人而异，但其产生的原因都是饭店硬件或软件上的不足。所以，从财务处理的角度来看，折扣和退赔有某些共同之处，但本质和产生的动因是完全不同的。前者是一种积极的经营策略，后者是一种消极的弥补措施，不能一概而论。

5．收入预算制度

饭店可以通过编制销售预算来与实际销售情况进行比较，从而全面控制营业收入的各个环节。销售预算一般由销售部门编制。财务部经理应定期将实际毛利同预算进行比较，将实际发生的冲销项目、贷项调整同历史资料相比较，然后对比较结果作出详细的分析说明并上报最高管理层。当发生重大差异时，应指定专门人员进行调查。此外，饭店还要定期召开由销售部门、信贷部门、会计部门经理参加的会议，讨论饭店的销售趋势，及时修正预算方案，不断开拓新的市场。

五、饭店房价减免审批管理

（一）免费房的审批权限

免费房的审批控制是饭店房价管理的一个内部权限管理问题。一般而言，使用免费客房须经酒店副总经理以上的领导批准，领导批准的免费房须到市场部办理有关手续，批示送财务部审查。各酒店部门经理、值班经理遇有特殊情况需用免费房，而总经理不在时，有权临时安排免费房，但必须及时补办审批手续。

（二）折扣房价审批权限

部门经理可根据实际情况对非预订客房打折，打折权限为门市价的40%以内，超过门市价40%折扣时，须经总经理批准，并将有关批示送财务部审查。市场部人员、各部门助理、值班经理对散客的打折权限为门市价的30%以内。预订和接待人员的打折权限，由市场部经理根据当时客源情况发出指令，有合同的按合同规定办理。如遇市场变化，市场部经理要求更大的打折权限时，可向总经理申请特批权限。

（三）折扣程序与执行办法

总台接待员应本着对顾客和饭店负责的态度，积极处理顾客提出的对费用有争议的意见或投诉。凡超越总台接待员权限范围的事项可请大堂助理或值班经理签字进行折扣处理。超越大堂助理、值班经理权限的事项应请副总经理处理，并请其签字进行折扣处理。签单人在授权范围内签字进行折扣处理的同时，在"审批权限表"中必须注明折扣原因和担当者的责任。总台接待员在执行折扣处理时，必须查看是否具备有效的签字折扣处理说明和原始单据。对超出权限的折扣处理，总台接待员有权拒绝执行。凡超出授权范围，均须上一级领导签字认可。对本店员工由于疏忽给客人造成损失的，值班经理经请示总经理，有权代表饭店送出鲜花、水果或纪念品。

（四）优惠房客人没结账而离开饭店的处理办法

结账处每日15:30前，将当日客人已离店但没办理离店手续的房间号，通知市场部人员。市场部接到通知后，立即进行调查。如账款可追回，要由市场部经理注明原因并签字，财务人员协助将账款先转入应收账款，并将说明的一联交还市场部经理追款。确属跑账，账款无法收回时，在折扣处理权限范围内，由市场部经理负责落实各级授权签字折扣人员的赔偿金额。

（五）审批权限表

审批权限表的格式，如表 8-1 所示。

表 8-1　审批权限表

名称：　　　　　　　　　　　　　　　　　　　　　　　　　　　　日期：

审批人/单位	原　因	担当者责任	折　扣　率	折扣处理
市场部意见				
财务部意见				
批准人				

本章小结

本章主要围绕饭店客房价格管理内容展开，它包括三部分：（1）价格构成。涉及客房价格特点，客房价格构成，影响客房定价的内外部因素和客房的计价方式。（2）客房定价原理。涉及客房定价的基本原理，确定客房价格的基本方法和定价的策略与技巧。（3）客房价格管理。主要包括客房价格管理基本原则，客房价格管理目标，客房价格的调整控制等相关内容。

关键概念

房价　汇率　成本加成定价法　声望定价法　价后增效

课堂讨论题

结合目前饭店市场价格的恶性竞争，结合饭店报价的一些具体做法，讨论饭店客房确定什么样的价格最合适？

复习思考题

1. 客房价格由哪些内容构成？
2. 客房定价的目标是什么？影响房价制定的因素有哪些？
3. 常用的客房价格制定方法有哪些？
4. 客房定价的基本原理是什么？
5. 饭店调整客房价格的依据是什么？
6. 价格管理的基本原则有哪些？

第九章　饭店客房销售管理

引言

　　前厅员工在工作中首先要扮演销售人员的角色，将饭店的产品如客房、设施、服务等销售给客人。为此，前台员工应该学习如何向客人推销客房、让客人选择客房等有效技巧，这些技巧包括知道怎样和何时在没有压力的方式下向客人推销及从客人的观点和表达的意愿中引导消费，增加销售。

学习目标

　　① 了解饭店销售常见问题、研究思路和解决方案。
　　② 熟悉饭店客房销售过程的一些关键技巧。
　　③ 掌握客房销售管理的办法。
　　④ 关注客房销售需要突破的工作难题。

教学建议

　　① 围绕饭店销售中存在的问题进行课堂讨论。
　　② 结合饭店销售的具体做法，引导学生研究问题，提出解决方案，最后获得最优方案。
　　③ 根据饭店销售的具体情况，创造性地结合各种策略和管理方法以取得销售利益的最大化。

第一节　客房销售技巧

一、客房销售建议

　　前厅部工作内容的一部分是让客人接受饭店产品（如客房、设施、服务项目）并消费，从而产生收益。前台可以依据客人的住店价值，有步骤地进行客房销售。前台员工在工作中既要扮演接待人员的角色，也要扮演销售人员的角色，并在登记过程中穿插这些步骤。饭店要培训员工能通过前台的销售技巧，特别是分房技巧，从本质上提升客房收入。

饭店通常基于诸如房间装潢、面积大小、房间位置、景色、家具等差异在客房价格上划分级别。前厅部员工和订房部员工不仅仅是简单的下单员，还应成为专业的销售人员。他们应该像餐厅的侍应生向客人推销额外的食物，如开胃菜、甜品那样销售客房。前台员工应该学习如何向客人推销客房、让客人选择客房等有效技巧，这些技巧包括知道怎样和何时在没有压力的方式下向客人推销，以及从客人的观点和表达的意愿中指引销售。

提供客房以供选择是订房和入住登记程序的一个关键部分，它要求饭店对相关员工要有深思熟虑过的计划和培训。虽然销售主要在订房的时候就完成了，但前台对散客有同样的销售机会。一些饭店向客人提供不止一种的客房以供选择，为了让客人满意地接受客房，前台员工必须知道如何以积极的态度描述饭店的设施和服务。客人可能在关于他能接受或喜爱的客房上提供几种线索，一些资料可能在订房记录中已经记载。前台员工应该提及客房的自然特征、优惠条例、方便的设施和可提供的房间。客人可能在听完这些陈述后立即作出选择或者等到前台员工描述完所有的可供选择的客房后再作出选择。

以下列出一些销售客房的建议：

（1）不管从你的声音还是你的面容上，都要以微笑迎接客人，保持愉悦。记住：你在销售饭店客房及其服务的同时也是在推销自己。

（2）与客人保持眼神的接触。

（3）找出客人的名字，在对话中至少称呼客人三次。经常使用礼貌用语，如以"先生"、"小姐"称呼客人，用客人的姓，不要直接称呼客人的名字。

（4）试图识别出客人的需要，因为这些需求可能在订房过程中没有被识别出来。结合客人的这些需要使之与可提供的房间等相匹配。例如，一位在饭店住三四晚的客人，可能比一位只住一晚的客人更愿意住一间面积大一点的房间或独立的房间。度蜜月或度假的客人可能更愿意住一间有着自然景色的客房。

（5）尽可能地在客人提出的客房的基础上升档客房销售。首先通过指出房间的优点和优惠政策，提供一间升级的房间，然后告知房价。如果客人已订房，描述他们已订的房间和你所要推销的升级房间之间的不同之处。散客是推销的最好机会。如果有两种不同类型的房间提供，分别说出它们的特征、优惠政策和价格，不要只说出高价格的房间而失去顾客。

（6）快速完成登记程序。

（7）感谢客人，祝愿他们居住愉快。前台员工在客人选择客房后，一般要求客人完成登记表格，当客人正在填写登记表时，前台员工可以通过介绍客房特殊特征来强化客人的选择。当登记进入尾声时，前台员工应该告诉客人关于饭店营业场所、服务项目和其他设施。大多数客人欣赏这种做法。在客人离开总台前，前台员工应该感谢客人选择饭店和表达祝客人居住愉快的个人意愿。有些饭店规定在客人登记完客房不久，前台员工就致电客人询问客人对房间的满意程度。向散客推销经常是饭店创收的最好机会。

在工作繁忙时的销售要特别注意：由于团队客人和外地客人的到店时间比较集中，往往会出现客人排长队的现象，客人会表现出不耐烦，这时就需要总台员工做好入住高峰前的接待准备，了解会议及团队到店时间，做好其他准备工作，以减少客人办理入住手续的等候时间，同时也应注意房况，确保无误。入住高峰时，要确保手头有足够的登记所需的文具用品，保证工作有序完成。入住高峰，可选派专人指引，帮助客人办理入住登记，以缩短客人的等候时间。按"先到先服务"的原则，认真接待好每一位客人，做到忙而不乱。

二、客房销售技巧

（一）把握客人的特点

每家饭店都在千方百计地寻求自己的客源，以实现经营目标。前厅服务人员应着重了解本饭店所寻求的客源有什么特点，饭店能为他们提供什么产品，也就是要把握客人的特点进行销售。要把握客人的特点，必须了解客人的年龄、职业、国籍、身份等，然后针对客人的特点，灵活运用销售政策与技巧。不同类型的客人有不同的特点，对饭店服务也就会有不同的要求。例如，商务客人一般是因公出差，对房价不太计较。前厅服务人员应根据其特点，向他们推销环境安静舒适、有宽大的写字台、光线明亮、办公设备齐全、便于会客、价格较高的客房或商务套房。有些饭店还在向商务客人推销的客房价中包括提供免费早餐、饮料以及免费洗衣等服务项目。另外，对商务客人而言，他们工作是不分淡旺季的，前厅服务人员在经营旺季，应注意为这类客人留有一定数量的房间。若商务客人对饭店的服务感到满意，他们很可能成为饭店的常客。对于度假旅游的客人，应向他们推荐景色优美、价格适中的客房；向度蜜月的新婚夫妇推荐安静、不易受到干扰的大床间；向老年客人或行动不便的客人推荐靠近电梯、餐厅的客房等。只有通过细致入微的观察和认真的分析，才能抓住客人的心理，使销售工作更具有针对性，为饭店争取更多的客源。

（二）突出客房商品的价值

在销售客房商品的过程中，接待员要强调客房的使用价值，而不仅仅是价格，因为客人购买的是客房的价值。但是客房价值的大小是通过价格体现出来的，只有价格与价值相对平衡时，客人才会认为物有所值。客房的价值必须经过服务人员宣传，客人才能理解，从而使客人乐于接受。例如，在与客人洽谈的过程中不能简单地说："一间300元的客房，您要不要？"而应该根据客人及客房的特点，在推销时适当地进行描述。例如，刚装修过的、具有民族特色的、能看到美妙景色的、十分安静而又豪华舒适的、最大的而又在顶层的房间等。除介绍客房的自然状况特点外，还应该强调客房为客人本身带来的好处。例如，"孩子与您同住一套连通房，您可以不必为他担心。""由于这间房间很安静，您可以好好休息，不受干扰。""这间客房最适合您了，这将方便您与其他人联系。"只有证实了客人的特殊需要，才有可能在强调客房的价值时做到有针对性。前厅人员只有通过深入的调查研究，才能发掘出各类型客房的特点。在没有认真地介绍客房前，不要急于报价。例如，采用如下报价方式，客人容易接受："在六楼有一间最近才装修过的客房，房间面江，很安静，便于工作和休息，而且离电梯也不远，它的价格是500元。""恰好有一间您所希望的大床间，在这个客房内可以看到美妙的山景，行李员会帮您把一切都安顿好的，这个客房的价格只有300元。"报价后，如有可能，还应介绍可提供的服务项目，例如："这个房价包括两份早餐、服务费、一杯由酒吧提供的免费饮料。"这种将价格放在所提供的服务项目中的"三明治"式报价方式，能起到减弱价格分量的作用。

在通常情况下，等级越高、质量越好的房间，其价格也就越高。如果把价格与价值比做天平的左右两端，卖方与买方各撑一端，当价格一头砝码重（价格高）时，服务人员应充分运用语言艺术，使另一头砝码的分量（价值）加重，以使两端保持基本平衡，促成双方成交，这就是"加码技巧"的运用。

总之，强调客房的价值，回答客人希望了解的关键问题，即付了这个价钱，能得到什么；这间房是否值这个价钱。在介绍客房过程中，任何不切实际的夸张或错误的介绍都应坚决避免，因为客人会很快发现所有不实之处，从而产生上当受骗的感觉。

（三）有针对性地为客人提供可选择的价格范围

许多饭店的接待员在向客人介绍客房时，为客人提供一个可选择的价格范围。如果客人没有具体说明需要哪种类型的客房，前厅服务人员可根据客人的特点，有针对性地推荐三种价格不同的房间，以供客人选择。如果只推荐一种客房，就会使客人失去比较的机会。推出的价格范围应考虑到客人的特点，一般来说，由较高价到较低价比较适宜。例如，"靠近湖边，新装修的客房是500元"；"进出方便、别墅式的客房是400元"；"环境安静、景色优美、在四楼的客房是300元"。然后问客人："您喜欢哪一种？"除客人已指定客房情况外，由高向低报价，往往能使多数客人选择前几种较高价格的客房，至少，在客人有可能选择最低价格客房的情况下也会选择中间价格客房，因为人们往往避免走极端。由高向低报价，还可能使服务人员在觉察到客人认为价格太高的情况下，有推荐较低价格的机会。一般而言，推荐的价格以两种为宜，最多不能超过三种，因为价格种类太多，客人不易记住。

在洽谈房价的过程中，前厅人员的责任是引导客人、帮助客人进行选择，而不应硬性推销，以致得不偿失。客人可能会因不喜欢某类客房或价格过高而找托辞，前厅人员不要坚持为自己的观点辩护，更不能贬低客人的意见，对客人的选择要表示赞同与支持，要使客人感到自己的选择是正确的，即使他选择了一间最便宜的客房。

（四）坚持正面介绍以引导客人

前厅人员在向客人介绍客房时，应坚持采用正面的说法，要着重介绍各类客房的特点、优势，以及给客人带来的方便和好处，不要做不利的比较，例如，饭店只剩下一间客房时应该说："您运气真好，我们恰好还有一间漂亮的标准间。"不能说："很不幸，这是最后一间房间了。"应该问："您在这里住多久？"而不应该问："是不是只住一晚？"在销售客房的过程中，要把客人的利益放在第一位，以不影响客人的利益为前提，宁可销售价格较低的客房，也要使客人满意。如果客人感到他们是在被迫的情况下才接受高价客房的，那么虽然这次得到了较多的收入，但却失去了今后可能得到的更多的收入。只有满意的客人才会成为回头客人。

三、针对特殊客人的销售技巧

（一）对"优柔寡断"客人的推销

有些客人，尤其是初次住店的客人，也可能在听完接待员对客房的介绍后，仍然不能作出决定。在这种情况下，接待员应对他们倍加关注和耐心引导，认真分析客人的需求心理，设法消除客人的各种疑虑，任何忽视、冷淡与不耐烦的表现都将导致客房销售工作的失败。在与犹豫不决的客人洽谈时，前厅服务人员应注意观察客人的表情，设法理解客人的意图。可以用提问的方式了解客人的特点及喜好，然后有针对性地向客人介绍各类客房的优点。也可以运用语言和行动促使客人下决心，如递上住宿登记表说："这样吧，您先登记一下……"或者"要不您先住下，如果您不满意，明天再给您调换房间"等。如果客人仍然保持沉默或者犹豫不决，可以建议客人在服务人员的陪同下，实地参观几种类型的客房，使客人增强对房间的感性认识。如果使用的方法恰当，这部分客人有可能成为饭店的常客。

了解动机（度假、观光、娱乐），针对不同情况，灵活机动地开展销售工作，也是常见的一种方法。要在推销的同时介绍饭店周围的环境，增强感染力和诱惑力。熟悉饭店的各项服务内容，附加上小利益往往起到较好的促销作用。此外，还需要多一些耐心和多一番努力。

（二）对"价格敏感"客人的推销

前台员工在报价时一定要注意积极描述住宿条件，提供给客人一个可选择的价格范围，要运用灵活的语言描述高价房的设施优点。描述不同类型的客房时，要对客人解释说明客房的设施特点。熟悉本饭店的特殊价格政策，认真了解价格敏感型客人的背景和要求，采取不同的销售手段，给予相应的折扣，争取客人住店。

四、客房报价技巧

总台销售工作接待员必须了解自己饭店所销售的产品和服务的特点及其销售对象。其中，掌握对客报价的方法和推销技巧是做好销售工作的重要前提。所以，不断地研究总结和运用这些方法和技巧，已成为销售工作取胜的一个重要环节。对客报价是饭店为扩大自身产品的销售，运用口头描述技巧，引起客人的购买欲望，借以扩大销售的一种推销方法。其中包含着推销技巧、语言艺术、职业品德等内容，在实际推销工作中非常讲究报价的针对性，只有采取不同的报价方法，才能达到销售的最佳效果。掌握报价方法，是做好推销工作的一项基本功，以下是饭店常用的几种报价方法。

1. 高低趋向报价

这是针对讲究身份、地位的客人设计的，以期最大限度地提高客房的利润率。这种报价法首先向客人报出饭店的最高房价，让客人了解饭店所能提供的最高价房及与其相配的环境和设施，当客人对此不感兴趣时再转向销售较低价格的客房。高价伴随的是高级享受，接待员要善于运用语言技巧打动客人，促使客人作出购买决策。

2. 低高趋向报价

这种报价法可以吸引那些对房间价格作过比较的客人，能够为饭店带来广阔的客源市场，有利于发挥饭店的竞争优势。

3. 交叉排列报价法

这种报价法是将饭店所有现行价格按一定排列顺序提供给客人，即先报最低价格再报最高价格，最后报中间价格，让客人有选择适中价格的机会。这样，饭店既坚持了明码标价，又方便客人在整个房价体系中自由选择，也增加饭店出租高价客房获得更多收益的机会。

4．选择性报价

采用此类报价法要求总台接待人员善于辨别客人的支付能力，能客观地按照客人的举动和需要，选择提供适当的房价范围，一般报价不能超过两种，以体现报价的准确性，避免选择报价时犹豫不决。

5．利益引诱报价

这是一种对已预订一般房间的客人，采取给予一定附加利益的方法，使他们放弃原预订客房，转向购买高一档次价格的客房。

6．"冲击式"报价

先报出房间价格，再介绍客房所提供的服务设施和服务项目等。这种方式比较适合推销价格较低的房间，以低价打动客人。

7．"鱼尾式"报价

先介绍客房所提供的服务设施和服务项目及特点，最后报出房价，突出客房物有所值，以减弱价格对客人的影响。这种方式比较适合中档客房。

8．"三明治"报价

又称"夹心式"报价。此类报价是将价格置于所提供的服务项目中，以减弱直观价格的分量，增加客人购买的可能性。此类报价一般由总台接待人员用口头语言进行描述性报价，强调提供的服务项目是适合于客人的，但不能太多，要恰如其分。这种方式比较适合推销中、高档客房，可以针对消费水平高、有一定地位和声望的客人。

9．灵活报价

灵活报价是根据饭店的现行价格和规定的价格浮动幅度，将价格灵活地报给客人的一种方法。报价一般由饭店的主管部门规定，根据饭店的实际情况在一定价格范围内适当浮动，灵活报价，调节客人的需求，使客房出租率和经济效益达到理想水平。

虽然报价方法很多，有些方法甚至相互对立，然而在饭店的经营实践中，由高至低开价法仍然是较科学而实用的。无论是提供选择余地、先推销高价客房，还是报明所有房价，推销高价客房，都应遵循由高至低的原则。我国大多数饭店都明码标价，在此基础上必须坚持从高到低推销客房的方法，才能使高价或较高价客房首先租出。推销客房需要大量的思考与实践，接待员应该在开房时注意观察客人的心理活动和反应。只有用热诚的态度及对客房艺术性的描述语言和适当的报价技巧，才能顺利完成推销高价客房的任务。

第二节 客房销售管理

一、饭店销售管理的四大策略

经过多年的探索和经验积累，多数饭店企业自觉地实现了其营销模式由产品导向向服务导向的战略转移，部分成功的饭店已进一步完善和归纳了服务产品销售过程管理的四大核心策略。

（一）服务模式策略：服务产品差异化

"站在顾客的立场上提供服务产品"无疑是饭店服务营销的核心，但基于以下原因，服务产品与顾客需求之间的关系并不是静止的：

（1）在同一时间、地点，不同的客人有不同的服务需求。如同一餐厅中的客人对背景音乐的选择，国内客人喜欢通俗的流行音乐，而欧美客人偏向舒缓的古典音乐。

（2）在不同的时间、地点，同一客人的服务需求侧重点不同。如旅游者白天需要新奇刺激的活动项目，夜间则需要舒适安静的环境。

随着经济技术的发展和时代演进，服务产品在质和量两个方面都在不断升级换代。因此，饭店服务仅仅靠严格管理、规范操作并不能获得顾客的普遍满意，唯有针对性的服务才能打动顾客。然而，这种针对性的定制服务要花费较大的服务成本，需要在顾客满意与企业效益之间寻求一个最佳结合的服务模式：规范与非规范结合的服务差异化，即以规范服务为主，满足多数顾客的共性需求，确保基本的稳定的服务质量；而以非规范服务为辅，满足顾客的个性化需求，从而显示饭店具有吸引力的服务特色。例如，在宏观的服务差异上，早在1990年，假日饭店集团在全球不同地区分别推出了旅馆型、快捷型、皇冠型、度假地型、庭院型的不同档次风格的饭店系列，满足了不同地区消费群体的差异化需求；而在微观的个人服务差异化方面，如饭店客房部特地为某位过胖客人用两个标准床拼装为一个大床的超常服务。所有这些服务差异化的事例都体现了发自内心的、灵活的、针对不同对象的服务艺术。

（二）服务传播策略：服务的实体化显示

服务产品所具有的不可感知性特征，虽然在一定程度上妨碍了饭店有效地推广服务产品，但顾客仍可通过对服务环境中有形实物的感知，建立起对饭店的印象及对服务产品质量的认知评价。例如，初次光临某饭店的顾客在进入之前，通过大厅外观、招牌标志等首先获得一个初步印象，若感觉尚好则进入，而客房内部的装潢、卧具洁净程度及服务员的礼仪态度则直接影响其消费信心。因此，饭店若善于借助服务过程中可直接传达服务特色及内涵的有形展示手段，将大大有利于服务产品的营业推广。服务过程中的实体化显示要素和相应的措施主要有以下几种。

1. 服务的环境与气氛要素

它们通常在顾客的最低期望之内并被顾客默认为构成服务产品内涵的必要组成部分，其存在不会使顾客感到特殊的兴奋与惊喜，但若缺少则会挫伤顾客对服务的兴趣和消费信心，如餐厅的清洁卫生等。一般饭店可通过严格的规范管理确保顾客对此的基本需求，但若在一定程度上适当超越顾客的期望，将提高顾客对服务的满意感。

2. 服务的设计要素

它们通常是用于改善服务的包装，使产品的功能更突出，增加服务的附加值，以建立可感知的赏心悦目的服务形象，如饭店建筑外观的独特造型，以及饭店统一的服务形象标识系统（CIS）等。饭店应力求确定与自身服务内涵对应一致的醒目形象。"麦当劳"快餐在此方面是一个成功的典范，门前巨大的金黄色"M"标志，引人注目，餐厅内部柔和简洁的色调都体现出其快捷卫生、欢快亲切的服务文化特色。

3. 服务的社交要素

社交要素指服务场所内一切参与及影响服务生产的人，包括服务人员、宾客及其他人士。社交要素对顾客的影响远较其他两类要素显著，因为宾客可由此直接判断员工的反应性、处理顾客要求的诚意，以及该企业是否值得依赖。在从众心理的驱使下，服务场所内其他顾客的评价也会影响顾客的消费期望，或干扰对服务质量的判断。值得注意的是，在以上三类实体显示中，改进服务社交要素所需的投资相对较低，它只需提供基本的实物如工作制服，并通过相应的服务培训，便可取得明显满意的成效。

（三）服务协调策略：内外部营销一致化

饭店的传统营销实质是针对企业外部顾客的外部营销，内容包括营销调研、产品设计与开发、产品定价、广告促销与人员推销等。其重要功能之一就是通过促销方式向顾客承诺，使其消除对服务产品的风险感并激发其消费期望。然而，更深入的研究表明：顾客对服务的最终评价不仅取决于实际的服务水平，关键还在于对许诺的服务与实际提供的服务进行对照，只有当二者一致或后者超过前者水平时，才会使顾客获得服务的满意感。若对外营销人员仅从眼前推销业绩出发，以超越饭店实际服务能力的过高承诺迎合顾客，将会误导顾客抱有过高的服务期望水平，引发顾客的抱怨与不满，最终损害企业声誉。

因此，全面意义上的饭店服务销售管理应涵盖外部顾客与内部员工两大方面。员工是服务的核心，在服务接触的过程中员工与顾客的互动直接影响着顾客对服务的评价，针对企业内部员工而进行的内部营销正是基于"员工是企业的第一顾客、赢得员工才能真正赢得顾客"的营销理念，通过内部工作的设计去真正满足员工的需求，再通过员工发自内心的真诚服务表现去感染顾客。由此可见，协调的内部营销是外部营销成功的前提。饭店的内部营销主体是以营销人员为辅助的企业管理层，客体是员工，内容包括员工的招募、培训、服务设计（员工参与的）、员工激励及内外部营销沟通与协调制度。

（四）服务延伸策略：顾客管理制度

美国哈佛商业研究报告表明：多次光临的顾客比初次登门者可为企业带来70%～80%的利润，固定的顾客每增加1%，企业的利润则相应地增加25%左右。对于强烈依赖顾客消费的饭店而言，稳定而忠诚的顾客群无疑是企业的宝贵财富，忠诚的顾客给予企业的利益表现在：

（1）重复购买次数多，为企业积累了可观的利润。

（2）对服务价格的变动，承受力强，能接受和认同企业的价格调整。

（3）对服务中的失误和事故持宽容态度。

因此，为了培育饭店外围固定的消费群，建设良好的经营社会环境，一些饭店企业开始在传统的面对面服务、一次性成交的基础上，对服务的内涵加以开发和延伸，为顾客提供更完备周到的售后服务和追踪联系，将原本分散独立的顾客加以整体管理。这种顾客管理的服务营销体系近年来在饭店业中得到了广泛的应用，如对顾客期望的引导、顾客消费行为管理（以便更好地在消费中与服务人员配合）、顾客档案管理（以便有针对性地提供个性化服务）、顾客意见追踪、顾客间社会关系的管理等。通过这些系统化的顾客管理措施将分散的顾客结合成与企业保持紧密联系的社会网络，并且不断强化其品牌忠诚度，这将大大有利于旅游服务产品的营销传播，最终使企业赢得市场中宝贵的顾客资源。

二、客房销售管理

（一）客源情况预测

首先，要做好客源的预测工作。预测需要从多方面着手，饭店通过预测才能考虑接下来的营销步骤。这里谨以黄金周的节日长假分析为例。

1．往年同期客源情况的分析

营销人员应该细分和研究往年同期黄金周节假日的每天客房出租情况，如每日出租房间数、散客房间数，以及来自协议的散客比例、来自订房中心的散客比例等，从而将以往的数据与今年节假日预订情况进行比较。由于旅行社团队往往会作提前预订，而且通常在接近节假日时，团队的房间数才会确定，所以营销人员应每隔一段时间与旅行社核对团队的收客情况，防止旅行社为了控房而作虚假或水分较大的预订。

2．关注节假日期间的天气预报

由于假日客源主要是旅游客人，旅游客人的消费属休闲性自费旅游，随意性较大。所以，若天气乐观，可以留出部分房间以出售给临时性的上门散客；若天气情况不容乐观，则要多吸收一些团队，以作为客房的铺垫。需要如何控制和预留房间，还要看具体的天气变化。

3．了解本市同类饭店的预订情况

通过了解竞争对手和不同地段的饭店预订情况，可以估计出自己饭店客房出租的前景。

4．关注各媒体报道

通常在节假日前几天，各大媒体包括网上都会争相从相关行业、饭店处了解到最新的情况，进行滚动式报道。

5．通过其他渠道了解信息

营销人员可以从饭店主要客源来源地的饭店销售界同行、旅行社、客户那里了解信息。总之，饭店应该尽量通过准确的预测来做好节日长假到来前的各项准备工作。

（二）做好价格调整的准备

要根据预测情况，针对各种客源，制定不同的价格策略。新的价格要尽量提前制定，以便留出足够的时间与客户沟通。营销人员要把工作落到实处，不仅要通过电话、传真、E-mail 通知客户，更要从关心客户的角度出发，提醒客户尽量提前预订，以免临时预订而没有房间。在价格调整中，不同客源的调整幅度可以不一样，对一贯忠诚于饭店的协议公司客人提价要稳妥，要与他们沟通，尽量在协议客人能够承受的幅度间进行提价；对于订房中心的调整可以从网上进行了解，特别是要调查同类饭店的调价情况，结合客户可以承受的能力和饭店自身情况综合考虑。饭店要从长远的眼光来看待与客户之间的关系，不能只做一锤子买卖。良好的信誉是未来客源的基础，绝不可以因节假日游人增多而"水涨船高"。

（三）合理计划客源比例

要根据调查与预测情况，合理做好客源的分配比例。如果预测天气状况不容乐观，可以增加团队的预订量；如果预测天气较好，可以减少团队预订量。但不能一刀切，不接团队，除非饭店以前从不与旅行社打交道。饭店可以通过价格的上涨来合理控制或筛选不同细分市场。对于长期合作的团队，应尽量提供一定比例的房间。

（四）合理做好超额预订

饭店常常遇到预订了房间而产生"未抵店者"（No-show）的情况。由于国内信用制度还不完善，客人不会因没有履行预订而承担经济责任，这样就导致了一些不受饭店欢迎的行为。例如，客人可能为了价格原因或出游人数不确定等因素而做多次、多处预订。这种行为在随意性较大的自费旅游客中较为普遍，通过多处、多次预订，他们可以拿到较好的价格，可以确保抵达饭店时马上得到房间。然而，No-show 会造成饭店空房，除非客人能提前通知饭店取消预订。为了避免 No-show 情况造成的损失，饭店可以采用超额预订的策略。通过超额预订，饭店可以防范大量未履行预订的风险。然而，如果饭店接受太多的超额预订就得负担客人抵达饭店时没有房间可以入住的风险。为了降低超额预订的风险，饭店可以通过以往 No-show 和取消的数据进行统计比较，得出一个合理的百分比，从而实现既能够最大限度地降低由于空房而产生的损失，又能最大限度地降低由于未能做好足够预订而带来的损失。因此，不仅仅是营销人员要做好预测和超额预订的策略制定，而且需要与总台一线员工进行沟通并进行培训，如果真的出现客人预订而没有房间的情况，要在同类其他饭店为客人安排相同档次的房间，并提供免费接送。

（五）提前做好服务准备工作

节日长假，大多数饭店人力和设施设备都有可能超负荷运转，因此饭店必须提前进行设施设备的检查，根据预测情况合理安排人手。这在平时可以交叉训练员工，培养多面手，也可以从旅游职业学校预约一些学生兼职，准备好充足的人手。由于在节假日，旅游客人抵达时间会在白天，而前一天的客人退房时间是在中午 12:00，所以必须准备好充足的服务人手，快速打扫房间。通过预测，其他各个营业场所，如车票预订、餐饮、娱乐等服务也要提前做好准备。

（六）争取回头客

游客虽然是流动的客人，有一些往往是第一次来饭店入住，作为营销人员要想方设法争取回头客，一方面通过饭店充分的准备，提供优质服务，给客人留下一个好的印象；另一方面可以通过大堂副理拜访客人、客房内放置节日问候信、赠送小礼物、放置贵宾卡信息表等来实现客人今后回头的可能性。

（七）与各相关方做好衔接工作

与同行饭店及时互通信息，相互接应。与各大网络订房中心随时联络，及时通告饭店的房态。与每天预订的客人进行核对，确认客人是否到来、抵达人数、抵达时间等。通过以上几个方面的营销管理，不仅能为饭店带来可观的收益，还能极大地提高顾客的满意度和忠诚度。

三、房态管理

建立合适的客房显示系统和保持正确的客房状态是做好饭店客房销售工作以及提高接待服务水准的前提。饭店的客房随着客人的入住、逗留、离去以及饭店内部工作的需要等情况而处于各种状态之中。前台接待处只有掌握并控制好饭店即时即刻的客房状态，才能准确、高效地进行客房销售。

（一）确立客房的基本状态

营业中的饭店客房一般处于以下几种状态：

（1）可供出租状态（Available for Sale），是指客房已经打扫整理，一切准备就绪，随时可供出租使用。

（2）住客状态（Occupied），是指该客房已出租，正由客人占用，客人尚未离店。

（3）正在转换状态（On-change），是指原占用客房的客人已退房，现正打扫整理，就绪后可再供出租。

（4）待修状态（Out-of-order），是指该客房将要或目前正进行内部整修，近期不能出租。

（5）保留状态（Blocked），指某个房间已在某时期为某位客人保留，不能将其出租给其他客人。这是一种内部掌握的客房状况。因为一些大型团体和会议客人，饭店需提前为他们预留所需的客房。还有一些客人，尤其是常客，在订房时，常常会指明要某个套房或某个位置、某种景观的客房。

上述五种客房的基本状态是主要的，尤其是前四种。此外，下列几种状态的客房是客房部在进行客房自然状况检查时要注意掌握并通知前台的：

- 外宿未归房（Sleep Out Room），指该住客在外过夜未回该房间住宿。前台应将此信息通知大堂值班经理及客房部，大堂值班经理应双锁外出过夜客人的房间，并做好记录，以保证该房的安全。

- 携少量行李的住客房（Occupied with Light Luggage），指该住客房没有行李，或只有极少的行李，为防止不测，客房部应将此种客房通知前台。
- 请勿打扰房（Don't Bother），指该住客为了不受干扰，在门把上挂上或以灯光显示"请勿打扰"字样。这是一种临时客房状况，其基本状况应该是住客房，但也有可能是走客房。所以，有必要对此种客房状况加以关注。
- 双锁房（Double Locked Room），指住客为了不受干扰，在房内将门双锁，服务人员用普通钥匙无法打开门锁。对双锁房要加强观察与检查，因为有可能客人生病。有时，当饭店发现房内设备严重受损，客房内有暴露的贵重物品或发生刑事案件时，饭店管理部门也会作出双锁客房的决定。

（二）客房基本状态的显示方法

客房基本状态的显示，必须借助于一定的设备，目前大致有以下两种。

1. 客房状态显示架（Room Rack）——手工操作控制

手工操作的客房状态显示架是饭店显示房态的最主要、最基本的设备。客房状态显示架设在前厅接待处，以使用各种符号和通过插入各种不同种类卡条来显示全饭店客房即时即刻的状况。在客房状态显示架上，全饭店的客房以楼层、房号顺序排列，每个客房以一插槽表示，插槽内有一底卡，底卡上用不同颜色、符号或缩略语来表示该客房的类型、卧房和卫生间设备的配套情况、房价及特点（朝向、色调、风格等）。架上显露出底卡的房间表明该房处于可供出租状况。客房出租给客人后，接待员应及时插入用房卡条。在用房卡条上，须注明客人姓名、性别及人数、房价和到店及预期离店日期。客人退房结账后，由前厅收银处通知接待处，接待员即换上"正在转换"卡条，并通知客房部立即派员进行打扫整理。当一切准备就绪后，客房部通知接待处，由接待员抽出"正在转换"卡条，显露出底卡，则该房又处于可供出租的状态。如接待处收到有关整修客房的通知，接待员在该房的槽内插入"待修"卡条，以表明该房近期不能出租。

2. 计算机系统（Computer System）——计算机技术控制

目前，用计算机系统显示客房状态是一种普遍的管理控制方法，尤其是适合于客房数量多、种类复杂、客流量大的大、中型饭店。在前厅接待处、前台收银处及客房值班中心配有联网的计算机终端机，各自通过操作终端机了解、掌握及传递有关客房状态信息。这不仅大大加快了沟通的速度，而且能提高工作效益，避免工作差错。计算机系统显示客房状况的几种功能有：

- 查找某个房间目前所处的状态。输入该房间的号码及相应的功能键，即可查看到用符号和缩略语表明的该房间的各种基本情况以及目前所处的状态。

- 按客人的要求查找相应的房间状态。如客人需要一面朝街景、带有两个卫生间、有大号双人床的套间，可输入相应的关键词符号及功能键，即可显示出符合上述要求的套间房号以及它们目前所处的状态。
- 按房态种类查找相应的房间。所有房间可根据需要按房态种类排列，并可显示在某一种房态下的房间号码，可统计处于各类房态下的房间数。
- 显示并打印出即时即刻的客房状态报表。

典型案例

来自泰国东方饭店的服务故事

企业家 A 先生到泰国出差，下榻于东方饭店，这是他第二次入住该饭店。

次日早上，A 先生走出房门准备去餐厅，楼层服务生恭敬地问道："A 先生，您是要用早餐吗？"A 先生很奇怪，反问："你怎么知道我姓 A？"服务生回答："我们饭店规定，晚上要背熟所有客人的姓名。"这令 A 先生大吃一惊，尽管他频繁往返于世界各地，也入住过无数高级饭店，但这种情况还是第一次碰到。

A 先生愉快地乘电梯下至餐厅所在楼层，刚出电梯，餐厅服务生忙迎上前："A 先生，里面请。"A 先生十分疑惑，又问道："你怎知道我姓 A？"服务生微笑答道："我刚接到楼层服务电话，说您已经下楼了。"A 先生走进餐厅，服务小姐殷勤地问："A 先生还要坐老座位吗？"A 先生的惊诧再度升级，心中暗忖："上一次在这里吃饭已经是一年前的事了，难道这里的服务小姐依然记得？"服务小姐主动解释："我刚刚查过记录，您去年 6 月 9 日在靠近第二个窗口的座位上用过早餐。"A 先生听后有些激动了，忙说："老座位！对，老座位！"于是服务小姐接着问："老菜单？一个三明治，一杯咖啡，一个鸡蛋？"此时，A 先生已经极为感动了："老菜单，就要老菜单！"

给 A 先生上菜时，服务生每次回话都退后两步，以免自己说话时唾沫不小心飞溅到客人的食物上，这在美国最好的饭店里 A 先生都没有见过。

一顿早餐，就这样给 A 先生留下了终生难忘的印象。

此后三年多，A 先生因业务调整没再去泰国，可是在 A 先生生日的时候突然收到了一封东方饭店发来的生日贺卡：亲爱的 A 先生，您已经三年没有来过我们这里了，我们全体人员都非常想念您，希望能再次见到您。今天是您的生日，祝您生日愉快。

A 先生当时热泪盈眶，激动难已……

案例点评：仅此一例，足可见东方饭店的服务达到何等细微的程度，也由此奠定了泰国东方饭店堪称亚洲饭店服务之最，也难怪天天客满，甚至需要提前预订才有机会入住。当然，东方饭店的魅力不仅仅因为泰国的旅游风情，或其独到的人妖表演，更在于其征服人心的几近完美的客户服务，以及一套完善的客户管理体系。

本章小结

本章主要在客房销售策略中涉及饭店销售常见问题、研究思路和解决方案，并指出了客房销售的主要策略。在客房销售技巧上介绍了客房销售的建议、客房销售关键技巧、客房报价技巧。在客房销售管理中主要研究了饭店销售管理的四大策略，以及客房销售管理过程和客房控制方法。

关键概念

客房销售策略　客房销售管理

课堂讨论题

根据书中提到的泰国东方饭店的做法，讨论何种做法可运用于中国饭店的销售管理？

案例分析题

（一）案例

地处上海市南京路的某四星级饭店，是一家有七十多年历史的老饭店。10 月 1 日，王先生来到饭店前台要求住宿，接待员小姜见是一位常客，便打 9 折优惠，但王先生并不满意，他要求再给些折扣。考虑到国庆黄金周正是旅游旺季，客房出租率很高，小姜不愿意在黄金季节轻易给客人让利，便婉言拒绝了王先生的请求。王先生提出要见饭店经理。根据该饭店规定，饭店已授权总台接待员最高可给客人 8 折优惠，小姜原可以把房价再下降一点，但他没有马上答应客人。一则他不希望客人认为饭店出租率不高，客人可以讨价还价；二则他不希望客人认为接待员还可以多打一些折扣，是他不愿给折扣，是客人一再坚持后才无可奈何地退让，这会使客人产生饭店员工不诚信的感觉；三则他希望通过饭店再次让利让客人感到饭店经理对客人的尊重。于是，小姜同意到后台找经理请示。他请王先在沙发上休息片刻。数分钟后，小姜高兴地回到总台，对王先生说："我向经理汇报了您的要求。他听说您是我店常客，尽管我们这几天出租率很高，还是同意再给您40元的优惠，并要我代表饭店感谢您多次光临。"小姜稍作停顿后又说，"这是我们经理给常客的特殊价格，不知您觉得如何？"王先生计算一下，40元相当于半折，这样他实际得到的优惠折扣便是8.5折，这对于位于南京路段又处于国庆黄金周的老饭店来说，已经是很优惠了。因此，王先生连忙表示感谢，很快递上身份证办理入住手续。

请分析：这个案例给了我们哪些启示？

（二）案例分析提示

在本例中，接待员小姜表现出了谨慎的工作态度、较强的促销意识和巧妙的销售技巧。小姜在找经理之前的一段思索是正确的。虽然饭店授权他可以给客人 8 折的优惠，但他没没有直接用这个授权。因为，在旅游旺季，客房出租率较高的情况下，他想为饭店多创造一些收入。后来客人提出再给优惠的要求，他又去请示经理，可以让王先生认为小姜为此已经尽了很大的努力，饭店是把他作为重要客人来对待的。再给40元的优惠是前厅部经理的决定，可能是饭店的最终决定，王先生会认为这是最高的折扣，进一步提高折扣的可能性将很小，所以，他不再继续要求降价。

复习思考题

1. 饭店销售中遇到的常见问题有哪些？
2. 客房销售过程中关键技巧包括哪些内容？
3. 客房销售管理的四大策略的主要内容是什么？
4. 饭店销售的突破途径有哪些？

参 考 文 献

1. Michael L，Kasavana Richard，M Brools. 前厅部的运转与管理. 第 6 版. 包伟英译. 北京：中国旅游出版社，2002

2. James A Bardi. 现代美国饭店前厅管理. 长沙：湖南科学技术出版社，2001

3. 丁林. 饭店管理原理与实务. 北京：经济科学出版社，2004

4. 吴军卫，张建业. 饭店前厅管理. 北京：旅游教育出版社，2003

5. 钟志平. 饭店管理案例教材. 北京：中国旅游出版社，2010

6. 陈乃法，吴梅. 饭店前厅客房服务与管理. 北京：高等教育出版社，2003

7. 国家旅游局人教司. 饭店前厅管理. 北京：旅游教育出版社，1999

8. 刘伟. 前台与客房管理. 北京：高等教育出版社，2002

9. 姜文宏，刘颖. 前厅客房服务技能综合实训. 北京：高等教育出版社，2004

10. 余炳炎，张建业. 饭店前厅部的运行与管理. 北京：旅游教育出版社，2002

11. 余炳炎，朱承强. 饭店前厅与客房管理. 天津：南开大学出版社，2002

12. 孙超. 饭店前台管理. 北京：中国旅游出版社，2004

13. 袁照烈. 酒店前厅部精细化管理与服务规范. 北京：人民邮电出版社，2011

14. Margaret M Kappa. 饭店客房管理. 潘之东译. 北京：中国旅游出版社，2002

15. 吴梅. 客房部运行与管理. 北京：旅游教育出版社，2003

16. 徐栖玲. 酒店服务案例心理解析. 广州：广东旅游出版社，2003

17. 胡剑虹. 饭店前厅客房服务与管理. 北京：科学出版社，2006

18. 苏伟伦. 宾馆酒店经营管理——从行业经营到员工与市场无距离管理. 北京：中国纺织出版社，2003

19. 洪生伟. 酒店客房服务管理体系. 北京：中国计量出版社，2003

20. 郭春敏. 九点前台作业管理. 广州：南方日报出版社，2003

21. 蔡维溪. 星级饭店客房服务：ISO/9000 质量国际标准化管理. 北京：中国旅游出版社，2004

22. 蒂莫西·R. 辛金. 酒店管理案例——典型案例研究. 大连：大连理工大学出版社，2003

23. 谢明成. 最新旅馆管理实务——新概念、新策略、新诀窍. 沈阳：辽宁科技出

版社，2000

24．韩晓芸，汪纯孝．服务性企业顾客满意感与忠诚感关系．北京：清华大学出版社，2003

25．梭伦．客房管理实务：从消费特征到硬件与软件的互动式管理．北京：中国纺织出版社，2001

26．罗伯特·C.刘易斯．酒店市场营销和营销案例．大连：大连理工大学出版社，2003

27．贺学良．饭店营销高效管理．北京：旅游教育出版社，2008

28．饶勇．现代饭店营销创新500例．广州：广东旅游出版社，2000

29．李锐．关于服务过程质量管理的思考．旅游学刊，2001（1）

30．Stephen Barth J D.饭店业国际法律实务．张凌云译．天津：南开大学出版社，2004

31．彭青，林力源，马洁．现代饭店主管领班实务．广州：广东旅游出版社，2000

32．李任芷．旅游饭店经营管理服务案例．北京：中华工商联合出版社，2000

33．张东明，高香顺．宾馆前厅与客房操作实务．沈阳：辽宁科学技术出版社，2000

34．黄福才，林璧属．旅游饭店服务规范．福州：福建人民出版社，1998

35．刘筱筱．现代饭店安全管理要点及案例评析．北京：化学工业出版社，2008

36．吴旭云．饭店职业经理人执业资格培训课程．沈阳：辽宁科学技术出版社，2003

37．王云．服务企业的服务质量管理．中国质量，2002（2）

38．詹蓉，马士华，催南方，刘英姿．服务质量管理模式的研究．华中科技大学学报，2002（7）

39．孔永生．前厅与客房细微服务．北京：中国旅游出版社，2007

40．谢彦君，吴凯．期望与感受：旅游体验质量的交互模型．旅游学刊，2000（2）

41．林田正光．服务带来奇迹：丽嘉酒店营业总经理的服务心得．刘玮译．北京：人民邮电出版社，2007

42．洪得娟．景观建筑．上海：同济大学出版社，1999

43．唐玉恩，张皆正．旅馆建筑设计．北京：中国建筑工业出版社，1993

44．王琼．酒店设计方法与手稿．沈阳：辽宁科学技术出版社，2007

45．陈天来，陆诤岚．饭店环境管理．沈阳：辽宁科学技术出版社，2000

46．郝树人．酒店规划设计学．北京：旅游教育出版社，2007

47．Chuck Y Gee.国际饭店管理．北京：中国旅游出版社，2002

48．福瑞德里克·普林兹．New 主题酒店．殷情，赵婷婷，陈伟治译．沈阳：辽宁

科学技术出版社，2009

49．王一丹．主题酒店创意设计实录．成都：四川大学出版社，2009

50．欧荔．中国主题酒店文化融合的思考．旅游科学，2003（3）

51．范运铭．客房服务与管理案例选析．北京：旅游教育出版社，2000

52．丁林．旅游饭店前厅客房服务与管理．济南：山东大学出版社，2005

53．李晓东．旅游饭店前厅客房服务与管理．郑州：郑州大学出版社，2006

54．全国旅游星级饭店评定委员会办公室．星级饭店经典服务案例及点评．北京：中国旅游出版社，2008

55．G. 佩里切利．服务营销学．北京：对外经济贸易大学出版社，2002

56．李隆茂．现代饭店财务管理方法与技巧．北京：中国旅游出版社，1997

57．谢彦君，李福学．饭店营销学．大连：东北财经大学出版社，2003

58．王俊鸿，季哲文．旅游企业投资与管理．成都：四川大学出版社，2003

59．袁国宏．现代饭店可持续发展的战略和对策．广州：广东旅游出版社，2002

60．洪生伟．酒店客房服务管理体系．北京：中国计量出版社，2003

61．干雪芳．计算机现代饭店管理．重庆：重庆大学出版社，2002

62．谷惠敏．世界著名饭店集团管理精要．沈阳：辽宁科学技术出版社，2001

63．林璧属．世界知名饭店集团发展模式．北京：旅游教育出版社，2010

64．邹统钎．饭店战略管理——理论前沿与中国的实践．广州：广东旅游出版社，2002

65．丁力．饭店经营学——饭店竞争新视野．上海：上海财经大学出版社，1999

66．袁学娅．中外饭店管理比较．沈阳：辽宁科学技术出版社，2002

67．陈旭．酒店收益管理的研究进展与前景．管理科学学报，2003（6）

68．蓝伯雄，周晓鸥．收入管理略说及其在酒店管理中的应用前景分析．社会科学家，2002（17）

69．席丽娟，徐虹．饭店收益管理的定价决策研究．旅游科学，2005（2）

70．张红卫．收益管理在饭店业中的应用．企业技术开发，2004（23）

71．刘德文，鲁若愚，俞言兵．易逝性高新技术产品的收益管理应用的影响因素分析．电子科技大学学报（社科版），2004（6）

72．Jamesa A Bardivan Nostand Reinhold. Hotel Front Office Management Turism. *World Travel Tourism Development*, 1999

73．Kamath P P. *Hotel Front Management: with Case Studies*. New Delhi: A. K. Publications, 2009

74．Michael L Kasavana, Richard M Brooks. Managing Front Office Operations. *American Hotel & Lodging Association*, 2001

75．James A Fitzsimmons, Mona J Fitzsimmons. *Service Management, Operations, Strategy and Information Technology*. 北京：机械工业出版社，2003

76．Anna MacVicar, John Rodger. Computerized Yield Management Systems: a Comparative Analysis of the Human Resource Management Implications. In. *Hospitality Management*, 1996, 15 (4): 325～332

77．Badinelli R, Olsen M. Hotel Yield Management Using Optimal Decision Rules. *Journal of the International Academy of Hospitality Research*, 1990: 1～21

78．Baker T, Collier D. A Comparative Revenue Analysis of Hotel Yield Management Heuristics. *Decision Sciences*, 1999, 30 (1): 239～263

79．Bertsimas D. *Revenue Management in a Dynamic Network Environment*. Seattle: Informs Paper Presentation, 1998

80．Bitarn G, Mondschein V. Application of Yield Management to the Hotel Industry Considering Multiple Day Stays. *Operations Research*, 1995, 43 (3): 427～443

81．Breffini Noone, Peter Griffin. The Development of an Activity-based Customer Profitability System for Yield Management. *Progress in Tourism and Hospitality Research*, 1998, 4 (3): 279～292

82．Breffini Noone, Peter Griffin. Managing the Long-term Profit Yield from Market Segments in a Hotel Environment: a Case Study on the Implementation of Customer Profitability Analysis. *Hospitality Management*, 1999, 18: 111～128

83．Cokins G C, Stratton A, Helbling J. *An ABC Manager's Primer*. Chicago: Irwin Publishing, 1993

84．Dunn K, Brooks D E. Profit Analysis: Beyond Yield Management. *Cornell Hotel and Restaurant Administration Quarterly*, 1990, 31 (3): 80～90

85．Eills D Norman, Karl J Mayer. Yield Management in Las Vegas Casino Hotels. *Cornell Hotel and Restaurant and Administration Quarterly*, 1997: 28～33

86．Gamble P R. Building a Yield Management System—the Flip Side. *Hospitality Research Journal*, 1990, 14 (2): 11～22

87．Gu Z. Proposing a Room Pricing Model for Optimizing Profitability. *International Journal of Hospitality Management*, 1997, 16 (3): 273～277

88．Hanks, R D. Revenue Management at Marriott. In. *Proceedings of the LATA's 5th*

International Revenue Management Conference. Montreal, 1993: 246~282

89．International Hotel Association (IHA). The ABCs of Yield Management. *Hotels*, 1993, 27 (4): 55~56

90．Judy A Siguaw, Sheryl E Kimes, Jule B Gassenheimer. B2B Sales Force Productivity: Applications of Revenue Management Strategies to Sales Management. *Industrial Marketing Management*, 2003, 32: 539~551

91．Kevin Donaghy, Una McMahon, David McDowell. Yield Management: an Overview. In. *Hospitality Management*, 1995, 14 (2): 139~150

92．K Sawaki. Optimal Policies in Continuous Time Inventory Control Models with Limited Supply. *Computers and Mathematics with Applications* , 2003, 46: 139~1 145

93．Ladany S. Dynamic Operating Rules for Motel Reservation. *Decision Science*, 1976, 7: 829~840

94．Lawrence R Weatherford. Length of Stay Heuristics: Do They Really Make a Difference? .*Cornell Hotel and Restaurant Administration Quarterly*, 1995: 70~79

95．L R Weatherford, S E Kimes, D A Scott. Forecasting Methods for Hotel Revenue Management: Testing Aggregation against Disaggregation. *Cornell Hotel and Restaurant Administration Quarterly*, 2001: 53~64

96．Larry R Weatherford, Sheryl E. Kimes. A Comparison of Forecasting Methods for Hotel Revenue Management. *International Journal of Forecasting*, 2003, 19: 401~415

97．Lambert C U, Lambert J M, Cullen T P. The Overbooking Question: a Simulation. *Cornell Hotel and Restaurant Administration Quarterly*, 1989, 30 (2): 15~20

98．Lieberman W H. Debunking the Myths of Yield Management. *Cornell Hotel and Restaurant Administration Quarterly*, 1993, 34: 36

99．Mihir Rajopadhye, Mounir Ben Ghalia, Paul P Wang. Forecasting Uncertain Hotel Room Demand. *Information Sciences*, 2001, 132: 1~11

100．P Jones. Yield Management in UK Hotels: a Systems Analysis. *Journal of Operational Research Society*, 1999, 50: 1 111~1 119

101．Paul Slattery. Reported RevPAR: Unreliable Measures, Flawed Interpretations and the Remedy. *Hospitality Management*, 2002, 21: 135~149

102．Ralph D Badinelli. An Optimal, Dynamic Policy for Hotel Yield Management. *European Journal of Operational Research*, 2000, 121: 276~503

103．Robert K Griffin. Critical Success Factors of Lodging Yield Management Systems

(Doctoral Dissertation, Virginia Polytechnic Institute and State University). *Dissertation Abstracts International*, 1994

104．Robert K Griffin. A Categorization Scheme for Critical Success Factors of Lodging yield Management Systems. In. *Hospitality Management*, 1995, 14 (3/4): 325～338

105．Richard D Hanks, Robert G Cross, R Paul Noland. Discounting in the Hotel Industry: A New Approach. *Cornell Hotel and Restaurant Administration Quarterly*, 1992, 33 (1): 15～23

106．Robert G Cross. *Revenue Management*. New York: Broadway Books, 1997

107．Robert G Cross. Launching the Revenue Rocket: How Revenue Management Can Work for Your Business. *Cornell Hotel and Restaurant Administration Quarterly*, 1997, 38 (2): 32～43

108．Kimes S. Perceived Fairness of Yield Management. *The Cornell Hotel and Restaurant Administration Quarterly*, 1994, 35: 22～29

109．S E Kimes, R B Chase. The Strategic Levers of Yield Management. *Journal of Service Research*, 1998, 1 (2): 156～166

110．S E Kimes. Group Forecasting Accuracy for Hotels. *Journal of the Operational Research Society*, 1999, 50 (11): 1 104～1 110

111．Sheryl E Kimes, Paul E Wagner. Preserving Your Revenue～management System as a Trade Secret. *Cornell Hotel and Restaurant and Administration Quarterly*, October～November, 2001: 8～15

112．Sheryl E Kimes, Kelly A Mcguire. Function～space Revenue Management: A Case Study from Singapore. *Cornell Hotel and Restaurant Administration Quarterly*, 2001: 33～46

113．S E Kimes. Perceived Fairness of Yield Management: An Update. *The Cornell Hotel and Restaurant Administration Quarterly*, 2002, 43 (1): 28～29

114．S E Kimes. A Retrospective Commentary on "Discounting in the Hotel Industry: A New Approach". *The Cornell Hotel and Restaurant Administration Quarterly*, 2002: 92～93

115．Schwarz Z, Hiemstra S. Improving the Accuracy of Hotel Reservations Forcasting: Curves Similarity Approach. *Journal of Travel Research*, 1997, 36: 3～14

116．Sunmee Choi, Sheryl E Kimes. Electronic Distribution Channels'Effect on Hotel Revenue Management. *Cornell Hotel and Restaurant Administration Quarterly*, 2002, 43 (3): 23～31

117．S Wang. A Hybrid Threshold Curve Model for Optimal Yield Management: Neural Networks and Dynamic Programming. *Computers & Industrial Engineering*, 2001, 40: 161～173

118. Sara Luciani. Implementing Yield Management in Small and Medium Sized Hotels: an Investigation of Obstacles and Success Factors in Florence Hotels. *Hospitality Management*, 1999, 18: 129～142

119. Talluri K, G Van Ryzin. An Analysis of Bid～Price Controls for Network Revenue Management. *Management Science*, 1998, 44 (11): 1 577～1 593

120. Talluri K, Van Ryzin G. A Randomized Linear Programming Method for Computing Network Bid Prices. *Transportation Science*, 1999, 33 (2): 207～216

121. Tat Y Choi, Vincent Cho. Towards a Knowledge Discovery Framework for Yield Management in the Hong Kong Hotel Industry. *Hospitality Management*, 2000, 19: 17～31

122. Timothy K Baker, David A Collier. The Benefits of Optimaizing Prices To Manage Demand In Hotel Revenue Management System. *Production and Operations Management*, 2003, 502～518

123. Tim Baker, Nagesh N Murthy, Vaidyanathan Jayaraman. Service Package Swithing in Hotel Revenue Management Systems. *Decision Sciences*, 2002, 33 (1): 109～132

124. William L Cooper. Asymptotic Behavior of An Allocation Policy for Revenue Management. *Operations Research*, 2002, 50 (4): 720～727

125. Youyi Feng, Guillermo Gallego. Perishable Asset Revenue Management with Markovian Time Dependent Demand Intensities. *Management Science*, 2000, 46 (7): 941～956

126. Zvi Schwartz, Eli Cohen. Hotel Revenue～management Forecasting: Evidence of Expert-judgment Bias. *Cornell Hotel and Restaurant Administration Quarterly*, 2004: 85～98

后　记

　　本书在 2006 年出版之后，得到了许多专家和使用院校的肯定，销售量不断攀升，出版社也不断地加印。2010 年对该书进行了修订，出版了第二版。经过了三年的使用，部分内容需要更新和调整，因此再次修订，是为第三版。第三版基本延续了第二版的框架，但对其中的内容做了增补，特别是每章后面增加了案例分析与实训项目，使得本书作为一本教材更具指导性和实用性。原书第一版是丁林完成前三章，厦门理工学院的林江珠撰写四、五、六章，其余由笔者完成。第二版由笔者修订完成，林小洁进行校对。第三版修订时，厦门大学管理学院旅游与酒店管理系的博士生窦璐同学提供了相关材料，由笔者修订完成。在这里向在编撰过程中参阅的国内外有关著作、论文和教材的作者们致以衷心的感谢和崇高的敬意。当然，由于编者水平有限，书中疏漏在所难免，恳请读者不吝赐教，以便再版时修正。

林璧属

于厦门大学